„... ich liebe sie wie eine Gazelle und spring´mit ihr ins Glück ...“

Seelengespräche - Tiere und Pflanzen im Dialog mit uns Menschen

Barbara C. Friedrich

Hinweis

Dieses Buch kann dazu beitragen, unser Verständnis von Tier- und Pflanzenkommunikation zu erweitern, indem es auf mögliche psychische Zusammenhänge und Hintergründe von Krankheiten aufmerksam macht.

Tiere und Pflanzen erzählen oft aus ihrer geistigen/seelischen Sichtweise heraus, wie es zu den gesundheitlichen Problemen oder Verhaltensauffälligkeiten gekommen ist. Das ist manchmal nicht mit der gängigen Schulmedizin zu vereinbaren, eröffnet aber auch neue Wege und Sichtweisen der Hintergründe.

Die Lösungsvorschläge, die in diesem Buch in manchen Gesprächen erwähnt werden, sind sehr individuell. Bei gesundheitlichen Problemen können sie den Rat und die Hilfe eines Arztes oder Tierheilkundigen nicht ersetzen. Autorin und Verlag können keine Haftung für Schäden übernehmen, die sich aus dem Gebrauch oder eventuellen Missbrauch von Informationen aus diesem Buch ergeben sollten.

1. Auflage April 2010

Herstellung und Verlag:

Books on Demand GmbH, Norderstedt

ISBN 978-3-8391-4155-7

Inhalt

Vorwort

Wie so vieles im Leben kommt man oft durch einen sogenannten Zufall zu sehr wichtigen Dingen, für die gerade jetzt der richtige Zeitpunkt gekommen scheint. So war es auch bei mir mit der Tier- und Pflanzenkommunikation, als ich „zufällig" von einer Freundin davon erfuhr. Ich konnte es nicht fassen, wie es so was geben kann, dass Tiere wie auch Pflanzen über sich, ihre Menschen und andere Dinge einfach so „reden" und „erzählen" können und ich es auch in meiner Sprache verstehen kann. Und so gab ich ein Gespräch bei einer Tierkommunikatorin in Auftrag.

Was ich da alles schriftlich sah, konnte ich nicht glauben. *Wie funktioniert denn so was? Wie kann die Frau das alles wissen?*, dachte ich nur. Mein Mann meinte ganz trocken dazu: „Na, das hat ihr wohl alles der Hund erzählt."

Doch wie kommt man in so eine Verbindung hinein? Nun, es gibt wirklich Naturtalente, die sich nichts Einfacheres vorstellen können, als mit anderen Lebewesen Kontakt aufzunehmen. Ohne, dass ich es ahnte, gehöre ich wohl zu diesen Menschen. Denn durch eine Freundin bekam ich den Kontakt zu einer Tierkommunikatorin, absolvierte sogleich den nächsten Kurs und war so gespannt auf die Erfahrungen, die ich nun damit machen konnte und auch wollte. Ich erzählte es vielen Menschen in meinem Freundes- und Verwandtschaftskreis und war sehr erstaunt, wie neugierig und offen viele dem gegenüber stehen, so dass ich sehr viele positive Erfahrungen in kurzer Zeit machen durfte.

Es erzählten immer mehr von diesen Menschen weiter, dass ich mit Tieren und Pflanzen kommunizieren kann und so bekam ich auch bald Aufträge von Leuten, die ich nicht kannte. So konnte ich mich selbst erst überzeugen und daran glauben, dass ich wirklich Gespräche mit Tieren und Pflanzen führen kann.

Tiere und auch Pflanzen änderten sich oft nach den Gesprächen in ihrem Verhalten (auch Pflanzen, z. B. beim Wachstum...) und die Botschaften, die sie dabei erzählen, waren oft so berührend für die Menschen, dass sie durch die Gespräche erst einen Zugang zu ihrem Herzen sowie ihrem Gefühl oder ihrer Seele bekommen konnten und waren auch bald davon überzeugt, dass es sehr wohl „funktioniert".

Daraus entstand die Idee zu diesem Buch, denn inzwischen habe ich so viele schöne und berührende Botschaften für Menschen erhalten, die ich nicht persönlich kenne, die mir aber bestätigt haben, dass sich ihr Innenleben gerade ganz genauso anfühlt und sie dadurch die Chance auf Veränderung durch ihr Tier oder Pflanze erhalten haben, dass ich einen Teil der Gespräche veröffentlichen möchte.

Diese Abschnitte habe ich mit den Personen abgesprochen, alle Namen verändert und nur Teile von denjenigen veröffentlicht, deren Zustimmung ich erhalten habe.

Ich habe mich dazu entschlossen, nicht unter meinem vollständigen Namen zu schreiben, damit ausgeschlossen wird, dass ich unzählige Anfragen bekomme, die ich dann aber nicht mehr beantworten könnte.

Das zentrale Thema, welches mich dabei beschäftigt, ist, dass Tiere und Pflanzen so wunderbare Geschöpfe sind, eine eigene Gedanken- und Gefühlswelt haben und wir durch sie so viel erfahren und lernen können – von geistigen wie auch alltäglichen Dingen. Das Zugeständnis eines eigenständigen Bewusstseins wurde durch und in unserer Kultur völlig verdrängt, verlernt und vergessen. In der modernen Welt denken wir, Menschen haben eine Seele, Tiere vielleicht – vor allem Haustiere. Bei Pflanzen ... na ja, man kann es wohl aber auch übertreiben...

Wer aber seine Pflanzen liebt, mit ihnen in Kontakt ist, weiß, dass sie einen begleiten und auch für uns da sind. Es gibt inzwischen sogar einige Studien darüber, dass Menschen, die nah an und in der Natur leben, gesünder sind und ausgeglichener als stadtnahe Menschen. Mich haben folgende Bücher fasziniert: von Imre Kerner *Der Ruf der Rose* und von Peter Tompkins/Christopher Bird *Das geheime Leben der Pflanzen*.

Wer mehr zum Thema Tierkommunikation erfahren möchte, kann sich über das Thema in der einschlägigen Literatur selbst befassen. Das ist nicht Zweck dieses Buches.

Wir haben nur noch zum Teil unseren Haustieren eine Seele zuerkannt, anderenfalls wäre ja so viel Wahnsinn in der Tierfleischproduktion, Forschung und Tierhaltung gar nicht möglich. Doch auch jede Pflanze, ob Baum, Staude und sogar jeder Apfel haben ein eigenständiges Bewusstsein, das man sozusagen „anzapfen" kann, um mit dem *geistigen (Gesamt-)Bewusstsein* Kontakt aufzunehmen.

Mir ist es ein großes Anliegen, den Lesern durch dieses Buch eine neue Art des Denkens und Wahrnehmens aufzuzeigen. So können wir der Welt anders begegnen, wenn wir allen Dingen um uns und in uns eine Seele und ein Bewusstsein zugestehen. Das ist ja auch kein neuer Gedanke, den ich anspreche, denn unsere Vorfahren wussten noch um diese Dinge und begegneten der Natur und all den Dingen, die uns umgeben, mit Respekt.

Von Beruf bin ich Erzieherin, habe drei wundervolle Kinder und einen Mann, der mich so liebevoll unterstützt, dass ich es wage, mit diesem vergessenen Thema an die Öffentlichkeit zu gehen. Auch die vielen Rückmeldungen der Menschen mit deren begleitenden Tieren und Pflanzen (*meinen Gesprächspartnern),* mit denen ich gesprochen habe, bestärkten mich dabei.

Ebenfalls sehr wichtig auf meinem Weg sind meine beiden Geschwister – mein außergewöhnlicher Bruder, bei dem ich Reiki lernen durfte und auch als Stellvertreterin bei unzähligen Familienaufstellungen von ihm (als Aufsteller) dabei sein konnte – dieses schulte sicherlich meine

Wahrnehmung. Und meiner Schwester, der ich ebenfalls von ganzem Herzen danken möchte, da ich über ihren Hasen und ihre Pflanzen sehr viel über die geistige Welt lernen durfte. Sie alle unterstützen mich bei diesem Buch, die erfahrenen Dinge einem größeren Personenkreis weiterzugeben.

Für die Gespräche verbinde ich mich mit einer Fotografie des Tieres oder der Pflanze, wobei es nicht wichtig ist, wie alt das Bild ist. Ebenso kann man auch Botschaften von längst verstorbenen Tieren oder Pflanzen erhalten, da ich mich ja mit deren Seele verbinde. Ich stelle mir dabei vor, wie ich als Teil des Universums mit dem All und mit dem Mittelpunkt der Erde verbunden bin, gebrauche dann noch einen geistigen Schutz, der mich z. B. vor Schmerzen oder Gefühlen des Tieres oder des verbundenen Wesens schützt, welche es gerade erfährt und frage dann direkt, ob es mit mir kommunizieren möchte.

So ein Gespräch läuft dabei genauso ab wie zwischen Menschen. Ich verstehe jedes Wort und merke auch oft die Empfindungen eines Tieres oder einer Pflanze. Manche sind etwas verunsichert, wenn ich mich erstmalig an sie wende, doch spüren sie meine Schwingungen wie Gedanken in ihrem Kopf und möchten meist gerne mit mir reden. Ihre Menschen haben sich oft vorher Fragen überlegt, die ich stellen soll.

Viele Menschen sind nach so einem Gespräch sehr erstaunt, emotional berührt und überrascht, wie Tiere oder Pflanzen denken. Sie erkennen ihre Tiere in den Gesprächen wieder und überlegen sich oft noch viele weitere Fragen, weil es für sie dann so wichtig wird, mit ihrem Tier oder Pflanze zu kommunizieren, da sie es nun mit anderen Augen sehen können.

Das wäre auch mein größter Wunsch!

Barbara C. Friedrich im März 2010

Anmerkung zu den Gesprächen

Die Gespräche sind ausschließlich Dialoge, die ich über ein Foto mit der Seele meines Gesprächspartners geführt habe. Dabei vertraue ich darauf, dass die Gedanken, die mir in den Sinn kommen, nicht meine eigenen sind. Manchmal „höre" ich auch innerlich die Stimme meines Gesprächspartners. Den Dialog schreibe ich während des Gespräches auf dem Computer mit. An dieser Stelle ein herzliches Dankeschön an ihn!

Der Text meines Gesprächspartners ist kursiv gedruckt.

Wenn ich noch „visuelle" Eindrücke vor meinem inneren Auge bekomme, sind diese in [eckigen Klammern] gesetzt.

> Es war ein Wunsch mancher Auftraggeber zu ihrem Gespräch noch eine Anmerkung zu schreiben. Diese ist meist am Ende des Gespräches in dieser Schriftart und vom Rand eingerückt abgedruckt. Es gibt keinerlei Kommentare von meiner Seite aus. Zwischen den Gesprächen gibt es eine kurze Überleitung.

Die Überschrift „Seelengespräche" markiert den Beginn eines oder mehrere Gespräche für einen neuen Auftraggeber.

Eine systematische Ordnung der Gespräche konnte nicht wirklich realisiert werden. Auf der einen Seite gibt es keinen großen Unterschied, ob ich mit einer Katze, einem Hund oder einem anderen Wesen „rede". Auf der anderen Seite hat jede Art, jedes Individuum und jeder Charakter seine eigene Sichtweise und Ausdrucksmöglichkeit. Interessant sind hierbei die Gespräche, die mit verschiedenen Tieren für die selben Personen geführt wurden. Solche Gespräche sind auch unmittelbar hintereinander abgedruckt.

Immer wiederkehrende Themen sind z. B.:

verschwundene / weggelaufene Tiere

geh auf die Suche nach deiner Seele

Beschreibungen von „drüben"

nimm dir Zeit für dich selbst

alte Ängste loslassen

Lebensaufgaben

Lassen Sie sich überraschen ...

Seelengespräche

Hund Johnny: „es ist so ein richtiger Hühnerstall bei uns“
Zwei Gespräche für seine Familie: Josef, Louisa, Kerstin, Benno und Bärbel.
Erstes Gespräch im November 2008.

Hallo, Johnny, ich bin die Barbara, magst du mit mir reden?

[wirkt sehr erstaunt, aber nicht erschrocken] was willst denn du von mir?

Nun, der Josef möchte gerne wissen, wie es dir so geht und da ich dich etwas anders verstehen kann als er, hat er mich gebeten, dich das zu fragen.

Na, schon gut, wollte nur wissen, was du willst, ist schon in Ordnung, ich erzähle dir gerne was über mich. Also, was willst du denn genau wissen?

Magst du dich erst mal ein bisschen beschreiben, was bist du denn für ein Hund?

So eine komische Frage, was soll denn das? Ich kenne dich nicht, soll mich da beschreiben und Josef und seine Familie kennen mich doch total, warum soll ich denn das machen?

Manche Menschen lesen gerne, was ihre Tiere sagen und wie sie sich selber sehen, du musst es aber nicht machen, wenn du nicht willst.

Nein, sehe ich auch nicht ein, finde ich blöd, das mag ich nicht.

In Ordnung. Magst du aber was über deine Familie sagen, wie es dort für dich ist und ob du dich wohlfühlst?

Ja, bestens, alles bestens, mir geht es sehr, sehr gut dort, das kannst du schon mal ausrichten, das sage ich dir gerne. Es ist so ein richtiger Hühnerstall bei uns: ständig was los, ständig ist jemand hier, ständig sind alle irgendwo und es geht hier vor allem ums Begrüßen und Verabschieden von irgendjemanden, so geht es bei uns zu.

Und fühlst du dich dabei ganz wohl oder wird es dir eher zuviel?

Nein, überhaupt nicht, ich finde es gut so, wie es hier ist. Ich begrüße alle sehr gern und auch herzlich, ich habe alle lieb, die mir nichts tun.

Das klingt so, als ob du mal schlechte Erfahrungen gemacht hast. Magst du dazu was erzählen?

Nein, eigentlich nicht, es ist ja nun vorbei, hier ist nun mein Zuhause und ich hab es ganz gut erwischt, so kann man es einfach sehen, ja, mir geht es ganz gut mit meiner Familie. Manchmal nervt mich aber das tägliche Chaos, was sich immer wieder bildet. Warum nur wollen immer alle gleichzeitig weg? Und rumliegen tut hier auch immer so einiges, aber sie sind alle gut im Suchen und jeder hilft dem anderen, so stört es sie eigentlich nicht richtig, da leben sie ganz gut mit. Ich rede noch nicht richtig von „meiner" Familie, ich schaue sie mir noch immer erst ein bisschen an, wo ich jetzt dazu gehöre, aber ich mag meine Familie. So richtig viel kann ich jetzt noch gar nicht erzählen, ich weiß nicht so genau, was der Josef von mir erwartet, aber ich würde alles für sie tun, das kannst du ihm schon mal sagen.

Das sage ich gerne weiter. Du bist ja auch noch nicht so lange in der Familie. Du bist aus Griechenland, hat mir der Josef geschrieben. Vermisst du Griechenland irgendwie?

Nein, überhaupt nicht, da hatte ich keine feste Familie. Keine liebe Familie, die sich um mich sorgt und schaut, dass es mir so richtig gut geht, da ging jeder ein und aus und ich war dazwischen, das war schlecht. Jetzt merke ich, dass ich bald von „meiner" Familie reden kann, ich wachse mit ihnen zusammen, mir geht es jetzt, da, wo ich bin, sehr gut und will auch nicht mehr weg.

Das wird deine Familie auch sicherlich sehr freuen und gerne hören. Darf ich dich um ein paar Botschaften an deine Familie bitten?

Ja, gerne, was willst du denn da so wissen?

Na, ob du ein bisschen über jeden in deiner Familie erzählen möchtest, so, wie du die Menschen in deiner Familie siehst und empfindest.

Und das interessiert sie? Ich bin zwar irgendwie immer dabei, aber manchmal laufen sie auch an mir alle vorbei und ich bin dann nicht irgendwie dabei, verstehst du, was ich damit sagen will?

Ich denke, deine Familie wird es sicherlich wissen, wie du das empfindest und was du damit sagen willst, ich sage es so weiter. Hast du noch eine Botschaft an den Josef?

Ja, er ist die wichtigste Socke im Sockenschrank. So kommt er mir vor. Er hat unglaublich viel Kraft und Energie und immer neue, gute Ideen. Er ist wichtig und jeder, jeder hört auf ihn. Er kann Sachen machen, die kein anderer kann und man begegnet ihm dadurch und durch seine eigene Persönlichkeit wie einem König. In seiner Familie ist das nicht ganz so, obwohl da jeder froh ist, wenn er ihnen einen Gefallen tut, aber so ganz stark nehmen sie seine Fähigkeiten und Talente nicht mehr wahr. Es ist, als ob er täglich bei ihnen ist und die gleichen Socken anhat, da fallen die tollen Kringel und Muster auf den Socken nicht mehr auf, aber andere Leute, denen er täglich begegnet, wissen die verschiedenen Muster und Farben auf seinen Socken sehr zu schätzen. So ist das in unserer Familie und mit ihm. Er ist ein Geschenk, nicht nur für seine Familie, sondern auch für viele andere Menschen, die auf ihn zukommen, da wirkt er immer wie der richtige Hammer, der den kleinen schwachen

Nagel trifft, so fühle ich sie, wenn ich an ihn denke. Andere sehen ihn noch anders, aber wichtig ist, dass er mit sich und seiner Welt zufrieden ist, das ist er aber nicht unbedingt. Er hat eigentlich ganz andere Pläne, wie er sein Leben umsetzen wollte, aber er ist sehr flexibel und macht immer das Beste daraus, auch, wenn es eigentlich aussichtslos ist, das ist seine besondere Spezialität. Das weiß er, setzt aber nie seine ganz eigene Art und großes Lebenswissen ein, das behält er lieber für sich. Ja, er ist auch ein liebevoller Anblick für mich und ich spüre, wie sehr seine gute Energie immer rüber kommt zu mir und andere fühlen das auch, wie ein rotes Herz, das immer wieder in Liebe eingetaucht wird und er gibt diese Liebe täglichst weiter an andere. Er selber muss aber auch schauen, dass er bloß nicht nur diese Liebe an andere so verteilt, klar, sie brauchen sie auch und haben es sicher auch verdient, von dieser Liebe etwas abzubekommen, aber er selber muss auch etwas mehr für sich machen. Das spüre ich auch, wenn ich an seine Seele denke. Mensch, wann warst du das letzte Mal im Theater, wann hast du was gemacht, was nur dir allein Spaß macht oder zumindest sehr wichtig ist? Diese Fragen musst du dir auch mal wieder stellen und dann kommst du wieder in deine Mitte, die ist im Moment etwas sehr verrutscht. Spürst du es selber? Ich kann es dir nur sagen, dass du wieder mehr an dich, deine eigenen Talente, die du für dich einsetzen solltest, denken sollst und dann passt auch alles wieder an dir und nach außen für andere. Aber endlos Energie hat keiner, die darfst du dir auch ruhig holen in Dingen, die dir Spaß machen und nur dir wichtig sind. Du bist kein Egoist, du denkst immer so an andere, da wird mir ja gleich schlecht. Klar, ich habe die Erfahrungen nicht gemacht, ich musste immer an mich denken, sonst hätte ich es wohl nicht so bis hierher geschafft, auch, wenn ich es dort niemals ganz schlecht hatte. Sonst hätte ich nicht so viel Vertrauen in mich und in euch alle, aber so ein bisschen mehr an deine Bedürfnisse solltest du denken, sonst bist du irgendwann mal wie eine alte Socke, die schon zu müffeln anfängt, weil sie nie gewaschen wurde und ihre Farben und Muster so langsam verblassen, das ist aber nicht für dich vorgesehen. Dein Leben hat dir unendlich viele Facetten mitgegeben, wo du mal hineinschnuppern kannst und die dir auch Kraft geben können, hol' sie dir wieder und mach was draus, denke eher mal an dich, dann geht's dir gut und vor allem dann auch wieder deiner Umwelt, die sehr schnell merkt, dass du wieder in deiner Mitte bist.

Danke dir, du hast ja sehr viel erzählt. Hast du auch noch eine Botschaft an die Louisa?

Ja, was Besseres hätte Josef nicht passieren können, als diese Frau kennenzulernen. Nicht, weil sie wahnsinnig gut zusammenpassen und ganz toll harmonieren, sondern, weil sie ihn an das pure Leben erinnern soll, das es eben auch gibt. Sie hat so viel mitgemacht in ihrem Leben, dass ich manchmal meine Augen zumachen muss, wenn ich ihre Seele fühle. Schade, aber es musste wohl so sein und sie macht was aus ihrem Leben und ist ganz zufrieden mit ihrem Leben und ihrem Alltag, so, wie er [der Alltag] ihr geschenkt wurde. Klar, manche Sachen und Dinge würde sie gerne ändern, soll aber mal hinspüren, sie sind so unwichtig wie einige Dinge, über die sie sich auch aufregen kann. Das kann sie eigentlich bleiben lassen, denn es hilft nichts, der Alltag geht genauso weiter, dass muss sie erst mal wissen, warum und weshalb ihr immer wieder die gleichen Dinge im Leben passieren. Aber sie kann sehr gut hinspüren, da hat sie wieder was Gemeinsames mit Josef, sie fühlt, ob etwas nicht in Ordnung ist, das kann er auch sehr gut, setzt es aber nicht ein in sein Leben, sie aber schon, zumindest regt sie sich gerne auf über diese Sachen. Soll aber auch mal hinspüren, ob sie was dran ändern kann und wenn nicht, soll sie es fallen lassen wie eine heiße Kartoffel. So ein Schmarrn, warum denn aufregen, wenn nur ein Nebel, wo sie reinlangt, zu ihr zurückkommt? Sonst ist ihr Leben völlig in Ordnung so, wie es ist, zumindest für sie, das spürt sie. Was ist daran schlimm, dass sie so denkt und handelt, fragt sie sich manchmal, aber es ist gut so. Und andere Menschen, die nicht wissen, wie es in ihrem Herzen so ausschaut, dürfen sie auch nicht berühren. Sie hat das Herz am rechten Platz und kann auch so die Herzen der Menschen auf ihre Art und Weise berühren, dass sie sich freuen kann. Ich mag sie sehr gern, sie ist fast nie mürrisch, sondern immer in ihrer eigenen Herzlichkeit da für mich. Sie hat aber auch Ängste. Vor was eigentlich? Sie sind so groß, dass sich mir die Rückenhaare hochstellen können. Sag ihr bitte, sie sind so völlig aus der Luft gegriffen, wie ein Mixer, der ohne Strom laufen will. Wenn er nun nur an eine Steckdose angeschlossen werden kann, braucht man es eben nicht versuchen, ob er auch so läuft, da hilft kein gutes Zureden, kein Schütteln und kein Schimpfen. So kommen mir auch ihre Ängste vor. Völlig unsinnig, aber sie muss was tun dagegen, das spüre ich auch, weiß nur nicht was, da muss sie jemand anderen fragen. Sie muss was dagegen tun, ich spüre ja da eine Wand zwischen ihrer Seele und ihren Ängsten, die muss sie abbauen, dann kann sie ihre Seele erst so richtig wahrnehmen. Manchmal nervt mich aber auch, dass sie so komisch riecht, das mag ich gar nicht an ihr, aber da habe ich auch wohl eine sehr empfindliche Nase, sonst ist alles in Ordnung so, wie es ist, kannst du ihr das so sagen?

Ich richte alles dem Josef aus, er kann es ihr ja dann weitersagen.

Gut, dann rede ich auch weiter. Was willst du denn noch so wissen?

Hast du noch eine Botschaft an Kerstin?

Ja, sie ist klasse, eine ganz große Persönlichkeit, die sofort und genau weiß, was sie will. So ganz so einfach ist das Lebensprinzip aber nicht, auch, wenn sie meint, sie weiß es inzwischen in- und auswendig. Das hat sie aber noch nicht kapiert, meint aber schon, nicht mehr danach auf der Suche zu sein, das ist das einzige Problem an der Geschichte. Sonst ist sie absolut in Ordnung, kümmert sich um die Dinge, die ihr aufgetragen werden und versucht immer, alles eher positiv zu sehen und mag die Schwarzmalerei bei anderen Leuten nicht, das kann ihr schon sehr auf den Wecker gehen. Ich mag sie sehr gerne, aber sie muss noch viel lernen, meint aber schon, den rechten Weg, den sie schnurstracks gehen will, gefunden zu haben, da ändert sich aber noch so einiges in ihrem Leben. Aber sie ist da wie eine Schlüssellochguckerin und meint, wenn sie durchs Schlüsselloch schaut, sieht sie das ganze Leben oder eine ganze Geschichte, aber sie sieht nur einen kleinen Ausschnitt aus dem Leben oder aus der ganzen Geschichte und meint aber immer, so und nicht anders ist es! Das ist etwas schwierig mit ihr auszukommen und zusammenzuleben, aber sie wird noch vieles kennenlernen im Leben und diesen blöden Standpunkt aufgeben lernen, das kommt auch noch auf sie zu.

Danke dir. Hast du noch eine Botschaft an den Benno?

Ja, er ist wie der Sonnenschein der Familie, so lieb, so brav und so hilfreich. Aber ihr müsst etwas auf ihn aufpassen, weil er sich schon sehr viel einbildet auf diese Geschichten, die er immer so von euch aufnimmt und auch so spürt. Er meint oft genug: er ist es, er kann es, es ist so, wie er es meint. So eine Meinung ist aber schlecht. Klar, er muss ja nicht extra in seinem Leben enttäuscht werden, aber ein NEIN wäre ab und zu gar nicht schlecht, weil er sonst „größenwahnsinnig" werden könnte. Ihm sagt fast nie jemand: „So, jetzt ist aber Schluss, es reicht jetzt!" Er ist so süß, so nett und so goldig, aber er braucht es, sonst sucht er seine Grenzen woanders. Sonst ist er ein lieber und pfiffiger Kerl und keiner kann ihm etwas vormachen. Er meint immer, er kennt sich aus in den Dingen, über die er erzählt und wo er immer zuhören darf. Klar, er kennt sich ja wirklich auch aus, aber er soll trotzdem etwas vorsichtiger werden, sonst wird er auch noch zum Schlüssellockgucker wie Kerstin, die muss es aber bald mal ablegen, er soll es sich nur nicht auch noch angewöhnen, das ist der Unterschied zwischen den beiden. Ich habe sie beide sehr lieb und freue mich immer, wenn sie da sind und sich um mich kümmern, das habe ich ja auch verdient.

Danke dir. Hast du noch eine Botschaft an die Bärbel?

Ja, sie kommt ja von einem anderen Stern. Das sagt und denkt jeder zuerst, der sie sieht. Nein, es liegt nicht an ihrem Äußeren, es liegt an ihrer Art und Weise, wie sie mit Menschen umgeht, so liebevoll und einfach gut. Ich liebe sie, sie ist so unkompliziert und denkt immer: „Alles nur her zu mir, ich warte drauf", aber alles geht dabei sehr liebevoll zu, also kommt auch alles zu ihr. So denkt sie jedenfalls und ganz oft ist es denn auch so, aber sie muss noch viel lernen im Leben, dass es nicht immer nur so schön und liebevoll ist, wie sie es gerne sehen will. Soll denn jemand wie sie denn schon lernen, dass es auch Schlimmes auf der Welt gibt? Leider ja, denn sie ist manchmal wirklich nicht wie von dieser Welt und lebt auch noch in ihrer Welt, so kommt sie mir vor und sie muss mal wieder zurückgeholt werden auf die Erde, dann erst kann man ganz viel mit ihr anfangen. Ich liebe sie, weil sie so anders ist, aber sie muss halt aufpassen, rechtzeitig im Leben noch die Kurve zu bekommen, nicht, dass sie noch abhebt und dann meint: „So, zu denen da unten gehöre ich nicht mehr", aber das dauert noch. Jetzt erst mal ist sie eine liebe Maus, die niemanden was tun kann, auch, wenn sie manchmal sich schon sehr wie eine kleine Kratzbürste verhält, aber das ist nur nach außenhin und nicht sehr oft, nein, nach innen spüre ich eine wundervolle Seele, die auch in der Welt nur gute Erfahrungen machen will, nur – die gibt es nicht immer auf dieser Welt. Das muss sie wissen, sonst ist alles in Ordnung mit ihr.

Danke dir, jetzt hast du ja ganz lange mit mir geredet. Hast du noch einen Wunsch oder kann deine Familie irgendwas für dich tun?

Ja, spielen, spielen und spielen mit mir, dann bin ich glücklich.

Danke dir, dass du mit mir geredet hast. Ich richte auch alles so aus, wie und was du mir erzählt hast.

Schon gut, das weiß ich. Das wird lustig, wenn sie das hören, was ich so erzählt habe, freue mich schon drauf.

Ein weiteres Gespräch im Februar 2010:

Hallo, Johnny, darf ich wieder mal mit dir reden?

Na, warum nicht? Du beißt immer noch nicht und an den Ohren knabberst du mich auch nicht an, oder? Das mag ich nämlich gar nicht.

Du hörst dich immer noch so lustig und lebenslustig an wie beim ersten Gespräch mit dir.

Hat sich auch nicht so viel verändert für mich. Oder – warum willst du mit mir reden?

Der Josef meinte, es wäre vielleicht ganz schön, zu erfahren, wie es dir jetzt geht, denn du bist ja nun schon eine Zeitlang bei deiner Familie.

Es ist so schön, dass sie sich [die Familie] nicht mehr neu für mich anfühlt. Er merkt bestimmt, dass ich nicht mehr bei jedem, der da immer so mit seinen sonderbaren Wünschen hergewatschelt kommt, sofort hinlaufen muss. Das hat sich etwas für mich geändert. Aber ich liebe immer noch alle und könnte ihnen allen die Füße schlecken und abputzen. So sehr liebe ich immer noch alle.

Das klingt ja total gut. Gibt es denn etwas, was du nicht so gerne magst oder hast du denn einen Wunsch, den ich weitersagen soll?

An wen denn?

Na, an deine Familie. Entweder an einen oder an alle in deiner Familie.

Ich bin nicht mehr ganz so interessant, schade, aber auch nicht sehr. Ich könnte immer noch alle in meiner kleinen Familie abschlecken. Ich liebe noch jeden und keinen würde ich da auslassen, so sehr liebe ich alle. Das musst du ihnen bitte ganz dringend allen so weitersagen.

Das tue ich gerne. Ich soll dir auch vom Josef ausrichten, dass sie alle sehr froh sind, dass sie dich haben. Er sagte mir, sie hätten alle ein sehr inniges Verhältnis zu dir.

Ja, das stimmt, ich bin die Glocke und fühle, wie sie wie ein einzelner, fester Kirchturm um mich herum stehen, aber ich darf wackeln, ich darf mich bewegen und ich darf den Ton angeben. So fühle ich mich und mir geht es ja so gut dabei. Weißt du, ich habe dir ja auch viel erzählt aus meiner Vergangenheit, dass ich mich da nicht so sehr ganz wohl gefühlt habe, doch nun ist es anders, ich kann meine Jetzt-Zeit und auch meine Zukunft ganz anders annehmen, weil ich eben meine so sehr verletzende Vergangenheit hatte. Wenn ich immer so glücklich gewesen wäre, wie ich es jetzt bin, klar, ich wäre auch glücklich, aber eher etwas oberflächlich glücklich. So kann ich jedes Stückchen Wurst und auch das Brot dazu sehr genießen, denn es ist nicht das letzte, das ich bekommen werde und ich weiß, dass ich es trotzdem schätzen kann. Das kommt aus meiner Vergangenheit, ich schätze sie inzwischen auch sehr. Nein, lieben tue ich sie [die Vergangenheit] aber nicht. Sie musste aber sein, damit ich ein Hund werden konnte, der nicht mehr träumen muss, sondern seine Träume leben kann. Und das täg-

lich. So ein Hund bin ich gerade geworden und ich fühle mich einfach himmlisch dabei. Ich verstehe oft die Menschen nicht, die zu uns kommen, da spüre ich ja so einen grauen Schleier um sie herum, so als ob sie auf einem Autofriedhof wären, doch das stimmt ja so überhaupt nicht. Wenn Leben ist, dann bei uns. Das musst du ausrichten und auch das Gefühl, das ich hier so sehr spüre, dass nicht nur für das Äußere was getan wird, sondern auch was für die Seele des Menschen, ja sogar für dieses Fahrzeug, das sie immer mitnehmen, ist doch ein Wunder, aber sie erkennen es nicht so richtig an. Sie nehmen es an, wundern sich ein bisschen und dann ist es auch schon wieder vorbei, das mit dem Wundern. So schade, dass es nicht so lange anhält. Ich bin so dabei beim Wundern über meine saftige Familie, dass ich immer ein Gefühl habe, mir würde dauernd der Speck in den Zähnen liegen und der Saft, der daraus fließt, ginge mir nie aus. Das schafft meine Familie und ihre Zusammengehörigkeit. Klar, bei uns ist auch nicht immer nur Pfefferkuchenvergnügungszeit, aber sie sind offen genug, das Problem alle zusammen anzugehen und wieder morgen oder übermorgen eine Pfefferkuchenvergnügungszeit aus dem Leben und ihrem Zusammenleben zu machen. So empfinde ich meine Familie und auch mein Leben. Ich bin sehr dankbar dafür. Sagst du es ihnen bitte so weiter?

Ja, das sage ich gern so weiter. Das klingt sehr schön, wie du dich und deine Einstellung zum Leben beschreibst. Wie fühlt sich denn für dich das Leben an?

Wie dicke Knallbonbons, ich weiß ja nicht, was rauskommt oder was drin ist, aber ich lasse mich überraschen wie meine Zunge, die es kaum erwarten kann, drauf zu beißen. So spannend fühlt sich für mich das Leben an.

Danke für die schöne Beschreibung. Hast du sonst noch einen Wunsch oder kann ich was ausrichten?

Nein, immer noch nicht, mir geht's gut wie die Katz im Speck.

Meinst du, dass Katzen Speck fressen? Ich kenn das eher von Mäusen.

Aber Mäuse fressen Speck und die Katzen die Mäuse, also sind alle glücklich. Ich auch.

Alles Gute für dich und danke dir, dass du wieder mit mir geredet hast.

Kannst du ruhig öfter machen. Ich mag dich.

Das freut mich. Alles Gute noch mal für dich.

Anmerkung:

Uns alle hat es sehr beeindruckt, was Johnny dir alles so erzählt hat. Und er hat sich alles schon sehr genau angesehen. Wie verblüffend realkritisch er durch dich uns seine Sichtweise aufzeigt, und wie sehr er weiß, dass wir alle ihn in unser Herz geschlossen haben, das freut uns natürlich sehr. Hab vielen Dank für deine frohe und sonnige Auskunft, die uns auch wieder mal bewusst werden ließ, wie wichtig es ist, auf unsere Tiere und auch auf unsere innere Stimme, die durch diese Tiere spricht, zu hören.

Und: Es ist beeindruckend, wie real du mit unserem Johnny reden kannst, wir sind alle ganz baff.

Danke dir und mach weiter so, es brauchen dich sicher noch viele Menschen und ihre Tiere.

Seelengespräche

Pflanze: „du fühlst dich ja immer so alleine auf dem Feld“
Ein Gespräch mit einer Zimmerpflanze für die Helene.

Hallo, Pflanze, ich bin die Barbara, magst du mit mir reden?

Ja, das mag ich gerne, ist ja schön, dass mich jemand mal was fragt. Was gibt es denn?

Nun, die Helene möchte gern wissen, wie es dir so geht.

Du weißt, dass das nicht stimmt, so richtig interessiert sie sich ja wirklich nicht für uns. Pflanzen sind nur wie ein momentanes Schmuckstück, also, so auf die Art: ‚es macht halt das Zimmer grün', mehr sind wir nicht für sie.

Nun, ich denke, wenn wir uns eine Weile unterhalten und ich erzähle ihr von dem Gespräch, dann verändert sich vielleicht auch was in ihr und sie kann dich oder euch auch anders sehen.

Ja, das kann sie – ich bin ihr auch nicht böse, es ist halt mein Leben bei ihr, aber schlecht ist es nicht, das muss ich schon sagen.

Das klingt ja ganz gut. Kann sie irgendwas Bestimmtes tun für dich, so mit Erde, Gießen, Platz usw.?

Schau ich vielleicht schlecht aus? Nein, der Platz ist völlig in Ordnung, mit dem Gießen hapert es aber oft genug, wenn sie mal unterm Zeitungslesen zufällig daran denkt, dass wir mal wieder dran wären, sind wir schon glücklich. Also, ein bisschen mehr Respekt bitte vor unserer Lebensnahrung wäre da schon angebracht, das kannst du ihr auch so sagen.

Das werde ich ihr ausrichten. Wann oder wie möchtest du denn am liebsten gegossen werden?

Regelmäßiger. Nicht, wenn wir erst alle ziemlich trocken sind und sie eher daran denkt: „oh je, raus-

schmeißen wollte ich die aber eigentlich noch nicht, also gieße ich jetzt lieber mal." Das klingt jetzt etwas gemein in deinen Ohren, ich merke es, aber so denkt sie einfach und da würde ich mich sehr darüber freuen, wenn sie das einfach ablegen kann. Wir sind genau so Lebewesen wie sie, aber eben auch auf sie, als Lebewesen, angewiesen, da darf sie sich ein bisschen mehr von Herzen um uns kümmern. Sie muss ja nicht wirklich, so wie das Wort es meint, Kummer haben, wenn sie an uns denkt, aber bitte ein bisschen mehr Respekt bitte, das erwartet sie doch auch vielerorts von anderen Leuten für sie, da ist es doch nicht verkehrt, wenn ich das auch erbitte.

Ich sage es so weiter. Magst du vielleicht nach den Mondphasen gegossen werden?

Ja, das klingt fantastisch, so nach viel Gefühl, das wäre sehr schön, würde mich sehr darüber freuen.

Gut, dann sage ich es ihr auch so weiter.

Hast du denn eine Botschaft an die Helene?

Ja, die habe ich, aber sie wird sich etwas schwer tun mit meiner Botschaft. Weißt du, sie lebt eigentlich hinter einer sehr, sehr schweren Gardine. Und sie meint, wenn sie nicht so richtig in die Welt rausschauen kann, kann auch keiner so recht reinschauen in ihre Welt. Das ist richtig gedacht, aber – ist es denn so wichtig und so interessant, dass andere wirklich in ihre Welt reinschauen? Es ist nicht relevant für irgendjemanden, aber es ist sehr wichtig, dass sie so richtig Kontakt nach draußen hat und auch hält. Dazu braucht sie aber einen gewissen Durchblick. Wie will sie den aber haben, wenn sie so hinter den Gardinen lebt? Das ist doch gar nicht weitblickend. Und sie hat so eine liebevolle Art drauf, die viele begeistert und entzückt und man meint, sie weiß ja so viel, aber sie weiß so viel von draußen, draußen von der Welt. Aber sie [die Welt] ist unwichtig, unwichtig für das Lernen für ihre eigene Seele und da ist sie eher auf einer Schmalspurwanderung. Sie begibt sich ja nur mit den Zehenspitzen nach draußen in ihre eigene Welt, also, in ihre Innenwelt. So, Schachtel zu, verpackt und weggestellt, so denkt sie, ist ihre Seele verfasst. Aber so ist sie absolut nicht. Jeden Augenblick ihres Lebens nimmt sie auf, analysiert ihn und rastert ihn ab und steckt ihn in die richtige Tasche ihrer großen Seele hinein. Also, warum denn nur im Außen suchen, das ist ja schon verrückt, wo sie überall herumstrolcht, um was zu lernen, aber ihre Seele versteckt sie ja so vor sich selber, das ist nicht gut für ihr innerstes Lernen. Sie weiß es nur noch nicht, wie schön, spannend und wichtig es ist. Sie hat zugemacht, ja, das hat sie, sie sagt, weil sie nicht mehr leiden will in ihrem Leben, sie möchte nichts Persönliches, was wiederum schrecklich sein kann, ertragen, also, macht sie ihr Kasterl zu und versteckt den Schlüssel ganz tief in sich drin, so sehe ich sie. Das macht aber nichts, denn sie kann ihn ja immer suchen, sie braucht dazu aber Hilfe. Nein, sie ist nicht krank und da geht man nicht zu einem Arzt, der kann da nicht so richtig helfen, Schlüsselsuche ist nicht sein Fachgebiet, aber sie muss sich helfen lassen, den richtigen Eingang zu ihrer Seele zu finden, erst dann geht die Schlüsselsuche so richtig los. Kannst du ihr das sagen?

Ja, ich kann es ihr so sagen, ich schreibe alles so mit, wie du es mir sagst und gebe es ihr dann.

Oh je, ich glaube, ich spüre jetzt schon, dass sie es am liebsten verbrennen möchte, aber das macht nichts, sie muss sich mal selber spüren, mal selber wahrnehmen, sie wirkt auf andere oft etwas steif und sich zurücknehmend, aber nur nach außen. Innen hat sie da aber so richtig zugemacht. Klar, sie hat nicht immer gute Erfahrungen in ihrem Leben mit dem Thema Gefühle und Liebe gemacht, aber dieses Thema ist ein Thema, das sie noch lange begleiten darf und sie darf es so sehen, dass der leichteste Schlüssel zu ihrem Herzen einfach die Liebe ist, den darf sie suchen gehen. Nicht unbedingt in Form eines Mannes, der ihr aufsperren hilft, nein, das mein ich gar nicht, aber die Freude, die echte, wirkliche Lebensfreude, sich über Kleinigkeiten so richtig zu freuen, die ist ihr oft abhanden gekommen. Wenn sie etwas in der Hand hält, denkt sie oft genug: „mei, für was nimmt man es denn her? Was macht man denn damit?", anstatt zu spüren, was will mir derjenige eigentlich damit sagen, der mir das gegeben oder geschenkt hat? Das ist die eigentliche Frage, die sie an sich selber stellen muss. Ich liebe sie, sie ist eine Gute und ich will ihr mit meinen Worten ja so gleich gar nicht weh tun, aber ich will sie mal aufrütteln wie ein Schlafkissen, das schon so oft benützt wurde und ganz flach gelegen ist. Man muss es aufschütteln, damit man erst den Inhalt genauer spüren und wahrnehmen kann. So spüre ich sie, wenn ich an sie denke. Sie ist ein ganz großartiger Mensch, hat viel geschafft im Leben, ist aber so auf der Suche nach den inneren Werten und hat aber diesen Wunsch ganz weit weg geschoben, so wie ein Hund, den man in der Ferne sieht und nicht genau weiß, ob er nun beißt oder nicht. Nein, deine Seele beißt nicht, aber sie möchte einfach mal wahrgenommen werden. Das geht aber nur, wenn du den Hund, vor dem du dich so fürchtest, einmal näher kommen lässt. Du musst ihn ja nicht gleich auf Streichelhöhe kommen lassen, aber schon mal so nahe, dass du ihn näher siehst, ihn erkennst und ihm mal in die Augen schauen kannst, dann wirst du erkennen, dass er lieb ist und auf dich gewartet hat, dann kannst du dich auch die letzten Meter nähern und du weißt nun endlich, er beißt wirklich nicht. Es ist ja sogar schön, ihn näher zu sehen, ihn zu riechen, ihn dann doch zu streicheln und seine Nähe, seine Wärme und vor allem seine Liebe zu spüren. Das geht aber nicht, wenn du deine Seele so weit von dir entfernst wie ein Fußballfeld groß ist. Du fühlst dich ja so alleine auf dem Feld und musst ständig den Ball hin und her spielen, so kommst du mir manchmal vor, so ein Blödsinn, das funktioniert aber so nicht. Du brauchst auch Helfer, sonst gehst du ja ein wie eine Primel, die nicht gegossen wurde. So kommst du mir vor, wenn du dir nicht helfen lassen willst von den Menschen, die wissen, wie man an die Seele kommen kann. Mach mal eine schöne Meditation, nur für dich, warte, bis keiner zu Hause ist und dann mach eine schöne Meditation. Sie ist gut, nur für dich und versuche den Weg nach innen zu gehen. Du kannst unbekannte Welten in dir entdecken, die so schön sind, dass du ganz fasziniert von deiner eigenen inneren Schönheit sein wirst. Aber allein auf dem Fußballfeld zu sein, ohne Sinn und Helfer, das macht keinen Spaß, da kannst du dich mal fragen, wofür das alles? Und nicht die Frage zu stellen: ‚wann habe ich wieder Zeit, das und das noch zu lernen?' Lernen geschieht nie im außen, das wahre Lernen und das wahre Leben läuft immer innerseits ab, bitte denke darüber nach und gieße mich regelmäßiger.

Danke dir, ich richte es ihr auch so aus, wie du es mir gesagt hast.

Schon gut, sie will es aber eigentlich nicht hören, hat auch taube Ohren, aber ich will es ihr gerne sagen, weil ich sie so lieb habe.

Seelengespräche

Vogel Pedro: „nimm dir Zeit für dich"
Auszug aus einem Gespräch für Katrin.

Hallo, Pedro, ich bin die Barbara, magst du mit mir reden?

Was willst du von mir? [ich „sehe" ihn ganz unruhig in seinem Käfig auf der Stange hin- und hertrappeln].

Ich kenne dich nicht, aber die Katrin hat mich gebeten, mit dir zu reden, weil ich dich etwas anders verstehen kann als sie. Magst du mit mir reden?

Ja, dann mag ich es sehr gerne. Ich wusste nicht, wer du bist und was du willst von mir, also war ich erst mal sehr ablehnend dir gegenüber, aber wegen der Katrin mag ich gerne mit dir reden [Pedro hört sich schon sehr schnell nach dieser Erklärung anders an und ist auf einmal sehr gesprächig].

Sie buckelt sich ja immer so ab, das muss sie nicht. Es könnte bei ihr so sein wie bei einem Bauer, er sät auch nur den Samen aus und wartet dann ab, was alles so kommt und das möchte ich meiner Katrin auch sagen. Das sollte sie auch tun mit und in ihrem Leben. Das ist ja schrecklich, wie sie schuftet und arbeitet und sich selbst dabei fast völlig vergisst und hängt in ihren Gedanken völlig in/an ihrer Arbeit. So was musst du nicht machen, meine liebe Katrin, das brauchst du nicht. Der Samen ist gesät worden, jetzt warte doch mal ab, was alles zu dir zurückkommt. Ich sehe dich ja nur fingernagelkauend in dem Sessel hocken und du wartest, ob die Saat aufgeht, aber dabei kann ich nicht so richtig zuschauen. Mach inzwischen einfach was Anderes und kümmere dich nicht so sehr um den Samen. Er geht von alleine auf, du hast alles getan, was man nur tun kann, um die Vorbereitung so gut wie möglich zu schaffen. Jetzt ruhe dich aus und mach mal was Gutes für dich, das möchte ich dir unbedingt sagen. Aber du bist ja so blind, du verstehst ja nicht richtig, um was es im Leben auch so geht, das ist es ja, was so schön, so liebevoll auch erledigt werden darf. Du darfst dich mal um dich, um deine inneren Werte kümmern und das mit einem guten Gewissen und sorge dich nicht ständig so um morgen. Das Geschäft, das du da aufbaust, wird schon weitergehen, du wirst sehen und lege mal deine Sorgen um die Zukunft ab. Vor allem in der Nacht ist es ja so, als ob du den Sorgenmantel ganz fest noch um dich herumgeschlungen hast, obwohl du nur nachts ins Bett gehen musst. Da gibt es aber auch sehr hübsche Schlafanzüge, die du auch tragen kannst, du musst nicht in dem dicken Sorgenmantel ins Bett gehen. Klar, er hält auch warm, ist aber unbequem und hat nichts zu suchen nachts im Bett. So sehe bitte auch dein Leben an, mehr kannst du nicht mehr tun, um beruflich vorwärts zu kommen. Auch wenn du dir ein Bein ausreißen würdest, sagt dir keiner Dankeschön dafür und schneller geht auch nichts vorwärts. Solche Spannungen und Gedanken spüre ich in letzter Zeit öfters in dir. Blase sie doch einfach weg wie eine Seifenblase, deren Seife nicht an deinem guten Kleid zerplatzen soll, blase sie weg und irgendwann zerplatzt sie eh, hoch in der Luft, dann ist sie auch weg – so sollst du deine Zukunftssorgen und Gedanken auch verstehen. Sie haben nicht ständig was zu suchen in deinem normalen Leben. Blase sie weg und warte ab, wann und ob die Saat aufgeht. Sie wird aufgehen, das spüre ich schon so stark, weil du so viel Kraft und gute Energie reingehangen hast, ich liebe dich.

Das war ja schon eine richtige Botschaft an die Katrin. Ich frage oft am Ende eines Gesprächs nach einer Botschaft, denn die meisten Tiere wollen mich erst mal ein bisschen kennenlernen, bevor sie so viel erzählen.

Ich kenne die Katrin, du nicht und ich muss ihr sagen, dass sie so viele Dinge und Sachen auf einmal tut und sich aber für die wirklich wichtigen Dinge keine Zeit nimmt, so wie für sich, da nimmt sie sich ja gar keine Zeit. Das muss sich ändern und das muss ich ihr unbedingt mitteilen, sonst ist ihr Leben schon in Ordnung, aber sie schaufelt sich ja geradezu zu mit Arbeit und viel Stress. Braucht sie denn den Druck so dermaßen? Oder will sie vielleicht nur den Hunger ihrer Seele nach den wirklich wichtigen Dingen im Leben überdecken? Soll sich Zeit nehmen, nichts Großes machen, nur in ihren Lieblingssessel setzen, Augen schließen, das Telefon ausschalten, das ist ganz wichtig und tief ein- und ausatmen. So tief, dass sie schon das Blut, das in ihren Adern läuft, knistern hört. Dann ist sie richtig in ihrem Innern. Und sie kann um Bilder bitten, die kommen sollen, damit sie das sieht, was ihr helfen kann, aus dem innerlichen Stress rauszukommen. Es ist unglaublich schwer für sie, wenn ich an sie denke, sie trägt soviel. Dabei hat sie nichts mehr zu tragen, sie ist ein erwachsener Mensch und muss sich nicht mehr um so viele Details aus ihrer Kindheit kümmern. Sie muss es nicht mehr so aufarbeiten, wie sie meint, sondern einfach den Sorgenmantel ablegen, in die Mülltonne stopfen und wegschmeißen, da hat sie schon zwei Sorgen weniger, die sie täglichst umgeben, entsorgt. So soll sie mal ihr neues Leben angehen und nicht mehr in dem Druck, ständig noch mehr zu machen, stecken bleiben, das wünsche ich ihr so.

Danke dir, auch für diese Botschaft.

... Danke, dass du soviel erzählt hast, obwohl du mich gar nicht kennst.

Das macht nichts, du sagst es ja so weiter, ja? Und sie soll sich mal wichtiger nehmen als ihre Arbeit und die Gedanken, die sie sich darum immer macht. Das musst du ihr mitteilen, sie arbeitet sich ja noch ganz auf, vor allem die Gedanken um die Arbeit machen sie ja noch krank, das muss nicht sein. Soll lieber ihr Blut in ihren Adern spüren, das wäre mal was Anderes, was sie auch machen könnte und soll ihre Gedanken und ihre Sorgen abschalten oder abschnallen und nicht immer wie einen schweren Rucksack mit sich so hart rumschleppen, einfach abstellen und stehen lassen. Es kommt ganz viel zu ihr zurück, was sie schon ausgesät hat, daran denke ich, wenn ich sie mit meiner Energie unterstütze, weil sie ja nur an Arbeit denkt.

Ich werde es ihr so ausrichten, danke dir, dass du so viel erzählt hast.

Anmerkung der Besitzerin:

Als ich damals davon hörte, dass es jemanden gibt, der mit Tieren sprechen kann, dachte ich nur, das ist doch nur irgendwas Dahingesagtes, was sich vielleicht noch ein bisschen gut anhört. Dann hat mir eine Freundin ein Gespräch gezeigt, was du mit ihrem Tier hattest und ich war überrascht, was da drin stand. Und dann siegte meine Neugier, ich musste es mit meinem Pedro auch mal ausprobieren! Ich habe mir früher nie so wirklich Gedanken darüber gemacht, was Tiere so denken. Dachte immer, dass sie ihren eigenen Kopf haben und nur das machen, was sie wollen. Habe aber nie im Traum dran gedacht, dass sie sich auch um mich Gedanken machen könnten. Bis zu deinem Gespräch mit meinem Pedro. Das hat mich völlig umgehauen. Denn alles, was er sagte, stimmte und du konntest das von mir nicht wissen. Als ich es gelesen hatte, musste ich erst mal weinen. Die Tatsache, dass sich dieser kleine Kerl mehr mit mir und meinem Leben beschäftigt als mit sich selber, hat mich völlig durcheinander gebracht. Ich konnte es gar nicht glauben, dass er wusste, was in mir vorgeht. Heute habe ich einen noch viel intensiveren Kontakt zu meinen Tieren. Ich spreche auch viel mehr mit ihnen als vorher. Denn jetzt bin ich mir sicher, dass sie mich auch verstehen. Ich kann wirklich nur jedem raten, ein solches Gespräch mit seinem Liebling machen zu lassen! Ich werd's immer wieder tun!

Seelengespräche

Katze Inka: „der Alltag schüttet ja beide komplett zu"
Zwei Gespräche für Britta, Evi, Bernd und Tobias.

Hallo, Inka, magst du mal wieder mit mir reden?

Was willst denn du schon wieder?

Na, das klingt ja schon fast wie früher. Die Evi war gestern bei uns und hat gesagt, dass du meistens sehr ruhig bist, meistens sehr gut hörst, vor allem, wenn es wieder ums Raufgehen [ins Obergeschoss] geht und du dich sehr verändert hast und nun klingst du aber nicht sehr freundlich.

Ich bin ein wenig genervt. Keiner hat so richtig Zeit, was ist denn so los im Moment? Als ob jeder von einem unsichtbaren Eselstreiber getrieben wird und gar keine Zeit hat, sich auch nur umzuschauen.

Ich weiß nicht genau, was du meinst, aber ich denke, es hängt mit Weihnachten zusammen, da haben immer alle Leute viel zu tun und möchten einfach alles schön herrichten und vorbereiten, aber es läuft so nebenbei, neben ihrer sonstigen Arbeit und das heißt, dass es etwas anstrengend ist.

Verstehe, hört sich nach einer guten Erklärung an. Was willst du eigentlich von mir?

Die Evi sagte mir, dass die Britta bald wegfahren will, nur für ein paar Tage und wenn sie dann wieder kommt, ist der Tobias dabei, das wollte ich dir nur sagen.

Sie ist schon weg, das ist nichts Neues für mich, ist nicht so schlimm. Ich gehe gerne runter [zu Evi und Bernd ins Erdgeschoss], die da unten brauchen mich auch und bewundern mich inzwischen auch immer mehr, weil ich mich so „verdreht" habe. So etwas in der Art sagen sie immer über mich, das mag ich. Ich bin im Moment gerne eine liebe Katze, sie brauchen mich auch, das hat mir meine Britta ja schon gesagt, und nun ist es auch so, ich bin gerne unten.

Schön, das wird sie sehr freuen, wenn die Britta es ihnen sagen wird. Ist es nicht so schlimm für dich, wenn der Tobias wieder zu Besuch kommen wird?

Was ist daran schlimm? Höchstens, dass er so selten kommt. Sie müssten sich viel öfter sehen, um einen Ausgleich zu ihrem Inneren zu bekommen. Der Alltag schüttet ja beide komplett zu, das ist gar nicht so gut, ich mag das nicht, wenn sie völlig abgehetzt abends zu mir nach Hause kommt und sagt: „Mensch, bin ich froh, daheim zu sein" und will nur noch alle Viere von sich strecken. Da ist sie wie eine Katze nach einer erfolgreichen Jagd – nur einer Katze reicht eine Maus, die verzehrt sie dann und sie [Britta] ist aber so anders – für was tötet sie so viele Mäuse und kellert sie ein? Sie kann doch jeden Tag neue Mäuse fangen, aber sie geht jeden Tag wieder in diese Arbeit und hat doch schon so viele Mäuse im Keller. Ich liebe sie ja so, aber sie muss etwas für sich tun, sie wird sonst noch so alt und grau, obwohl sie so farbig sein kann. Tobias ist der Farbklecks in ihrem Leben, der ist gut für sie, aber ein bisschen mehr Farbe braucht sie eigentlich jeden Tag um die gleiche Zeit, nicht so selten mit ihm, wie es wirklich ist, kannst du es ihr sagen?

Ja, ich sage es ihr. Noch was möchte sie gerne wissen, sie meint, du humpelst manchmal oder gehst so langsam, ist alles mit dir in Ordnung?

[Fauch, fauch!] Darüber will ich nicht sprechen, nie wieder will ich in meinem Leben zu so was wie einem Tierarzt, also habe ich auch nichts, hast du verstanden?

Das verstehe ich sehr gut, aber – was dir vor vielen Jahren mit deinen Krallen angetan wurde, ist doch schon so lange vorbei. Wenn du nun wirklich was an deinem Bein oder an deiner Hüfte hast, dann solltest du wirklich zu einem Tierarzt.

Vergiss es, will darüber nicht reden.

Was hältst du denn von einem Tierheilpraktiker oder einem Tierosteopath?

Das letztere fühlt sich sicherer an, das geht schon, aber bitte nicht gleich, brauche noch meine Pause.

Gut, dann sage ich es aber auch so der Britta, dass du nichts dagegen hast, wenn ein Tierosteopath mal deine Hüfte anschaut. Ist das so in Ordnung für dich?

So habe ich es aber nicht gesagt. Wenn es schon sein muss, dann eher ein Tierosteopath, das sagte ich. Aber gut, mir tut was weh, es knirscht so in meinem oberen Gelenk, als wenn da tausend kleine Teile drin wären. Kann sie das wirklich mal anschauen lassen? Mir tut es immer weher. Ich wollte nicht darüber reden, aber es geht nicht mehr weg, ich weiß aber auch, warum ich das haben muss. Es darf und soll nicht mehr so schnell gehen in meinem Leben. Ich muss zufrieden sein mit dem, was ich so habe und nicht, was ich alles nicht habe.

Magst du denn darüber reden, was dir abgeht?

Eigentlich bloß meine Krallen [die Krallen wurden von den Vorbesitzern gezogen], Freiheit brauche ich nicht so, die fängt im Kopf an, nicht so sehr draußen beim Mäusefangen, obwohl ich es sehr gerne mal ausprobieren möchte.

Das kann ich der Britta gerne mal sagen, dass du das mal möchtest. Aber erst im nächsten Jahr, hat sie gesagt, da möchte sie es gerne noch mal probieren mit einer neuen Leine.

Hört sich sehr spannend an, soll es mir vorher sagen, sonst habe ich jetzt schon ein bisschen Angst, aber ich will es, das kannst du ihr auch sagen.

So was ähnliches hast du mir schon mal gesagt, ich glaube, sie weiß es noch.

Was willst du denn noch?

Nichts mehr, magst du denn noch was oder soll ich was an die Britta ausrichten?

Sie hat mich auf den Weg gebracht, eine liebendere Katze zu sein, das muss nun nur noch mit ihr selbst passieren. Sie muss ihre eigenen Gefühle zulassen, sag ihr das, ich will ihr auch so gut helfen, wie ich nur kann.

Ich richte ihr alles so aus, wie du es mir gesagt hast. Danke dir, dass du wieder mit mir geredet hast.

Schon gut, will doch zu diesem Tierosteopathen, denn es heilt doch nicht von selbst.

Ich sage es ihr.

Ein weiteres Gespräch mit dieser Katze:

Hallo, Inka, magst du mal wieder mit mir reden?

[Fauch, fauch, fauch], was willst denn du wieder von mir?

Entschuldige, ich habe mich schon lange nicht mehr gerührt und schon lange nicht mehr nachgefragt, wie es dir so geht. Nun möchte aber so gerne die Britta wissen, wie es dir so geht. Sie macht sich richtige Sorgen um dich und würde sich sehr freuen, wenn du deshalb mit mir reden willst. Geht das?

Jetzt nicht, hau ab, brauche meine Ruhe.

Was heißt das denn genau? Du hast doch eh sehr viel Ruhe, warum magst du denn nicht mit mir reden? Die Britta möchte sich gerne mit dir (über mich) etwas unterhalten und dir auch sehr wichtige Dinge mitteilen.

Weißt du, sagen kann sie mir doch auch alles, warum braucht sie dich dann immer so? Das verstehe ich nicht, das nervt mich, soll auch so mit mir reden. Ich merke ja, dass es ihr gerade so geht wie einem alten Putzkübel, der voller altem und abgestandenem Wasser ist. Es wurde damit geputzt und danach wurde er nicht aufgeräumt und gesäubert, sondern einfach benutzt in eine Ecke gestellt und kommt sich so überflüssig vor, dabei sollte er sich schon vorbereiten auf die nächste große Putztour.

Sprichst du von ihrer Arbeit?

Ich fühle gerade eine richtige Zerrissenheit in ihr und das hat mit ihrer Arbeit zu tun. Bezeichnet es als ihr Lebenswerk und will es aber nicht, dass es eins ist oder eins werden soll – da nicht, denkt sie und doch steckt sie fast ihre gesamte gespeicherte Energie da rein. Was soll das? Entweder sie macht es oder sie macht es so nicht, das ist alles. Und so fühle ich, dass sie sich vorkommt wie ein benutzter alter Putzeimer, der nun einfach in die Ecke gestellt wurde. Sie will aber weiter benutzt werden, vorher jedoch gereinigt werden und sich drauf freuen dürfen, dass der Putzeimer noch weitere wichtige Einsätze im Leben hat, doch so kommt sie sich gerade nicht gut vor, wie sie als Eimer behandelt wurde. Kannst du es ihr sagen? Ich denke, so sieht sie es aber nicht, aber sie leidet ja so. Dabei muss man nur mal das alte Waschwasser ausgießen, ordentlich saubermachen, bis er [der Eimer] wieder glänzt und dann würde sie [Britta] gerne wieder als Wassergefäß dienen. Sie wehrt sich ja nicht dagegen, ein Putzeimer zu sein. Sie weiß und sie sieht, dass das eine sehr wichtige Arbeit ist und dient gerne so als Aufräuminstrument, doch will sie wenigstens hinterher würdevoll weiterbehandelt werden und das fehlt ihr im Moment so ganz.

Danke, dass du es mir so erklärt hast und auch danke dafür, dass du nun doch so liebevoll mit mir redest. Sie hat mir davon erzählt, dass sie wirklich ganz fertig ist, weil es in ihrer Arbeit so viel zu tun gibt.

Ja, davon rede ich. Ich merke ja so sehr ihren Zustand und den muss sie verändern, sonst wird bald das alte gammelige Wasser, das schon so verbraucht ausschaut, samt dem Eimer weggeschmissen.

Das klingt aber nicht gut. Kannst du ihr da was raten?

Weißt du, ich gieße ihr mit meiner Energie immer so viel neues Wasser in den Eimer nach, wie es eben nur so geht. Das versteht sie sicher, wie ich das meine. Doch sie denkt immer nur, es geht schon noch, es geht schon noch, noch ein bisschen, das geht auch noch, aber das Wasser, das nie ausgewechselt wird, wird dann mal modrig und stinkt und das wird dann ihr Körper sein, dem es nicht so gut gehen wird, er bäumt sich dann auf und will erneuert werden. So eine Erneuerung braucht sie aber nicht, wenn sie selber das alte Wasser ausgießt und dafür sorgt, dass neues wieder reingegossen wird. So sehe ich die ganze Geschichte um sie herum. Warum verändert sie nicht das alte Putzwasser? Sie kann doch woanders hingehen und weniger arbeiten, es kümmert sich keiner mehr um sie, wenn das Wasser erst mal zu stinken anfängt, d.h. ihr Körper Hilfe braucht und so kann sie selber noch rechtzeitig um neues Wasser bitten. Sag ihr das, das ist dringend notwendig.

Ich sage es ihr, aber ich glaube, sie weiß es schon, sie kann es aber gerade nicht ändern.

Was heißt denn hier „gerade"? Die Sonne und den Mond und die Erde, auf der wir wandeln, diese Dinge kann man nicht verschieben, aber alles andere, alles andere kann man ändern. Sie versucht ja auch immer mich zu ändern, doch bin ich eine sehr beharrliche Katze, sie weiß da auch, was sie an mir hat.

Sie meinte schon, ob du vielleicht wie eine Art Spiegel für sie wärst, weil es ihr im Moment wirklich nicht gut geht in ihrer Arbeit.

Ich weiß; so wie ein Spiegel würde ich mich aber nicht sehen, sondern eher wie ein Ast auf einem wunderschönen Apfelbaum. Sie hängt als Ast auf der einen Seite runter und ich als Ast auf der anderen Seite. Und ich bin bald am Abbrechen – und sie auch. Das ist mein Bild, das ich von uns beiden habe.

Danke dir. Sie sagte mir, dass du sehr viel schläfst zur Zeit. Weißt du, warum?

Ja, der eine Ast wird abstürzen, wenn der andere Ast ihn nicht hält und versucht, auszugleichen. Ich bin für sie der fehlende Schlaf und die Erholung, die sie so dringend sucht und braucht. Wenn sie wieder mehr schläft und weniger in ihrer Arbeit als der alte Putzeimer dienen soll, dann kann ich auch wieder mehr Lebensfreude zeigen und agiler werden.

Dazu kannst du aber auch ein Stück weit beitragen. Sie weiß, dass sie zur Zeit sehr viel arbeitet, freut sich aber sehr, wenn du sie nachts unterstützt und sie nicht immer wecken würdest, dann wäre sie noch ausgeschlafener.

Und warum das alles? Wenn sie ausgeschlafener ist, dann hängt sie noch mehr in der Arbeit rum, weil sie dann noch mehr Kräfte hat. Davon will ich sie aber abhalten, das ist meine Aufgabe, um ihr zu zeigen: Hey, jetzt kümmer dich mal um dich selber!

Schwierig für euch beide. Sie weiß, dass sie nicht so viel arbeiten müsste, doch kann sie nicht anders im Moment und du willst sie davon abhalten, doch dadurch hat sie noch weniger Kraft.

So ist das aber überhaupt nicht richtig, wie du das siehst. Diese Kraft soll sie mal für mich einsetzen, ich bin inzwischen so geduldig. So als ob sie ein altes, gebrauchtes Kuscheltier hätte und mal vom Fell her auf die andere Seite zieht, die jetzt neuer ausschaut, doch unten drunter ist immer noch der verschmutzte Putzeimer. Er braucht mal eine Generalreinigung, sonst kann man ihn bald mit dem gesamten Wasser wegschmeißen, dafür verausgabe ich mich, das ist nun meine große Aufgabe.

Das finde ich aber nicht so schön, wie du es vergleichst.

Sie ist so eine Härte gewöhnt. Wenn ich ihr sagen würde, ich fühle, wie ein Fleck auf ihrem Lieblingssofakissen in mein Auge sticht und es doch mal gereinigt werden sollte, dann würde sie nur lächeln können und sagen: „Och, wie putzig!" Und? Würde sich da irgendwas ändern in ihrem Leben? Nein, ich muss ihr sagen, dass das alte Wasser schon ganz schmutzig, verklebt ist und stinkt. Und keiner mehr daran gehen will, um es bald noch auszuleeren, deshalb wird wohl bald der ganze Eimer ausgeschüttet und der Eimer mit weggeschmissen. So eine Sprache versteht sie. Kann heulen, was sie mag und dann muss sie was dran ändern, sonst reicht meine Energie nicht mehr aus, nur immer etwas neues Wasser in das alte, verstaubte dazu zu schütten. Ich liebe sie und ich will nur, dass es ihr gut geht, dafür gebe ich einfach alles, kannst du es ihr so sagen?

Ja, das sage ich ihr auch gerne so weiter. Sie freut sich auch so darüber, dass du nun viel mehr kuschelst wie früher und fast nicht mehr beißt, darüber freut sie sich wirklich und sagt, dass du gerne noch fauchen darfst. Irgendwie musst du es ja sagen, wenn dir was nicht passt.

Ja, danke, dass sie es so sieht, ich arbeite noch an mir, sie aber zu wenig an dem Putzwasser an sich, sag ihr das. Das Wasser muss klar sein und wenn es schmutzig ist, wird es Zeit, es mal wieder auszugießen, so ist das auch mit der Lebensenergie, sie wird immer mal wieder schmutzig oder verbraucht sich auf, aber man muss den Wasserhahn suchen und auch finden, ihn wieder aufzufüllen – aber sucht sie ihn? Sie muss dringend auf die Suche nach dem Energie-Wasserhahn gehen. Sag ihr das.

Danke dir, ich werde es ihr so ausrichten. Kannst du auch was für sie tun, wenn sie deine Botschaften bekommt, dass du sie wieder durchschlafen lässt, auch, wenn sie im Moment nicht nach dem Energie-Wasserhahn suchen gehen kann?

Nein, sie braucht ihn dringend!

Nun, das war auch eine klare Antwort von dir. Sie hat noch ein großes Problem. Nächstes Wochenende, das fängt schon morgen an, fährt sie für 3 Tage ganz weg und du weißt ja, dass Evi und der Bernd auch gerade weg sind. Es ist etwas in dem Haus, was noch nie war – du wirst 3 Tage ganz allein auf dich gestellt sein, aber sie hat es so organisiert, dass immer Nachbarn da sein werden, die sich abwechselnd um dich kümmern werden.

Und das traut sie sich, mir zu sagen? Wo ist da noch die Würde, die sie mir immer so entgegenbringt? Da muss ich sie aber mal unter dem Tisch suchen gehen, vielleicht finde ich sie dort.

Wie meinst du das?

Sie sagte mir immer, dass das nie passieren wird.

Es ist der absolute erstmalige Ausnahmezustand und das kommt auch hoffentlich nie mehr so vor, aber sie hat ein Konzert und kann nicht anders und Proben hat sie auch dafür. Das ist zwar auch Stress, aber sicherlich auch ein Stück von dem Energie-Wasserhahn, von dem du gesprochen hast. Verstehst du? Es muss einfach ausnahmsweise mal sein. ...

Also gut, es geht nicht anders und ich spüre ihre Entschlossenheit. Ich kann sie auch nicht umstimmen, kann ich nie im Leben, also wehre ich mich auch nicht dagegen, aber dafür muss sie mir mal die Füße kraulen, das darfst du ihr sagen.

Macht sie das sonst nicht?

Nicht so richtig. Ich glaube, sie traut sich nicht, aber ich weiß ja, dass sie ein armes Würstchen ist, also warum soll ich nicht sagen, dass ich ihr das mal gönne, dass sie weg ist, hat nichts mit mir zu tun. Ich kann ja auch nicht immer sagen, sie soll was für sich machen und dann darf sie nicht wegen mir – nein, das will ich nicht sagen, ich liebe sie ja so.

Das finde ich eine tolle Antwort! Sie wird sicherlich ganz stolz auf dich sein.

Ja, das hoffe ich. Bei Menschen sagt man ja dann wohl, dafür darfst du mir die Füße küssen, ich will dann dafür nur, dass sie sie mich mal krault, aber vorsichtig, mehr nicht.

Das sage ich ihr so. ....

Also kannst du damit leben, dass dich die drei Frauen [Nachbarinnen] versorgen?

Ja, ich beiß' sie auch nicht, ich weiß ja, dass es nicht lange ist, aber sie soll es mir immer vorher mitteilen, dass ich auch weiß, dass sie immer wieder kommt.

Das sag ich ihr gerne. Sie kann es mir ja vorher noch mal sagen, damit ich es dir mitteile.

Nein, sie kann es auch selber, ich spüre ja so, was sie denkt, zumindest meistens.

...

Kann sie noch was tun für dich?

Diese dumme Frage hättest du aber nicht stellen müssen. Viel mehr Zeit für mich von ihr für mich brauche ich – ich möchte sie manchmal nur auffressen, damit sie ganz nah bei mir ist, das wünsche ich mir am meisten, aber weil das ja nicht so geht, wünsche ich ihr die Kraft, das alte Wasser selber auszuschütten und es wieder zu wechseln. Mit neuem, klaren Wasser macht das Putzen und Arbeiten doch viel mehr Spaß. Ich gebe dem dummen Kübel bald einen Tritt, das möchte ich am liebsten. Und sie soll es schaffen, sag ihr das bitte, ich liebe sie und würde das alte Wasser sogar aussaufen für sie, aber es muss einfach weg, das ist das wichtigste, das sie für mich und für sich machen kann.

Danke dir für deine Antworten und vor allem, dass du doch so lange mit mir geredet hast. Vielen Dank.

Gut, war gut, konnte mal wieder meine Gedanken für sie loswerden, war auch so nötig. Ich liebe sie, das muss sie aber am allermeisten wissen.

Ich glaube, das weiß sie.

Seelengespräche

Hund Milli: „erst dann ist sie befreit von alten Lasten"
Fünf Gespräche für Anna, Günther, Rudolf und Ella.
Ausschnitt aus dem ersten Gespräch:

... Hast du noch eine Botschaft an die Anna?

Ja, sie ist eine Gute, oft zu gut für diese Welt, sie hilft jedem und jeder Person, nur sich selber nicht. Geht manchmal schon am Zahnfleisch. Ist nicht schön, kann aber nicht anders, ich mag sie. Sie ist deshalb so beschützenswert. Wirkt so zerbrechlich auf mich, will immer so viel für andere tun, tut es auch, denkt dabei so gar nicht an sich. Darf ruhig mal so richtig egoistisch werden, da werden mal alle schauen, aber nicht, weil sie wieder was von ihr erwarten, sondern weil sie sich freuen, dass sie erkannt hat, dass sie nun auch mal dran ist. So soll sie künftig ihr Leben sehen und meistern. Ich mag sie, hat aber so gar kein Gefühl für ihre Seele, meint immer, erst die anderen, dann geht es ihr gut, wenn sie alles geschafft hat. So blöd, warum tut sie selbst nichts für sich? Hat schon ein schlechtes Gewissen, wenn mal niemand daheim ist und keiner was von ihr will und sie nur mal einen Kaffee für sich kocht. Nun, jetzt soll sie ihn einfach nur genießen, soll ihn mit Freude und Wonne für sich kochen und genießen und nicht daran denken, was sie in dieser Zeit alles hätte machen können. Nein, jetzt ist sie dran, ihr gebe ich gern meine Energie, sie braucht sie ganz besonders.

Danke dir für die Botschaft. Ich richte sie ihr aus. Hast du noch eine an den Günther?

Ja, er ist so anders, aber ein echter Wonneproppen, ich mag ihn sehr, sehr gerne. Manchmal nimmt er mich ja so gar nicht ernst, da lauf ich ihm so durch die Beine durch und er muss immer nur aufpassen, dass er nicht auf mich drauftritt, so nimmt er mich oft nur wahr. So ein Blödsinn, ich gebe ihm auch so viel von meiner Kraft, alles, was ich habe, teile ich auf, da könnte er mich auch ruhig etwas mehr wahrnehmen. Er ist aber ein sehr ruhiger, angenehmer Zeitgenosse, viele suchen seine Nähe, weil sie dabei Ruhe und Geborgenheit finden können. Er kennt keine Hektik, wenn doch, geht sie nicht von ihm aus, das ist ein Fremdwort für ihn. Sorgen hat er viele, auch aus seiner Arbeit, er kann nicht abschalten, schön blöd. Soll einfach einen Strich unter seine Arbeit ziehen, wenn er nach Hause kommt und nicht denken: „Mensch, jetzt läuft mir der kleine Zwerg auch noch zwischen den Beinen rum." Das tut mir weh, das will ich nicht, aber sonst geht es mir sehr gut mit ihm, auch für mich hat er gute Gedanken, wenn er nicht ans Rumrennen zwischen den Beinen denkt, das gefällt mir, mehr von seiner Sorte Mensch täte der Welt gut, er denkt sehr geradlinig und hofft, dass andere auch mal so denken könnten wie er, dann würde es vieles nicht mehr so geben. Aber das ist eine Illusion, die darf er aber gerne behalten, müssten eben mehr so denken wie er, dann passiert auch was in der Welt, wir sind aber noch nicht so weit, ist noch etwas hin.

Danke dir, hast du noch eine Botschaft an den Rudolf?

Ja, er ist ein lustiger Kauz, hat ständig einen Witz auf den Lippen, kann das Leben nicht lustig genug sehen, so lustig, als ob es gar keinen Ernst mehr auf der Welt gäbe. Da sind Günther und Rudolf auf den ersten Blick völlig verschieden, sollen aber zwischen sich einen Spiegel stellen und jeder soll mal schauen, was er an dem anderen mag und diese Dinge in sein eigenes Leben übernehmen, das geht nämlich dem anderen immer ab. So sehe ich das, er ist total lieb, lebt aber ganz woanders zur Zeit in seinen Gedanken. Um ihn da runter zu holen, bin ich da. Ich gebe ihm meine Energien, aber er ist gut, sehr gut sogar, seine Seele ist so wohlklingend im Einklang mit ihm, das gibt es selten. Ich mag ihn sehr, vor allem seine lustige Art, wird er auch immer beibehalten, sein Leben lang, bringt noch Viele zum Lachen.

Danke dir, hast du noch eine Botschaft an die Ella?

Ja, sie ist lieb, wie eine Prinzessin, so sehe ich sie, immer lustig, immer heiter, aber auch auf eine ganz besondere Art. So was finde ich nicht oft unter den Leuten, denen ich sonst immer begegne. Ich sehe ja viele Leute auf meinen Spaziergängen und deshalb weiß ich, dass Ella sehr viel gelitten hat, aber das absolut Beste daraus gemacht hat. Sie hat es geschafft, darüber kann sie nur noch stolz und glücklich sein. Ist sie auch, muss nur manchmal daran erinnert werden. Das Leben ist schon wieder zu normal, als dass sie es immer genießen kann, ist da ein bisschen anders wie ihr Bruder, hat aber eine wunderschöne Energie, die ich ihr auch sehr gerne etwas vergrößere.

Danke dir für alles – und für alle Botschaften.

Ausschnitt aus einem weiteren Gespräch mit Milli:

... Sag mir ein paar Dinge, die Anna machen kann.

Sie muss trauern, aber sie muss auch wieder aufhören, das schafft sie nicht. Das ist aber ihr Ziel im Leben. Sie hat es schwer erwischt im Leben, denkt sie oft, aber so ist es nicht. Alles, was sie jetzt erledigt, sei es allein, mit meiner Hilfe oder mit Hilfe von anderen, muss sie nicht mehr in ihr nächstes Leben rüberschleppen, da wird es ihr dann viel besser gehen. Verstehst du?

Ja, ich verstehe.

Soll sich mal ein ganz ruhiges Plätzchen suchen an einem See, da soll sie allein hingehen an einem wunderschönen Tag, das würde ihr helfen. Soll sich an das Ufer setzen und sich für jeden Menschen überlegen, was sie Gutes an ihm empfand, um den sie trauert. Und nun soll sie sich diese Gedanken in ihr Herz nehmen und den Schmerz, der die Trauer verursacht hat, das „alleine sein" dadurch, das Gefühl, dass ihr was ganz Wichtiges aus dem Herzen gerissen wurde – das soll sie sich vorstellen – wie es versenkt wird. Und zwar in Schubladen in einer schönen, großen Kommode. In jede Schublade kommt da was rein, was ihr weh tut und nun soll sie es für jeden Menschen machen, der ihr so fehlt. Einfach alles versenken. Und mit den schönen Gefühlen, mit den guten Erinnerungen in ihrem Herzen nach Hause gehen. Das kann sie sogar öfters machen, auch nur für eine Person, wenn es ihr so schwer fällt, alle zu versenken, für die sie noch so trauert. Eine Trauerzeit ist sinnvoll, weil es einem klar wird, dass jemand nicht mehr da ist, aber sie hat auch ein Ende, das muss ihr auch klar werden und dann sein. Das Leben geht für sie weiter, sie hat Kinder, die sie so sehr lieben und alles für sie tun würden. Für sie lohnt es sich zu leben und was an ihrer Trauer zu verändern, d.h. die Trauer muss auch mal vorbeigehen. Erst dann kommt sie in ihre alte Stärke wieder zurück, die sie auch so sehr vermisst, denn früher war sie ja so stark, denkt sie, kann sie auch noch heute sein, sag ihr das, ich mag sie so gern, ich würde alles für sie tun.

Wenn sie das tut und ihr geht es besser, dann musst du doch nicht mehr so viel Energie an sie schicken.

Es geht besser und auch noch nicht. Sie weiß, dass sie was tun muss, ist aber noch nicht ganz sicher was und sie würde inzwischen alles tun. Das ist auch erschreckend. Sie muss auswählen und hinspüren, wo sie das Gefühl hat, das könnte ihr Klarheit bringen und wirklich helfen und nur, wo sie ein Gefühl hin entwickelt, das soll sie machen. Ich habe sie so gern und wünsche ihr doch so alles Gute im Leben, dass sie die alten Geschichten, vor allem die alten Trauergeschichten, ablegen kann. Sie überdecken sie ja wie eine alte schwere Pferdedecke und sie kommt da ja gar nicht mehr hoch. Pferdedecken können wärmen, aber auch jemanden, der schwach ist, darunter ersticken, so kommt sie mir vor. Muss sich hochrappeln und sie loswerden, erst dann ist sie befreit von den alten Lasten. Das wird sie dann auch auf ihrem Rücken spüren, wenn diese Last, also diese alte, schwere Decke, nicht mehr da ist. Inzwischen gibt es so schöne leichte Dinge, die sie auch wärmen können, die sie liebevoll zudecken und nicht erdrücken. Muss sich unbedingt einen neuen Partner suchen. Ich liebe den Günther, aber was macht er? Er deckt sie immer noch mehr zu mit der alten, schweren Decke und weiß ja so gar nicht, wie er ihr die Last abnehmen kann. Aber so jemanden braucht sie, der ihr dabei helfen kann, sich freizuschütteln von den alten, schweren Lasten. Das Leben ist doch so schön, kann es auch viel leichter ertragen, wenn sie wieder frei, ohne Last, atmen kann.

Was kann sie denn tun?

Die Last als Last entdecken und abdecken, also die alte Decke mit viel Kraft hochstemmen. Das ist wirklich ein großer Kraftakt und dann abschütteln und wegschmeißen, bitte nicht zusammenlegen und beiseitelegen, sondern ablegen, ganz wegschmeißen, dabei helfe ich ihr auch. Sie muss sich hinsetzen und mal aufschreiben, was sie alles im Leben erhalten hat an Not, an Tod, an Schwierigkeiten. Immer auf einen eigenen Zettel soll sie es schreiben und dazu noch, was sie sich in jeder Situation noch gewünscht hätte oder was ihr hätte helfen können. Die soll sie wie einen Wunschzettel in den Himmel schicken und zwar verbrennen soll sie jeden einzelnen Zettel mit der schlimmen Situation und dem Wunsch, z. B. Trauer und getröstet werden, so soll sie es mit allen Dingen machen und im Garten soll sie es verbrennen und zum Rauch von jedem Zettel raufschauen und sich wünschen, dass sich die guten Dinge, die sie sich gewünscht hätte, in der Situation auch jetzt noch zu ihr zurückkommen. Es wird ihr helfen und vieles kann sie dabei ablegen und vieles wird dann zu ihr kommen, so wie sie es sich erhofft hat. So ist es, das soll sie machen, kann sich schon darauf freuen wie ein kleines Kind, das nun die Wunschzettel für Weihnachten oder zum Geburtstag schreibt und sich darauf freuen, was es nun alles geschenkt bekommt. Ich mag sie so gern, das soll sie erstmal machen, dann erzähle ich ihr noch was, was sie machen kann. Schritt für Schritt soll sie sich bewusst werden, was sie machen kann und auch muss, dann geht es ihr Schritt für Schritt besser.

Danke dir, Milli....

In einem weiteren Gespräch:

...

Die meisten Menschen denken immer so, dass zuerst der Körper von außen in Ordnung gebracht werden soll und nur dann, wenn sie wieder gesund sind, können sie ja mal darüber nachdenken, warum sie eigentlich so krank geworden sind. Das muss aber parallel laufen, anders geht es nicht. Ich liebe meine Anna, das weißt du und das weiß sie schon lange, aber sie muss unbedingt was machen, um die alten Geschichten, die sie noch belasten, loszulassen. Viele Rituale soll sie machen, um raus zu kommen aus ihrer Trauer. Jetzt geht es ihr aber ganz gut im Moment, zumindest seelisch, ... Sie weiß noch so gar nicht und ist so hilflos, was das Richtige für sie ist. Also normalerweise für und an der Seele arbeiten und dann läuft der Körper schon wie von alleine, aber sie hat den Zugang noch nicht so dafür, da ist es ganz gut, wenn sie weiter auf dem Weg geht, den sie eingeschlagen hat. Aber nur so lange, bis sie endlich Zugang zu ihrer Seele hat, dann kann sie das andere getrost vergessen. Aber solange hilft es ihrem Körper, aber eher außerhalb, sie muss eben was von innen her tun, das würde ihr gut tun.

Das sag ich ihr gerne, kann sie sonst noch was tun für dich?

Ja, mal etwas Abwechslung in mein Futter bitte bringen, dann schmeckt es mir vielleicht noch besser, kannst du ihr das sagen?

Sage ich ihr gerne, was schwebt dir denn da so vor?

Nun, Trockenfutter mag ich nicht besonders, Nassfutter mit Fleisch viel lieber, bitte mal anderes Fleisch möchte ich haben.

Weißt du auch, was für eines?

Nein, ich lasse mich mal überraschen, sie darf mal gerne ausprobieren, aber wenn ich etwas Neues gefressen habe, kannst du mich ja gerne fragen, ob ich es noch mal will, das kannst du ihr sagen. Ich mag sie und will wieder mehr Energie extra wegen ihr bekommen, also muss ich mehr fressen, das ist mir auch klar geworden inzwischen.

Darüber wird sie sich sehr, sehr freuen. Ich richte ihr alles so aus, was du mir erzählt hast.

Schon gut, soll vor allem loslassen üben, das wäre das Wichtigste in ihrem Leben und alle Dinge, die ihr nicht gut tun, auch Menschen, aus ihrem Leben entrümpeln, das wäre auch gut für sie.

...

Soll ich ihr was von dir sagen, was du dir wünschen würdest?

Harmonie – das ist ein Wort, was noch vor Liebe kommt, aber beide sind davon so weit entfernt, wie ein vertrockneter Frosch vom nächsten, lebensrettenden Teich. Er schafft es nicht mehr in seinem Leben, zu dem rettenden Nass hinzukommen und so ist das auch mit den beiden und in ihrer Beziehung. Ich weiß, dass sie sich trennen müssten, auch, wenn das Leben von Günther dann noch stumpfsinniger wird, aber – soll sie deshalb der Frosch sein, der sein Leben – sein schönes plantschendes Leben – aufgibt, nur damit er ein bisschen Nässe auf seiner Haut spüren darf? Nein, sie muss an sich denken, sag ihr das, das weiß ich und sehe es ein. Das ist ja auch ein Grund, der mich sooo traurig macht, aber es geht nicht anders, sie muss gehen und kann dann zu einem wunderschönen Frosch werden, der nicht mehr aus dem lebensspendendem Wasser hinaus will.

Danke dir. Kann deine Familie sonst noch was tun für dich?

Ja, mich liebhaben und mich in den Arm nehmen, das können sie beide, da würde ich mich sehr darüber freuen.

Danke dir, dass du wieder mit mir geredet hast, ich richte es wieder so aus.

Ja, bitte und sie soll nicht traurig sein, dass ich ihr so was wünsche, denn eigentlich verrate ich ja den Günther damit, aber ich denke noch mehr an sie und sie braucht bald das kühlende Lebenselixier Wasser.

Weiteres Gespräch mit Milli 2 Monate später:

Hallo, Milli, magst du wieder mit dir reden?

Ja, es wird ja auch mal wieder Zeit, dass du nach mir fragst.

Wie meinst du das, hast du mir viel zu erzählen?

Nun ja, es ist halt viel passiert und ich merke, wie sich die Stimmung in unserem Haus so langsam verändert hat und ich merke, wie die Anna wächst. So als ob eine Tulpenzwiebel seit vielen Wintern in der gefrorenen Erde schlummert und endlich kommen die wärmenden Frühlingsstrahlen und sie darf rausspitzen aus der Erde. So richtig wächst sie noch nicht in voller Schönheit raus, aber sie schafft es schon mal, so weit draußen zu sein, dass sie sich schon mal umschauen kann, was will sie eigentlich hier? Was gibt es denn noch um sie herum? Und sie beginnt, ihre Knospenfühler auszustrecken. Das ist ein wundervolles Gefühl. Ich liebe sie, weil Leben auch inneres Wachstum bedeutet und da steckt sie gerade voll drin, es ist schön und ich genieße es, sie zu begleiten.

Das freut mich sehr, dass du es so sehen kannst. Sie sagte mir auch, ich soll dir ausrichten, dass sie dich sehr lieb hat und du so wichtig bist für sie.

.... Klar, ich möchte eigentlich nicht, dass sich hier was verändert, ich fühle mich wohl und gebe doch so gerne allen meine Energie, auch, wenn ich immer erst an mich denken soll. Ich weiß ja, dass sie das alle immer sagen, aber ich bin nun mal ein „Gebehund“ und denke dabei so wenig an mich. Nun, ich will noch nicht sterben. Allein schon für sie beide habe ich mir gedacht, weil ich sie doch weiter

begleiten möchte, aber mehr kannst du nicht mehr von mir wollen, dass ich mich so verändere oder verbiege.

Das finde ich super, was du sagst, denn dann geht's auch deiner Familie besser, wenn du einfach nur da bist bei ihnen und für sie, sie werden sich sehr freuen.

Und ich mich auch, ich habe sehr viel nachgedacht in der letzten Zeit, über alles, was du mir so gesagt hast und ich merke, es ist sehr gut, was du versucht hast, mir zu sagen. Es hat mich sehr große Überwindung gekostet, das kannst du nicht verstehen, aber ich merke nun, dass es wichtig ist, dass die Dinge sich weiter entwickeln. Erst dann ist es möglich, als wunderschöner Schmetterling auf die Erde zu kommen und die Leichtigkeit zu spüren, die es eben auch gibt und da hat die Anna im Moment sehr wenig von einem Schmetterling. Sie macht sich ja solche Sorgen um sich, um ihre Kinder, um ihren Günther, um alles, nur – mit Sorgen als Gepäck kann man nicht gut in die Zukunft gehen. Sie hat noch eine lange Wanderung vor sich. Wie soll es gehen, wenn sie so viele schwere und unnütze Dinge im Gepäck hat? Sie soll die Sorgen rausnehmen und hier lassen, aber mich und ihren Sohn mitnehmen und dann geht's vorwärts, das ist mein Geschenk an sie. Ich glaube an sie, an die Richtigkeit ihrer Entscheidung und komme gerne mit, um sie zu begleiten. Nicht nur optisch mit meinem kleinen Körper komme ich mit, sondern mit meiner ganzen Seele, die viel wichtiger ist. Denn da kann ich fühlen, dass es richtig ist, dass sie diese Entscheidung getroffen hat, auszuziehen, wegzuziehen und mal eine zeitlang alleine zu sein. Denn nur so, wenn sie sich wieder öffnet für die Welt da draußen, dann kann auch die Welt da draußen sie berühren, das ist gut so, denn nur so kann sie neue, gute Erfahrungen machen. Auch ein anderer Mann kann ihr nun entgegen gehen, wovor sie sich ja eher fürchtet, weil sie meint: „oh, je, was heims ich mir da nur wieder ein?" Aber Männer sind so verschieden wie die Blumen auf der Wiese – es kommen nur schöne, die – außer schön sein – so wenig können wie nur was; es gibt kräftige, die auch den gefährlichsten Wind und Regen überstehen; es gibt zarte, die nicht gerne berührt werden wollen und es gibt dornige, die sie einfach nicht nahe genug dran kommen lassen wollen und ihre Dornen auch noch verteidigen, dass sie sein müssen und sich ein Leben ohne Dornen einfach nicht mehr vorstellen können. So eine Dornenblume ist auch der Günther, er hat Dornen und weiß es gar nicht, aber sie gehören nun mal dazu in seinem Leben, meint er. Da muss er noch viel lernen. Ich habe gelernt und ich wünsche seiner Seele alles Gute und gute Erfahrungen und die gehen eben nur über diese Trennung, anders geht es nicht.

Danke dir, da hast du schon viele Fragen beantwortet, die die Anna gerne von dir wissen möchte.

Gut, dann frage weiter, ich möchte sie so gerne alleine weiterbegleiten und bin stolz auf mich, dass ich es so geschafft habe, diesen Weg zu gehen und nicht wehmütig dran zu hängen, dass alles so bleibt, wie es ist.

Weißt du, mein Bruder sagte einmal, man solle kein Mitleid haben, denn dann leiden nämlich zwei. Man sollte nur Mitgefühl zeigen, dann ist man noch handlungsfähig. Was hältst du von dieser Aussage?

Gar nichts, ich lebe, um mitzuleiden. Klar, ich könnte auch mitfühlen, aber das ist meiner Natur ja viel zu wenig. So habe ich mich eben für das Mitleiden mit meiner Familie entschlossen, da hab ich immer so viel zu tun, dass ich noch tausend Jahre lang damit arbeiten könnte und ich würde immer noch Einzelheiten in ihnen entdecken, die Kraft brauchen könnten und ich gebe sie ja so gerne an sie weiter. Ich kann nicht mehr leben, ich werde nicht mehr lang in dieser Sphäre sein, das kannst du noch weitersagen. Ich kann sie nicht mehr lange in meinen herkömmlichen Energien begleiten, es geht nicht mehr so weiter. Sag ihnen das bitte so und dass ich sie so lieb habe wie ein Pfannkuchen spitz ist auf die süßeste Marmelade, die nur in wunderbaren süßen Früchten wachsen kann.

Das tut deiner Familie sicher sehr weh, wenn ich ihnen das so weitersage.

Nein, sie wissen es ja schon, das tut so gut, weil sie nun Abschied nehmen können von mir. Ich kann bald nicht mehr, ich versorge sie schon auf Sparflamme mit meiner Energie, mehr kann ich nicht mehr für sie tun. Sag ihnen doch bitte, dass ich sie so sehr liebe, dass der Ofen bald aus ist, aber ein Funke wieder alles zum Entzünden bringen kann. Meine Anna kann sich schon umschauen nach einem neuen Hund, der ihr soviel Energie geben kann wie ich.

Ich weiß gar nicht, ob ich ihr das so weitersagen soll mit dem Gespräch, sie möchte doch nicht, dass du so leidest.

Ich leide nicht, ich lebe, um zu lieben und meine Liebe besteht eben darin, dass ich so auf diese Art und Weise für sie da bin. Das ist alles und das mache ich ja so herzlichst gerne für sie.

Danke dir, dass du es so erklärst. Kann deine Familie noch was für dich tun oder wünscht du dir was von ihnen?

Ja – Abschied nehmen und sich nicht darum kümmern, wie es mir geht, so meine ich es nicht. Ich habe ja so gerne für sie gelebt, das ist sehr wichtig, denn ich leide nicht so wie sie es meinen, ich liebe sie nur auf meine ganz bestimmte Art und Weise, das ist alles.

Tut dir denn irgendwas weh? Die Anna erzählte mir von Knubbel, die du hast?

Mir tut nun nichts mehr weh, bin bald da, wo ich hinwollte, werde bald schon abgeholt, sage ihnen danke für das, was ich ihnen geben durfte, ich will nichts mehr tun für sie, ich kann nicht.

Dann wünsch ich dir alles, alles Gute für deine Reise in die andere Sphäre.

Ja, ich nehme alles an und freue mich schon drauf. Mir geht es nicht so gut, aber nur im menschlichen Sinne, ich habe es bald schon überstanden, dann bin ich frei. Ich liebe sie so, sag es ihnen.

Noch ein Gespräch mit Milli:

Hallo, Milli, darf ich wieder mit dir sprechen?

Oh ja, das darfst du sehr gerne.

Die Anna macht sich große Sorgen um dich, wie geht es dir denn gerade?

Gut, mir geht es gut.

Die Anna hat mir aber geschrieben, dass es dir gesundheitlich nicht so gut geht und dass auch die Tierärztin nicht weiß, was du hast. Sie ist sich nicht ganz sicher, magst du mal was dazu sagen?

Weißt du, das Leben ist doch wie ein Fluss, mal wird er kleiner, mal breiter, mal schmäler, mal größer, schneller usw. und dann verschwindet er mal ganz. Keiner kann ihn sehen, und doch ist er weiterhin da und ist nur ins Unterirdische gegangen. Da fließt er auch weiter und kommt dann wieder wie neugeboren in einem neuen Flussbett raus. So komme ich mir auch vor, es dauert nicht mehr lange, dann darf ich auch gehen, bei mir geht im Moment alles etwas langsamer und dann geht es wieder schneller, aber zuvor muss ich noch durch den Tunnel durch, ich muss ins Unterirdische, so kann man es wohl sagen.

Das heißt, du wirst bald sterben?

Sterben nur im menschlichen Sinne – ich mag meinen Körper ablegen, weil ich merke, dass es schwierig wird. Ich habe mich schon sehr verausgabt, ich schaffe es nicht mehr und meine Familie kann nicht so viel an und in ihrem Leben ändern, dass es leichter wird für sie und damit auch für mich.

Was meinst du damit genau?

Weißt du, ich sehe in der Anna eine wunderschöne Frau, die sagt, sie will auch so sein wie ihre Seele ist, aber das schafft sie einfach nicht so richtig und läuft immer eine Spur neben ihrer Seele herum. Sie muss sie aber einfangen und eins sein und eins werden mit ihr, sonst läuft sie irgendwie immer neben ihr herum. Sag ihr das.

Wie soll sie sie einfangen, weißt du, wie das geht?

Sie soll mal ihre Augen schließen und sich dabei hinsetzen, soll sich etwas Zeit nehmen und dann anfangen zu träumen. Was würde sie mit viel Geld machen, wenn Geld keine Rolle spielen würde? Und genau diese Dinge soll sie mit in ihr Leben nehmen und versuchen, so viel davon umzusetzen, wenn sie die Augen wieder aufmacht. Denn es ist so viel davon möglich und ich versuche sie immer, energetisch dahingehend zu tragen, dass sie was davon merkt, wonach ihre Seele so Sehnsucht hat und versuche, ihr so viel Energie wie nur möglich zu geben. Sie hat aber ihr Leben nicht so freundlich im Griff, dass sie das Gefühl hat, das Leben ist freundlich zu ihr. Sie sieht und fühlt viel von den Schattenseiten, die das Leben ja auch für sie hat. Das ist richtig schade und ich spüre dahin, was sie alles möchte in ihrem Leben, wonach sie sich sehnt, es aber nicht umsetzt und nun habe ich halt nicht nur eine Energieschwäche, sondern eben auch eine Art Krankheit daraus entwickelt, um ihr noch näher zu sein.

Meinst du nicht, es langt, wenn du der Anna das sagst und es ist dann ihre Entscheidung, es in ihr Leben einzubringen oder eben auch nicht?

Mh, so geht das aber nicht, wie du mir das unterjubeln möchtest. Ich lebe für sie, also möchte ich auch, dass ich ganz und gar für sie da sein darf, wenn sie es selber nicht so richtig schafft.

Das verstehe ich einerseits, andererseits denke ich, sie ist ein erwachsener Mensch und du mischt dich auch sehr stark in ihre Seele ein. Du machst ihr ja auch Sorgen, wenn du so krank bist, das will sie aber nicht.

Sie nicht, aber sie kann es ja nicht selber entscheiden. Ich entscheide über mein Leben und ich gebe ihr gerne meine Energie.

Den Punkt hatten wir schon mehrmals; kannst du nicht versuchen, wieder ganz gesund zu werden, vielleicht bekommt sie auch dann die Kraft, etwas anders in ihrem Leben zu machen, aber jetzt muss sie sich nur um dich kümmern und hat ihre Gedanken nur bei dir und du sagtest, du möchtest sie doch so gerne begleiten mit deiner Energie.

So siehst du das aber völlig falsch, ich lasse mir von dir kein schlechtes Gewissen einreden.

Dann hat das keinen Zweck, dass ich versuche, dich zu überreden, mehr an dich zu denken, das Gespräch hatten wir ja schon mehrmals.

Oh, es ist ja so schwierig, ich liebe ja beide, aber es ist schwer, es ist so, als ob es nur zwei Sockenschubladen im Leben gäbe und zweifarbige Socken – weiße und schwarze. Nun haben sich aber ein paar bunte Socken ebenfalls in die Sockenschublade geschoben und ich versuche nur, meine ganze Energie aufzuwenden, dass sie richtig sortiert werden, aber ich weiß nicht wie und so hetze ich wie ein aufgehetztes Huhn hin und her und suche die richtige Schublade.

Das finde ich gut, wenn du versuchst, es so zu erklären, aber dann weißt du ja, dass viel von der Energie umsonst ist, die du mit dem Herumrennen vergeudest.

Ich finde aber keinen anderen Weg.

Dann verbinde dich mit deinem Engel, jeder Hund hat einen Budiel und du kannst versuchen, dich mit ihm nach unserem Gespräch zu verbinden und schauen, was er zu dir sagt. Ist das gut für dich?

Ja, fühlt sich gut an.

Schön, die Anna fragt noch, ob du Schmerzen hast.

Nein, habe ich nicht, mir geht's gut, will eigentlich bald schon gehen, aber ich spreche nun mit meinem Budiel, ich versuche es.

Gut, ich frag auch mal wieder nach, nimm die Chance, sonst ist die Anna sehr traurig.

Ja, wegen ihr mach ich es gerne.

Seelengespräche

Pferd Asta: „ich bin ihr Spiegelbild"
Ein Gespräch für Ellen.

Hallo, Asta, ich bin die Barbara, magst du mit mir sprechen?

Ja, mag ich.

Ich kenne die Ellen und sie möchte dich gerne ein paar Dinge fragen.

Soll sie nur, sie versteht mich nicht so richtig, soll mich aber kennenlernen dürfen, sie verkennt mich.

Dann beschreibe dich doch mal, was bist du für ein Pferd?

Ein gutes Pferd bin ich, ich mache vieles, was man von mir verlangt, auch, was die Ellen von mir verlangt, mache ich. Aber ich brauche wieder Pause, es ist mir zuviel, weil ich ihre Gedankenwelt spüre, ich bin da immer drin.

Kannst du mal was Genaueres darüber erzählen? Sie sagte mir, sie hätte das Gefühl, du machst zwar das, was sie von dir erwartet, hast aber dann das Gefühl, so, jetzt muss wieder Ruhe sein, hab ja schon was gemacht, wie siehst du das?

Ganz und gar nicht so. Sie ist so abweisend, nicht richtig zu mir, aber in ihrer Welt, in der Menschenwelt, lässt gar nichts richtig an sie dran. Ich bin ein Geschenk für sie, denn ich bin ihr Spiegelbild.

Das wird sie nicht so sehen und erst recht nicht verstehen wollen, aber ich bin gutmütig, genau wie sie, das weiß sie und sieht sich auch so. Ich bin in mich gekehrt, so sieht sie mich doch, oder? Soll sich jetzt selber wieder anschauen – wie ist sie denn zu sich und zu anderen? Hat sie gerne Kontakt zu anderen, zu Freunden, zu Nachbarn? Sogar in der eigenen Familie sagt sie nie so richtig, was sie will, was sie spürt, will nur nach außen hin funktionieren und achtet darauf, dass nach außen hin alles stimmt. Hat da aber einen riesen Zaun um sich, um ja nichts richtig rein- oder rauszulassen. Bin ich etwa anders? Sie kann und soll lernen, mich mal mit meinen Eigenschaften genauer anzuschauen, erst dann werden ihr ihre Eigenschaften bewusst werden. Bin ich denn so anders wie sie? Sie kann auch kein Vertrauen zu jemanden gleich finden, kann sich sehr schwer öffnen. Ich kann auch schwer Vertrauen aufbauen, das haben wir auch gemeinsam. Ich mag sie sehr, sehr gerne, kann es ihr aber nicht anders zeigen, so wie sie es anderen nicht zeigen kann. Da hat sie ihre ganz eigene Art und Weise, genau wie ich eben. Soll ich wirklich anders sein? Nein, ich kann nicht, denn ich bin wie sie. Ich bin aber glücklich, zu ihr gekommen zu sein, weil wir Dinge voneinander lernen können, wenn sie ihr bewusst sind. Da will ich ihr helfen, soll sich mal genau anschauen, was sie ist, wie sie ist und dann mit mir so richtig in Gedankenverbindung treten. Ich helfe ihr auch, da rein zu kommen, dann werden wir gemeinsam versuchen, zu spüren, was noch wichtig ist im Leben oder was man ablegen kann. So wie einen alten Wintermantel, Mensch, jetzt ist Sommer, du brauchst jetzt diesen Mantel schon lange nicht mehr. Öffne dich einfach und versuche, aus deiner Haut rauszukommen, schrei auch mal deine Wut raus, schluck es nicht immer nur runter, was du spürst, was dich so wütend macht. Manches im Leben kannst du nicht ändern, das ist dir schon klar, aber du schluckst es runter. Tue es nicht mehr, sondern schrei es raus. Auch mal einen ganz wilden Ausritt will ich mit dir machen, das soll uns beide mal an unsere Grenzen bringen. Ich habe dich so gern, ich will dir helfen, deine alte Haut abzulegen.

Ist das auch der Grund für dein Sommerekzem?

Ja und nein, mich juckt es wirklich, aber ich will auch raus aus meiner Haut. Ich will mir was abrubbeln, was ich nicht will und auch nicht mehr brauche. Da habe ich wieder was gemeinsam mit meiner Ellen, sie braucht es auch nicht mehr, was sie belastet, warum trägt sie es noch mit sich herum? Soll sich mal eigenständiger machen, nicht abhängig von den Launen anderer und ihren Zaun um sich herum öffnen, mal andere und anderes hereinlassen. Ein Zaun schützt zwar, er hält auch Böses von ihr fern, er gibt Abstand zu jemanden, aber auch zu ihrem Inneren. Da hält er sie davon ab, sich selbst zu sehen, selbst zu spüren und nicht nur für oder wegen anderer zu funktionieren. Ich mag sie, bin aber so wie sie, brauche auch viel Abstand in meinem Leben. Zusammen können wir es aber ablegen, so wie eine alte Schlangenhaut, die zu klein geworden ist. Sie passt nicht mehr und uns passt sie schon lange nicht mehr, es schreit richtig danach, abgelegt zu werden.

Sie hat das Gefühl, keinen richtigen Zugang zu dir zu bekommen, ist es der Grund dafür, was du schon alles über euch beide gesagt hast?

Ja und nein, ich bin so, fühle mich aber meist ganz wohl in meiner Art, und bin besonders bockig, wenn Ellen kommt und ich merke, es sind viele Dinge passiert, die sie eigentlich rausschreien sollte. Tut sie aber nicht. Sollte sie aber. Ich mag sie sehr gern, zusammen können wir uns ändern. Soll sich mal auf meinen Rücken legen und versuchen, mit mir zu atmen, ich schicke ihr auch meine Gedanken, sie sind gut. Dann kann sie versuchen, mit mir eins zu werden, ein Gedanke werden, dann fühlt sie, was ich fühle und wir sind beide frei. Sie kann sich das so gar nicht vorstellen, weil sie nie ihre Gedanken richtig angeschaut hätte. Sie hat sie nie ernstgenommen und will es auch bisher gar nicht, sich in ihre eigene Gefühlswelt hineinzudenken oder zu fühlen, muss sie aber, um altes Zeug und das Nicht-Fühlen abzulegen. Ich mag sie, ich helfe ihr in meiner Art sehr gerne, können viel zusammen erleben und auch ablegen. Sie braucht dazu nicht mehr viel. Wenn sie das mit dem Zaun, der sie zwar schützt, aber auch abhält von vielen neuen Erfahrungen, einsieht, dann ist Tür und Tor geöffnet für wunderbare Dinge, die ihre Seele auch für sie bereithält. Soll es mal so sehen und auch versuchen, das so zu verändern und es reinzuholen in ihr Leben. Sie ist doch keine Marionette, macht aber oft nur Dinge, die nach außen wirken oder nach außen wichtig sind. Ich mag sie doch, soll sich nun auf den Weg machen, dann kann sich auch bald was ändern. Werde dann auch nicht mehr so störrisch sein, brauche es ja dann nicht mehr.

Danke dir für alles, was du gesagt hast. Hast du noch eine Botschaft an sie?

Ja, soll anfangen, die Dinge, die sie an mir stören oder die sie nicht versteht, mal genau anzuschauen um zu sehen, wo sie sich drin wiedererkennt und sie genau hin- und herdrehen und beobachten. Was braucht sie davon noch? Was hält sie dabei ab? Will sie mich wirklich verändern? Soll sich mal ein Papier nehmen und aufschreiben, wie ich bin und schauen, welche Dinge auch auf sie zutreffen, sie wird überrascht sein. Auch ich brauche meinen Zaun, aber ich würde ihn gerne loslassen, das soll sie nun auch versuchen. Hilft ihr im Leben, auch für ihre Seele, einfach loszulassen.

Danke dir, kann sie sonst noch was für dich tun?

Ja, ich mag Karotten, ganz viele, mag sie sehr gern. Sonst ist sie in Ordnung, kümmert sich gut um mich, da braucht sich nichts zu ändern.

Dann danke ich dir für das Gespräch, ich sage alles so weiter.

Sie wird sehr überrascht sein, aber dann auch erkennen.

Anmerkung

Die Aussagen in dem Gespräch waren erstaunlich zutreffend. Dinge, die man unterbewusst eigentlich schon weiß, werden darin bestätigt.

Seelengespräche

Hund Leon: „als ob sie durch einen Schleier die Welt anschauen muss“
Vier Gespräche für eine Familie (Doris, Rüdiger, Laura und Sophia)
aus der jeweiligen Sichtweise vom Hund Leon, der Katze Charlie,
dem Pony Brownie und dem Pferd Heiko.
Gespräch mit dem Hund Leon:

Hallo, Leon, magst du mit mir reden?

Ja, mag ich.

Schön. Wie geht es dir, das möchte gerne die Doris wissen.

Gut, gut, alles in bester Ordnung, ich fühle mich sehr wohl in meiner Familie, nur – alle sind immer so besorgt, das müssen sie nicht, sonst ist alles in bester Ordnung.

Das freut sicherlich deine Familie. Magst du dich mal beschreiben, was bist du denn für ein Hund?

Ein lieber Hund, ich brauche viel Streicheleinheiten, dann geht's mir sehr gut, die bekomm' ich aber auch, was soll ich sonst erzählen? Ich erzähle nicht gerne überflüssiges Zeug, ich handle lieber und gehe gerne da hin, wo ich gebraucht werde, wo ich spüre, dass mich jemand braucht mit seinen Sorgen usw., da bin ich dann da, so ein Hund bin ich.

Gut, danke für die Beschreibung. Die Doris möchte gerne ein paar Dinge wissen. Darf ich sie als Fragen an dich stellen?

Finde ich gut, dass sie mich fragt, sie fühlt sich sehr einsam, so missverstanden, so, als ob sie durch einen Schleier die Welt anschauen muss und es kommt nicht richtig was zu ihr durch. Da tut sie mir schon sehr lange leid, das will ich nicht. Ich gebe ihr auch am meisten Kraft von meiner ganzen Familie, das ist schön, aber auch sehr schwierig, weil ich sie nicht so richtig erreiche. Ich will das aber und sie braucht ganz viel Kraft, um aus dem Loch rauszukommen. Aber das Loch ist zum Glück nicht sehr tief, es braucht nicht viel und sie schafft es, ich helfe ihr dabei, dann wird es schon klappen.

Da bist du ja schon richtig drin in der Frage, die sie an dich hat.

Wieso, was will sie denn von mir wissen? Ich habe nur geschildert, wie sie sich für mich gerade anfühlt und ich möchte sie so gerne packen und ihr helfen, komme aber durch den Schleier nicht richtig an sie dran.

Sie möchte gerne wissen, warum sie so viele Auseinandersetzungen mit Rüdiger hat und wie es deiner Meinung nach zu der Trennung kam.

Will sie das wirklich wissen? Ich habe sie immer so eingeschätzt, dass sie ein sehr gutes Bauchgefühl hat und es spürt, wenn nicht sogar weiß, warum. Sie sind so verschieden wie Mond und Sonne, nur – Sonne und Mond brauchen einander und sind abhängig von jedem, aber meine Doris nicht vom Rüdiger. Sie will eine gut funktionierende Partnerschaft und fragt, warum sie beide auseinandergefunden haben. Sie haben es nunmal gefunden, dass sie sich trennen konnten, weil sie so gar nicht harmonisiert haben, wie zwei Stöckchen, die ins Wasser geschmissen werden. Beide bestehen aus Holz und man meint, sie wären gleich, aber einer ist größer, hohler oder schwerer, vielleicht auch krummer, und so schwimmen sie ganz unterschiedlich nebeneinander her. Oft sogar nicht in die gleiche Richtung. Sie driften sogar auseinander und müssen sich nicht darüber wundern, nur, weil sie aus dem gleichen Material sind, sind sie noch lange nicht gleich. Vielleicht geht auch einer etwas unter, weil er schwerer ist oder sogar morsch ist und Wasser eindringt, das sieht man alles auf den ersten Blick nicht, wenn man sie nur flüchtig betrachtet. Ich liebe Stöckchen und nehm auch nur eines, da kann man nichts falsch machen. Dieses eine betrachte ich mir auch gerne genau und schau es genau an. Ich schnuppere daran, wie es riecht und weiß schon eine Menge darüber, aber erst, wenn ich es im Maul habe und es dann geschmissen wird und ich sehe, wie es fliegt, weiß ich mehr über dieses eine Steckerl. So ist es auch mit Rüdiger, er hat auf den ersten Blick hervorragend gepasst. Hat aber so Schwierigkeiten aus seiner alten Familie mit eingeschleust, das konnte gar nicht gut gehen, weil er sich ständig mit jeder Kleinigkeit an seine eigene Familie erinnert gefühlt hat. Braucht sie so einen Typ wirklich? So ein Schmarrn, so was braucht meine Doris nicht. Sie ist so stolz, so mutig, ich liebe sie ja geradezu und möchte ihr so viele Dinge erklären, die sie anscheinend einfach auf den ersten Blick nicht erkennt. Ich glaube, nicht nur ich sehe sie oft genug durch einen Schleier, sondern sie sieht die Menschen auch durch einen Schleier. Er kann doch gar nicht zu ihr passen, hat so unterschiedliche Meinungen über alles, andere Hobbys – schaut schon so anders aus. Sie kommen gemeinsam nie auf einen grünen Zweig. Das wollte sie auch nicht wirklich, sondern nur nicht allein sein. Davor hat sie Angst, vor dunklen Stiegen und Treppen hat sie Angst, aber er bringt dich da nicht raus, meine liebe Doris, er schafft es nicht, du hast gedacht, du brauchst ihn, damit er mit dir zusammen rausfindet aus dem Dunklen, aber er weiß ja selber nicht, wo das Licht ist, das nach oben führt, wie soll er es dann schaffen, dass ihr gemeinsam da rausfindet? Ich sage dir noch vieles über dich, dann kannst du schauen, was du eigentlich willst und wen du willst, aber er ist es nicht. Ihr seid so verschieden wie eine Kartoffel und ein Apfel, der eine gedeiht in der Erde, der andere auf dem Baum. Was habt ihr gemeinsam? Nichts. So einfach ist das. Du bist aber bekümmert, wenn du ihn siehst und denkst immer wieder, du hast auch ein Recht darauf, dass er dich da rausführt, so wie ein Rind, das auf eine saftige Wiese zum Fressen will und nur den Weg vergessen hat, wo es am saftigsten ist. Er wird dir den Weg nicht zeigen können, er weiß ihn selber nicht, das kannst du mir glauben, du hoffst und erwartest es aber immer wieder, aber er schafft es ja selber nicht, sich aus dem früheren Gefühlssumpf zu ziehen. Da darfst du von ihm nicht erwarten, dass er es schafft, dich auch noch rauszuziehen. Das kann er nicht, hat er nicht gelernt und es ist ihm zuviel an Bürde, was da auf ihn zukommen würde, weil er so beschäftigt ist mit sich selbst. Nicht nach außen, da ist er der perfekteste Mann, den du kennst. Ja, aber ich sehe ihn innen, da ist er ein Kind, was sich nicht zu helfen weiß. Von ihm bekommst du auch keine Hilfe, du bist schon viel weiter wie er, darfst die Lösung aber nicht in ihm suchen, er bringt dir keine, das macht dich so wahnsinnig, wenn du mit ihm zusammen bist oder nur an ihn denkst, weil du es von ihm erwartest.

Danke dir, Leon. Weißt du auch, warum es ihr nicht so gut geht, d.h. körperlich hat sie keine Energie und hat eine Angststörung?

Ja, das weiß ich, weil sie immer nur im Außen sucht, wer und was ihr helfen kann. Muss sich mal hinsetzen und einfach spüren, was bei ihr innerlich abläuft. Hast du das jemals schon getan? Nein, das hast du nicht. Du denkst, dir geht es schlecht, also sollen dir auch andere von außen her helfen. Das geht nicht, du musst auch deine Vergangenheit ablegen wie einen alten Wintermantel, der dir viel zu warm und zu schwer für den Sommer geworden bist, erst dann kannst du klar denken und wirst nicht in die Tiefe gezogen. Das wird auch kommen, dass du da selbst rauskommst, aber es muss dir erst bewusst werden, wie du da hineingeraten bist. Schau dir doch mal deine Kindheit an. Das war sicherlich nicht leicht für dich, du bist nicht akzeptiert worden, solltest nur funktionieren, das ist doch so schade und du kommst da selber noch nicht richtig raus. Geliebt bist du worden, wenn du dich vernünftig verhalten hast. Aber was ist schon vernünftig bei einem Kind? Du bist selber Mutter, du weißt, dass du deine Kinder liebst und auch lieben musst, egal, was sie gerade anstellen, also tust du es auch. Du hast aber diese bedingungslose Liebe nicht so richtig erleben dürfen, deshalb sind auch Ängste gewachsen. Sieh sie dir an, sieh sie auch als Chance an, da rauszukommen. Du bist erwachsen, du brauchst deine kindlichen Ängste doch schon so lange nicht mehr, aber du musst sie selber genau anschauen und sie dann abschneiden von dir. Das geht ganz gut, denke dir nur, wie die Ängste aus dir herauswachsen, wie dicke hässliche Schnüre. Und diese Schnüre siehst du, aber nicht im Hass, sondern mit der ganzen Liebe, die du nur aufbringen kannst und sagst zu diesen Angstschnüren: „Danke, dass ihr da ward, aber ich brauche euch nicht mehr, ich schicke euch zurück ins Licht." Das kannst du tun und dann schneidest du sie mit einer Schere [es muss keine echte sein] einfach ab, bedankst dich nochmal und schickst sie ins Licht. So was hast du noch nie getan und du fühlst dich nicht wohl bei so einer Idee, aber versuche es und du wirst sehen, du fühlst dich leichter, dann trennst du danach die Schnur zu Rüdiger, aber nur „das nicht gute", was du mit ihm erlebst, bedanke dich wieder dafür, schneide sie ab und schicke sie wieder ins Licht. Es werden dicke Schnüre werden und du brauchst Kraft, um sie durchzuschneiden. Tue es auch, ich bin bei dir und in deiner Nähe, gebe dir auch ganz viel Kraft dazu, dass du es schaffst. Dann wird vieles leichter für dich, auch für mich, weil ich dich dann nicht mehr wie durch einen Nebel hindurch sehen muss.

Danke dir für deine Vorschläge, weißt du auch, warum sie nicht schlafen kann?

Da ist sie wie ein kleines Kind, will nicht ins Bett, meint, sie könnte ja noch was verpassen am Abend, wer weiß, was noch kommt, und da ist sie dann schon einfach zu müde. Was macht man mit kleinen Kindern? Wenn sie sich schon wie eines benimmt, dann muss man sie wohl auch so behandeln wie eines und sie mit Gewalt früher ins Bett schicken. Noch ein kleines Ritual, kann ja selber noch etwas schöne Musik hören und dann soll sie aber auch schlafen, alle ihre Sorgen nach draußen schicken –

morgen sind sie wieder da, aber in der Nacht braucht sie sie nicht. Soll es so machen wie ein kleines Kind, da kann sie von ihren eigenen Kindern noch viel lernen. Soll mal fragen, was sie tun, wenn sie nicht schlafen können, irgendwie ist sie noch drin im Zustand der Kindheit, eben weil sie den nicht so richtig genießen und ausleben durfte. Jetzt ist es aber noch nicht zu spät. Sei noch ein Kind, sei auch ein Kind mit deinen Kindern zusammen, denke und fühle mal so wie sie, dann geht es dir viel besser, weil du selber für ein Stückchen nachgeholte Kindheit sorgen kannst. Ich mag dich und möchte dir gerne helfen.

Gut, das richte ich so aus, was du gesagt hast. Hast du noch eine Botschaft an die Doris?

Ja, aber nur eine kurze. Sie soll mehr an sich selber denken. Sie macht sich ja noch total fertig, wenn sie immer was für andere macht – das ist ihre Familie, das sind wir, aber auch ihre vielen Freunde. Jetzt ist sie dran, so, das soll sie sich zum Leitspruch machen, da würde es ihr sehr gut mit gehen. Das hat auch nichts mit Egoismus zu tun, das Wort kennt sie gar nicht, sie muss sehr viel über ihren Schatten springen, damit sie sich selber wertschätzen kann, sie meint, sie ist nichts wert. Nur das, was sie tut, je mehr, desto besser, aber das ist ein Schmarrn, so darf sie nicht denken. Das darf sie nicht, weil sie sich selber immer nur mit ihren Werten in Frage stellt und nicht das, was sie wirklich ist. Sie kann so viel, kann so herzlich lachen, so viel Geschichten erzählen, da höre ja sogar ich gerne zu, so schön macht sie das und dann denkt sie immer nur, sie kann das und das nicht. Das stimmt nicht, sag ihr das. Sie ist eine herrliche Person, die vieles kann, soll sie auch mal ausprobieren, was ihr alles im Kopf rumschwirrt, das würde ihr auch sehr helfen, ihr selbst und sich selbst zu entdecken und mal weniger Rücksicht auf andere zu nehmen. Das wäre auch mal von Vorteil, weil sie immer denkt: „So, erst müssen die anderen versorgt sein und dann bin ich glücklich." Wenn du schon nicht anders kannst, dann denke wenigstens: „Erst müssen die anderen versorgt sein und dann komm ich, ich, ich, ich, ..." Du musst dir wichtig sein und werden, das ist meine Botschaft an dich.

Danke dir, Leon. Hast du noch eine Botschaft an den Rüdiger?

Ja, wenn ich an ihn denke, bin ich traurig. Er macht alles so richtig nach außen, dass es schon ganz schlimm ist, zuzuschauen, weil er denkt, wenn's nach außen hin stimmt, dann ist die Welt auch in Ordnung. An was Anderes denkt er so gar nicht, das ist sehr schade, weil die Welt auch aus vielen anderen Dingen besteht als aus Ordnung. Wo keiner was sagt und nur jemand den Eindruck hinterlässt, er ist zufrieden, weil er eben gerade nichts sagt. So denkt er, das ist aber falsch. Das kommt auch aus seiner Kindheit, da war es ähnlich wie bei Doris, aber das ist auch schon eine der wenigen Gemeinsamkeiten. Sie können darauf nicht aufbauen, er muss es auch verarbeiten, aber in Form einer langen Therapie, sonst kommt er da nicht raus, das kannst du ihm ausrichten, sonst sehe ich seine Werte, die sind gut, aber sie schwimmen eben nicht nebeneinander her wie zwei gleiche Stöckchen auf dem Wasser, das geht nicht. Er ist auch klammheimlich auf der Suche nach mehr, nach sich, nach dem Sinn, aber es ist ihm nicht geheuer, überhaupt darüber zu reden, also schiebt er diese Gedanken lieber weg. Das ist sehr schade, weil er schon ein bisschen nah dran war, darüber nachzudenken, was ihm auch gut tun würde und da könnte er auch anders sein. Aber wenn er diese Gedanken immer wegschiebt, dauert es nur um so länger, bis er es spüren darf, für was es sich auch lohnt, zu leben. Nicht nur wegen Geld oder Verpflichtungen, die er ausübt und er muss lernen, dass es noch andere Dinge gibt im Leben, die wichtig sind und glücklich machen, aber davon ist er noch weit entfernt.

Danke dir. Hast du noch eine Botschaft an die Laura?

Ja, sie ist eine süße Maus, ich habe sie sehr gern. Streiten tun die zwei öfters, aber sie mögen und sie brauchen sich, vor allem, wenn sie nicht zusammen sind, wird es ihnen sofort klar, dass es doch wichtig ist, dass die Schwester da ist. Laura ist so fein, so schön für mich, ich schaue sie gerne an und genieße es, wie sie sich bewegt, wie sie mich ruft und mit mir spielt. Ja, manchmal ist sie so unzufrieden mit sich, aber in Wirklichkeit ist sie nur auf der Suche, nicht nach den Dingen, die sie dann will, sondern nur nach den Dingen, die sie innerlich vermisst. Das ist auch der Friede in der Doris, den sie vermisst. Da ist Laura so nah dran, dass sie es spürt, wenn es ihrer Mutter schlecht geht. Sie hat sehr feine Antennen und ein großes Einfühlungsvermögen, das wird ihr das ganze Leben lang helfen, da sie damit die Leute immer richtig einschätzen kann. Manchmal sagt ihr nur das Bauchgefühl so einiges über den anderen und sie kann es nicht erklären, das ist eine Gabe, die soll sie auch beherzigen und daran glauben. Sie liebt es, Handwerkliches zu machen, das kann sie auch später zu ihrem Beruf machen, sie ist gut darin, was zu zaubern. Ich mag sie und freue mich immer, wenn sie in meiner Nähe ist, da sie auch so was Beruhigendes hat. Sie ruht in sich und braucht nur wenig von meinen Energien.

Danke dir, hast du noch eine Botschaft an die Sophia?

Ja, ich mag sie sehr gern, sie ist so still, da muss sie schauen, dass sie an alle Dinge dran kommt, die ihr begegnen. Sie ist auch so schüchtern, dass sie oft daneben steht und nichts macht, auch, wenn es ihr Recht ist und es ihr zustehen würde, auch was von dem Kuchen abzubekommen, sie sagt nichts. Das ist ihr größtes Problem, da müsste sie noch was dran ändern, da sie oft das Nachsehen hat. Schade, aber nur, weil sie sich nicht traut, HIER zu schreien, aber sie ist noch jung, da ändert sich noch was. Es muss ihr aber bewusst gemacht werden, dass sie auch Rechte hat, die darf sie auch einfordern. Soll sie tun, meint auch, es wäre besser, sich in einem Streit mit ihrer Schwester zurückzuziehen, dann ist es wenigstens vorbei. Aber so ist ihre ganze Lebenseinstellung, soll es als Training für das ganze Leben betrachten, sich mal so richtig durchsetzen zu lernen, dann ist das gut für ihr Selbstbewusstsein, dass muss sie noch durchmachen und es auch schaffen. Dann muss ich ihr nicht immer so viel Energie geben, aber sonst ist ihre Seele so in Ordnung. Ich mag ihre Schwingungen, sie sind gut, die ich von ihr spüre, muss sich nur mehr durchsetzen lernen.

Danke dir für alles, du hast ja ganz lange erzählt. Kann deine Familie noch was für dich tun?

Nein, sie müssen was tun, für sich, für ihr Selbst, dann ist meine Aufgabe auch erfüllt, so sehe ich das, mir geht's gut, das kannst du ihnen ausrichten.

Mache ich, danke dir für das lange Gespräch. Ich richte deiner Familie alles so aus, wie du es mir gesagt hast.

Gespräch mit der Katze Charlie für die selben Personen:

Hallo, Charlie, magst du mit mir reden?

Wer bist du denn überhaupt, dass du mich hier störst?

Die Doris hat mich gebeten, mit dir zu reden, weil ich dich anders verstehen kann.

Gut, dann ist es ja gut, wollte auch nur wissen, wie du dazu kommst, mich zu stören.

Die Doris möchte wissen, wie es dir geht in deiner Familie?

Ist oft ganz schön was los hier, sind viele Leute hier, das regt mich manchmal auf, da muss ich dann weg, aber sonst fühl ich mich sehr wohl hier. Kann mich ja verteidigen, wenn es sein muss, sonst bin ich nicht besonders angriffslustig, aber wenn es sein muss, dann schlag ich zu. Will mein Revier verteidigen, aber sonst bin ich ganz leidlich zu ertragen, so, mehr gibt es nicht über mich zu erzählen, so bin ich, und das ist hier los.

Schön, dass du mir das alles erzählt hast. Die Doris möchte dich bitten, ihr zu helfen, magst du ihr ein paar Fragen beantworten?

Nur, wenn es sein muss, mag lieber meine Ruhe haben. Ich brauche meine Ruhe, mag mich nicht gern aufregen oder gar anstrengen, das ist nicht meins, was ich brauche.

Magst du ihr trotzdem helfen, sie weiß bei ein paar Dingen in ihrem Leben nicht weiter und bittet dich, ob du ihr helfen kannst.

Na gut, das klingt anders, aber es muss wichtig sein, sonst leg ich mich lieber wieder hin, jetzt kommt die Nacht, da will ich Kraft haben, da will ich aktiv sein dürfen.

Gut, dann stell ich dir ein paar Fragen. Sie möchte so gerne wissen, warum sie so viele Auseinandersetzungen hat mit dem Rüdiger, und ob du weißt, warum es deiner Meinung nach zu einer Trennung kam.

Ja, das weiß ich, hört nicht auf sich selbst. Sie muss mal in sich reinspüren, braucht sie diese Auseinandersetzungen überhaupt oder kann sie sehr gut ohne leben? Das beinhaltet doch schon die Antwort, oder? Natürlich will sie keinen Streit, aber ich habe das Gefühl, nur so kann sie sich ganz gemein innerlich erst erfahren, so als ob er durch die Worte ihr Innerstes berührt. So ein Blödsinn, natürlich braucht sie diese Auseinandersetzungen nicht. Sie ist ja richtig durch den Wind, wenn sie ihn gesehen hat und es immer wieder um die gleichen Dinge geht. Sie kann sich auch selber kennenlernen, dazu braucht sie keinen Streit mehr, der sie so verletzt und sie an ihre Grenzen bringt. Warum sollte sie das wollen? Tut sie natürlich nicht, so ein Blödsinn, will doch immer nur Frieden. Hat einen tiefen Wunsch in sich, den sie spürt, aber mit ihm geht das nicht, das schafft sie nicht, da auch er nicht weiß, wie er sein Innerstes berühren soll. Da geht es ihm halt auch an die Substanz, aber es gibt doch auch andere Wege. Nur bitte allein muss jeder seinen Weg finden, auf einen Weg passen sie beide so gar nicht drauf.

Weder nebeneinander, auch nicht hintereinander und auch nicht voreinander, das geht nicht, das musst du ihnen sagen. Sollen ihre eigenen Wege allein suchen, das muss sie ihm auch sagen, dass sie den Streit nicht mehr braucht und auch nicht mehr zulassen wird. Das will sie im Prinzip schon lange, kann sich aber nicht wehren und lässt sich ja immer wieder auf die gleichen Geschichten ein. Soll ihn einfach abblitzen lassen, das geht sehr gut. Muss aber auch versuchen, ihren Mund zu halten und sich zurückhalten, das fällt ihr unglaublich schwer, dann geht es, muss sich doch nicht über ihn erfahren, es geht auch viel einfacher. Kann sich selbst spüren in Liebe und braucht dafür nicht mehr seinen Hass und ihre Wut, um es auch zu spüren, da gibt es eben viele verschiedene Wege.

Danke dir, ihr geht es auch nicht besonders gut, hat körperliche Probleme, hat keine Energie und hat eine Angststörung, weißt du, warum?

Ja, das weiß ich. Haushaltet auch nicht mit ihrer Energie, gibt alles ihren Kindern, ihren Beschäftigungen, alles, und allem, was sie für wichtig hält, aber – wo bleibt sie? Wenn sie nur mal in Ruhe und Frieden was allein trinken will, hat sie schon so manches Mal ein schlechtes Gewissen gehabt, jemand könnte kommen und schauen, was sie macht und sie beim Nichtstun erwischen. Mensch, Doris, du lebst schon längst nicht mehr in der Kindheit. Das war früher, dass du was leisten musstest, erst dann wurdest du auch akzeptiert, das ist schon so lange her. Jetzt darfst du zwar auch was leisten, aber dann auch gleichzeitig oder danach dich entspannen, für Ruhe sorgen, einfach mal nichtstun und das mit einem guten Gewissen, dann kommt deine Energie von allein zurück. Du musst aber auch mit diesen Gedanken am Entspannen sein und nicht denken, so, jetzt entspanne ich kurz und danach bin ich dafür zweifach wieder da für alle. Dann warst du ja nicht für dich da, dann geht das nicht, so schade, wie du oft denkst. Das möchte ich nicht, du musst da anders denken, dann geht es dir wieder besser.

Und die Angststörung, weißt du, warum sie die hat?

Ja, weil sie immer meint, sie ist nicht gut genug, sie macht was nicht gut genug. Sie braucht ja immer so viel Anerkennung von außen. Soll einfach mal aufschreiben, was sie an einem ganz normalen Tag alles geschafft hat. Eine Seite reicht da sicherlich nicht, so viel wird es werden, aber sie sieht es nicht, sie sieht nur die Dinge, die sie eben nicht auch noch geschafft hat. Schön blöd und schön schade. Sie ist so gut, hat so gute Stimmungen, ist aber so selten in diesen guten Stimmungen drin, weil sie immer daran denkt, was sie wieder nicht geschafft hat. Das hat auch noch mit und aus ihrer Kindheit zu tun. Das macht ihr Angst, dass sie nur anerkannt wurde, wenn sie viel und was Gutes geschafft hat. Ist aber schon so lange her, das braucht sie doch schon längst nicht mehr, ich mag sie so gern und will ihr helfen. Soll sie alles als Müll betrachten, wenn ihr wieder die Bilder hochsteigen und sagen: „So, euch [die Bilder] schmeiße ich jetzt alle in den Müll!", und dann soll sie leben. Ich mag sie, so soll sie es machen, dann kann sie ihre Ängste auch ablegen, wie einen alten Hut auf der Hutkommode, wenn der alt und mottenzerfressen ist und schon längst unmodern, dann schmeißt man das alte Ding doch auch weg. Da muss sie es doch nicht aufheben und sich noch täglichst an diese Dinge auch noch erin-

nern lassen. Nein, weg damit und dann losstarten in ein neues Leben, erst mal in einen neuen Tag, dann läuft es bald wie von selbst, ich mag sie, sag ihr das.

Das werde ich tun, danke dir. Weißt du auch, warum sie nicht schlafen kann?

Na, du stellst aber auch Fragen. Soll einfach früher ins Bett gehen, dann ist sie nicht ganz so müde, dann kann sie viel schneller einschlafen. Soll ihren Kindern noch was vorlesen und zwar ruhig mal so lange, bis sie so richtig müde sind und dann auch ins Bett gehen, das würde ihr sehr helfen, nicht so spät ins Bett zu gehen und vor allem nicht die unerledigten Gedanken vom Tage mit ins Bett zu nehmen. Das tut sie auch immer sehr gerne, die bleiben draußen, so einfach kann es auch gehen. Sag ihr das, dann geht es auch. Sie schleppt die Sorgen immer mit ins Bett, die sie hat, aber die gehören nicht ins Schlafzimmer, sie gehören in den Tag, aber nicht ins Bett und nicht in die Nacht. Kann sich ja aufschreiben, was sie alles so belastet von heute und sagen: „So, an euch gehe ich morgen dran, jetzt lasst mich in Ruhe." Das wird Wunder wirken, soll sie machen, und dann kann sie wieder schlafen.

Danke dir. Sag mal, würde es dich stören, wenn die Laura noch eine kleine Katze kriegen würde?

Nein, nicht direkt. Aber auch kleine Katzen werden größer und ich werde mich verteidigen. Das musst du der Laura sagen, aber sie braucht so was, ich bin ihr schon zu groß, sie schmust zwar noch gerne mit mir, aber mit so was Kleinem wäre es ihr noch lieber, das verstehe ich, aber sie muss auch verstehen, dass ich mich verteidigen werde, ob sie es will oder nicht, dann ist es in Ordnung.

Gut, danke dir. Hast du noch eine Botschaft an die Doris?

Sie ist eine Liebe, eine Herzensgute. Ich bin gern bei ihr und mag sie sehr gern, sie braucht mich und weiß es so gar nicht. Sie heult sich manchmal richtig aus, auch, wenn sie mir nur alles in Gedanken erzählt. Aber ich nehme es auf und es tut mir richtig weh, was sie mir alles erzählt, aber dafür bin ich auch da, das tue ich gern. Sie muss mir aber versprechen, nicht mehr so viele Sorgen mit ins Haus zu schleppen, es werden ja immer mehr. Das braucht sie doch gar nicht mehr, es sollen doch nicht immer noch mehr werden, sondern sie können bearbeitet werden und dann lösen sie sich auf. Aber das ist ja das Problem von der Doris, für sie werden sie immer mehr und auch noch immer größer, das ist völliger Blödsinn, sag ihr das. Die gleiche Sorge kann nicht mehr werden, man kann sie nur aus verschiedenen Blickwinkeln betrachten, aber die gleiche Sorge wird nicht mehr, sie ist immer nur eine Sorge. Aber sie hat ein Talent dazu, sich die gleiche Sorge so lange von allen Seiten zu betrachten und ja richtig zu beleuchten, als wenn sie ihr nun größer und gewachsener vorkommt, aber – Doris, es ist immer noch nur eine Sorge! Sag ihr das, das braucht sie nicht. Soll kurz daran denken und auch einmal kurz, wie und was sie dagegen tun kann und diese Sorge nicht auch noch wachsen lassen, das ist doch schade. Da stapelt sich ja noch was bei uns zu Hause, dabei ist es doch nur ein Problem, sie muss aus dem einen nicht viele verschiedene Aspekte machen. Sag ihr das, dann ist sie das Meiste, was sie belastet, los in ihrem Leben, da sie sieht, dass es nur 7 Sorgen sind und nicht 77 Aspekte der gleichen 7 Sorgen. Und die 7 sind nicht so schlimm, da haben viele Menschen noch viel mehr echte Sorgen als diese 7, sag ihr das, dann kann sie morgen wieder lächeln. Ich spüre so gerne ihre Schwingungen, wenn sie lächelt, soll nur nichts übertreiben und so lange hin- und herdrehen, dass es immer mehr Probleme geworden sind.

Danke dir. Hast du noch eine Botschaft an den Rüdiger?

Rüdiger ist ein armer Hund, den niemand so richtig lieb hat, der ihn länger und besser kennt. Auf den ersten Blick ist er ein richtiger Prinz, ein Märchenprinz, aber auf den zweiten und den 14. Blick ist er es schon lange nicht mehr. Da kommen ja schon die Motten aus seinem Mantel, den er gerne mit sich rumträgt, so alt sind die Geschichten schon, die er mit sich trägt und die er nicht lassen kann. Das ist sein Problem, er macht nicht mehr aus seinen Problemen und vergrößert sie damit, so, wie es die Doris tut, nein, er pflegt und hegt sie richtig. Erzählt es aber nur Leuten, die er richtig gut kennt und die bemitleiden ihn auch noch dafür, dass es ihm so schlecht geht, anstatt ihm einfach nur zu sagen: „Hey, schmeiß deine Motten samt Mantel weg, so was brauchst du nicht, so was zieht kein Mensch mehr an!", aber damit würde man ihn nur beleidigen, weil er gerne seine Motten pflegt und hegt. Er will ja gerne auch bemitleidet werden, er hatte es schwer und meint, das war genug Leid, dass er ein ganzes Leben davon zehren darf und alle dürfen ihn dafür bemitleiden, so denkt er, aber da wird er das Mottenproblem auch nicht los. Er vermehrt es zwar nicht, aber er lebt noch viel zu sehr in seiner Vergangenheit. Nicht, dass er ständig davon erzählt, aber er handelt aus seiner Vergangenheit. Das ist viel schlimmer, weil er oft genug still leidet und es auch noch ganz normal findet. Deshalb passen beide auch nicht zusammen, weil so viele Probleme von beiden multiplizieren sich ja nur noch. Das ist ja die reinste Rechnerei an Problemen, aber die Liebe ist bei beiden dadurch viel zu kurz gekommen, weil beide so wenig abbekommen haben und die können sie nicht selbständig vervielfachen, schade.

Danke dir, hast du noch eine Botschaft an die Laura?

Ja, ich mag sie, sie braucht mich, aber nutzt es nicht mehr so aus, dass ich da bin – macht nichts, da hab ich wenigstens meine Ruhe. Sie ist ein wenig eigen, mag immer gern Recht bekommen. Das ist dann etwas schwierig, weil sie nicht wartet, bis ich auf sie zukomme, sondern sie will etwas von mir, weil sie es will. Aber so funktioniert es nicht bei uns Katzen, das muss sie noch lernen. Sonst passt alles prächtig mit ihr, sie wird sich durchsetzen im Leben und auch in Situationen kommen, da kann sie sich auf ihr inneres Gefühl verlassen, das hat sie von ihrer Mutter. Aber wiederum auch nicht, denn sie spürt ihre Mutter sehr stark, aber sie hat ein besseres Gefühl für sie [für ihre eigenen Gefühle]. Ihre Mutter versucht, ihre Gefühle eher zu begraben, die sind jetzt nicht dran, da muss sonst alles warten, das muss aber zuerst gemacht werden, denkt die Doris, da ist die Laura ganz anders, will alles haben und das sofort. Sie weiß einfach, was sie will, das ist nicht schlecht, so durchs Leben zu kommen, darf aber keine Leute dabei überrennen. Aber das Leben wird ihr schon zeigen, wo sie es darf und wo sie dabei aneckt.

Danke dir, hast du noch eine Botschaft an die Sophia?

Nun, sie ist eher das ganze Gegenteil von ihr, hat auch so was Königliches, aber so was schönes König-

liches. Es ist irgendwie edel, weil sie versucht, immer die richtigen Worte zu finden, um auch wirklich niemanden zu verletzen. Das soll sie lieber bleiben lassen, manchmal ist es gut, sich einfach auch mal lautstark durchzusetzen. Das soll sie öfters tun, das ist eine gute Übung für die Schule und die Schule ist die Schule fürs Leben, so sehe ich die Sophia; so fein, aber auch etwas zerbrechlich. Sie braucht mich und ich bin gern bei ihr, weil sie eher schaut oder gar wartet, bis ich zu ihr komme. Das finde ich schön und komme deswegen gern zu ihr.

Danke dir für alles. Kann deine Familie sonst noch was für dich tun?

Ja, nicht mehr so streiten wegen Kleinigkeiten, das wäre schön, sie brauchen es alle nicht wirklich. Vor allem Doris muss nur schauen, wo sie bleibt und soll mal für sich etwas mehr sorgen und dann kann sie sich mal mehr um mich kümmern. So richtig viel streicheln, das wäre schön, draußen auf einem Liegestuhl liegen und ich bin auf ihrem Bauch und sie denkt an nichts Schlimmes, was sich noch verschlimmern könnte. Das wäre schön, das wünsche ich mir von ihr und auch von ihren Kindern, dass sie mich mit ihr alleine genießen lassen und nicht stören. Das wünsche ich mir auch, dann bin ich glücklich, aber vor allem mache ich sie glücklich, wenn sie diesen Anfang schafft.

Danke dir für alles, was du gesagt hast, ich richte es so an deine Familie aus.

Darum möchte ich dich auch bitten, sonst wäre es ja umsonst, wenn ich es nur dir erzählt hätte.

Ich sage es so weiter.

Gespräch mit dem Pferd Brownie für die selben Personen:

Hallo, Brownie, magst du mit mir reden?

Ja, was willst du?

Die Doris bat mich, mit dir zu sprechen und dich zu fragen, wie es dir so geht.

Und kann sie das nicht selber? Verstehe ich nicht, ich lasse es sie doch fühlen, wie es mir so geht.

Ich denke, das weiß sie sicherlich, aber ich verstehe dich noch anders und so kann ich dich mit Worten fragen, wie es dir geht, ich sage es auch so weiter.

Gut, dann erzähle ich dir was. Mir geht's gut – aber auch nicht so gut, muss mich hier ganz schön durchsetzen. Das macht mich manchmal noch wahnsinnig, weil ich mir immer wieder beweisen muss, welchen Rang ich unter den Pferden einnehmen will und das strengt ganz schön an.

Ich verstehe, fühlst du dich aber sonst ganz wohl da, wo du bist?

Ja, bis auf das Gerangel unter uns Pferden ist alles in Ordnung, ich fühle mich sogar sehr wohl.

Schön, das wird deine Familie sicherlich freuen. Doris möchte gerne wissen, warum du das Sommerekzem hast?

Hat nichts mit ihnen zu tun, nein, hat es nicht. Ich fühle mich manchmal nicht wohl in meiner Haut und muss mich aufschrubben, das ist aber nicht so schlimm. Ich muss mich immer wieder beweisen und zeigen und sagen, wo und an welcher Stelle ich stehen will. Das ist manchmal ganz schön anstrengend, weil es unter uns Pferden immer wieder dran ist, zu zeigen, wo und an welcher Stelle man stehen möchte. Weißt du, was ich damit meine?

Ja, ich glaube schon, schade nur, dass du es immer wieder neu zeigen musst und es nicht einfach mal so stehen bleiben kann, wie es schon ausgehandelt wurde.

Ja, das wäre schön, aber ich muss immer wieder zeigen, wo ich stehen will und da setze ich mich auch durch. Das stört mich aber, dass ich mich manchmal sogar durchbeißen muss, deshalb will ich ja manchmal auch raus aus meiner Haut. Das stört mich sehr, ich will Frieden haben und nicht immer zeigen, wie stark ich bin. Aber hier muss ich es immer wieder neu zeigen und beweisen, also ist das im Moment das Anstrengenste, das ich mir so vorstellen kann, aber sonst gefällt es mir sehr gut hier.

Kann die Doris oder die Laura irgendwas für dich tun?

Nein, das muss ich ganz allein händeln, da könnten sie mir so gar nicht helfen.

Gut, dann richte ich das auch so aus. Hast du noch eine Botschaft an die Laura?

Ja, soll sich mal um sich selber kümmern, was sie wirklich vom Leben will und sich nicht immer so einmischen in anderer Leute Dinge und Sachen, so kommt sie mir manchmal vor. Sie ist aber eine ganz Liebe, die sich sehr lieb um mich kümmert, kann aber nichts ändern an meinem Sommerekzem, da muss ich selber durch und mich selber durchsetzen, aber an sich kann sie was ändern. Sie mischt sich gerne in anderer Leute Angelegenheiten ein und behandelt sie, als wenn sie selbst ganz fürchterlich betroffen wäre, dabei geht sie das gar nichts an, so sehe ich sie manchmal auf dem Hof. Das geht sie aber nichts an, wie andere reagieren und was sie machen, wenn sie nicht wirklich selbst von etwas betroffen ist. Das muss sie noch lernen, dass sie selbst erstmal schauen muss, was sie will, was richtig ist, wie sie es auch durchsetzen kann. Da benutzt sie gerne ihre „Ellbogen" und setzt sich eben ganz schön kräftig durch, aber ansonsten liebe ich sie sehr, sie pflegt mich, sie neckt mich und sie versteht mich sehr, das mag ich an ihr.

Danke dir für die Botschaft. Hast du noch eine an die Sophia?

Ja, sie ist wie von einer anderen Sorte. So, wie es viele Apfelsorten gibt, so ist sie eine schüchterne Menschensorte. Sie ist lieb, unendlich lieb, traut sich aber manchmal so gar nicht, sich durchzusetzen. Deshalb ist sie auch in einer Familie mit der Laura, weil sie sehr dominant ist und ihr immer sagen und zeigen will, wo es lang geht. Das soll sich aber Sophia zum Anlass nehmen zu sagen: „Stopp, bis hierher und nicht weiter!" Das soll sie sagen, nur darum sind sie in einer Familie so verschieden zusammen gekommen, damit sie beide voneinander lernen. Dazu muss Laura etwas mehr Toleranz geben und

Sophia etwas mehr Egoismus zeigen, das fällt beiden schwer, aber das ist zu lernen, ich helfe auch beiden dabei, wenn ich sie sehe. Ich denke aber auch an Sophia, wenn ich sie nicht sehe und gebe ihr auch meine Energie. Die hat sie nötig, um sich nicht unterbuttern zu lassen. Das macht auch Laura nicht absichtlich oder böswillig, nein, ganz und gar nicht, aber sie bemerkt einfach nicht, dass es auch noch andere Meinungen gibt, die die gleiche Gültigkeit haben als ihre eigene. Das muss Sophia erst erkennen und sich durchsetzen lernen, aber sie ist schon auf dem besten Wege dorthin. Es dauert nicht mehr lange, dann lässt sie sich auch nicht mehr unterbuttern und macht, was ihr wichtig ist. Das spüre ich schon, dazu gebe ich ihr auch meine Kraft.

Danke dir. Hast du noch eine Botschaft an die Doris?

Ja, sie ist eine ganz Liebe, sie flüstert mir immer was ins Ohr. Ich verstehe zwar nicht was, aber es ist schön, wenn sie so ganz nah bei mir ist, das mag ich sehr gern. Sie ist eine Liebe, weiß es aber so gar nicht, kann auch nichts damit anzufangen. Sie wartet immer auf einen neuen Partner, aber der kommt nicht so einfach dahergeschneit wie eine Schneeflocke, die sicher im Winter irgendwann auftauchen wird. Sie muss sich mal mehr um sich kümmern, zeigen, dass sie auch was wert ist. Andere wissen es schon lange. Ihre Töchter lieben sie, aber sie selbst sucht noch nach ihren guten Seiten, damit sie einen Grund hat, sich selber lieben zu dürfen. Das soll sie bleiben lassen, sie ist liebenswert und wenn sie das weiß und das mit sich immer rumträgt, dieses Wissen um sich selbst, dann strahlt sie es auch nach außen und es geht ihr immer besser damit, bis sie auf jemanden trifft, der genauso wie sie denkt. Sie braucht niemanden mehr, der nicht weiß, dass man sie so wertschätzen kann, wie sie ist und so viele gute Eigenschaften hat, sie weiß es und glaubt es ja manchmal selber gar nicht, so viele sind es inzwischen. Aber da ist sie bei mir falsch, ich weiß, was sie ist, was sie hat und was sie kann. Das ist so viel wie Sand am Meer ist, so viele verschiedene Facetten sind es, die sie kann und was es ausmacht, sie zu sein. Aber sie hat ja so keine Ahnung davon, meint immer, sie muss was leisten und dann wird sie dafür erst anerkannt. So ein Blödsinn, soll sie bleiben lassen, hat schon so viel geleistet im Leben, dafür bekommt sie schon für Jahrzehnte genug an Anerkennung, so sehe ich das.

Danke dir, weißt du eigentlich, warum ihre Beziehung mit Rüdiger in die Brüche gegangen ist?

Ja, haben beide nur im Außen nach Anerkennung gesucht, aber wenn beide sie nicht erhalten haben [aus der Kindheit], wie sollen sie denn die vom anderen bekommen? Dürfen nicht untereinander etwas suchen und erwarten, was sie beide nicht kennen und nicht haben, das geht nicht, da werden sie nicht fündig, sie sind beide arm dran. Verstecken es aber sehr nach außen, wirken stark, vor allem der Rüdiger wirkt sehr stark, hatte aber noch weniger Anerkennung und Liebe erhalten wie sie. Also, wie kann er dann was geben und auch von ihr erwarten, was er nicht kennt und auch nicht geben kann? Das funktioniert nicht, muss sich aber mal vor einen Spiegel stellen, dürfen sogar beide machen, weil sie ähnliche Probleme haben und dann genau hinschauen, sogar dabei aufschreiben, aber nur das Gute. Erstmal wird ihnen beiden nichts Gutes zu sich einfallen, was sie sehen und sie sehen nur das Negative. So sind sie, dass sie sich selber gar nicht wertschätzen können und dann, nach einer langen Pause, wenn sie meinen, ihnen fällt erstmal so gar nichts ein, dann sollen sie aufschreiben, was sie können, was sie schon geleistet haben, warum und wofür andere sie so lieben, wofür es sich lohnt, sich selber zu lieben, was sie an sich selber mögen und erst dann wird es aus ihnen rausssprudeln, was sie wirklich alles an sich mögen. Bitte aufschreiben und immer wieder durchlesen. Das seid auch ihr, so viele gute Dinge tragt ihr in euch und kehrt sie aber nie nach außen. Da ist Rüdiger noch ein wenig weiter von entfernt als meine Doris, aber sie haben im Grunde genommen das gleiche Problem. Es heißt einfach nur Anerkennung und Achtung vor sich selbst. Die haben sie beide nicht. Rüdiger sucht sie noch mehr im Außen und Doris meint, sie hat einfach keine. Hat sie wirklich keine Stärken? Wie erzieht sie denn ihre Kinder, wie schafft sie das Leben? Sie meint, sie schafft es gar nicht gut, das stimmt aber so gar nicht, sie schafft es sehr gut. Braucht aber keine Anerkennung von außen, von anderen, muss nur mal sehen, was sie alles schon geschafft hat und sich einfach selber dafür loben. Das wäre das einzigste, was sie braucht, dann verschwinden auch viele ihrer Ängste. Sie denkt ja oft, sie schafft es nicht mehr, vor allem den Lebensweg ihrer Familie zu gestalten. Muss sich nur selbst anerkennen, lieben und loben, was sie heute schon alles gemacht und geleistet hat und dann – schwupps, kann sie schon stolz darauf sein. Muss es aber auch so sehen lernen, das ist eine Kunst, die sie neu, ganz neu, erlernen muss, dann wird es ihr besser gehen.

Danke dir. Weißt du auch, warum sie nicht schlafen kann?

Ja, das hängt auch mit der Anerkennung zusammen, was ich schon gesagt habe. Sie meint, sie hat heute nicht genug geleistet, so ein Blödsinn, hat doch schon so viel gemacht an einem einzelnen Tag. Das ist genug, dass sie sich endlich mit gutem Gewissen ausruhen darf und auch muss und sich wieder neue Kräfte für den nächsten Tag sammeln darf. Das muss sie wirklich, soll auch stolz darauf sein, was sie alles geleistet hat an einem einzelnen Tag und zufrieden mit sich ins Bett gehen, dann kann sie auch mit einem zufriedenen Gefühl einschlafen. Soll es probieren, mehr kann sie an einem einzelnen Tag nicht tun, dann ist es einfach genug, so soll sie das sehen lernen und dann froh sein für alles, was sie bewältigt hat.

Danke dir. Kann deine Familie sonst noch was für dich tun oder hast du einen Wunsch?

Ja, Karotten liebe ich, kannst du es ihnen sagen, dass ich wieder mehr Karotten von ihnen möchte?

Ja, das richte ich ihnen gerne aus. Danke dir, dass du mit mir gesprochen hast.

Schon gut, war ganz schön, habe ich gern gemacht. Richte es aber auch so aus, dass sie nichts dagegen unternehmen können, dass ich mich immer wieder durchsetzen muss. Das ist meine Sache, das schaffe ich schon, auch, wenn es anstrengend ist.

Ich sage es ihnen, danke dir.

Gespräch mit dem Pferd Heiko für die selben Personen:

Hallo, Heiko, magst du mit mir reden?

Ja, was willst denn du?[klingt sehr humorvoll]

Die Doris hat mich gebeten, mit dir zu reden und dich zu fragen, wie es dir geht?

Gut, ich führe ein herrliches Leben, alles ist so gut, so schön, ich fühle mich sehr wohl hier, alles in bester Ordnung.

Schön, das wird deine Familie sehr freuen, wenn sie das hört. Doris möchte gerne noch wissen, ob dir das Reiten noch Spaß macht, schließlich bist du ja schon ganz schön alt.

Nun ja, es fällt mir schwerer, meine Beine voreinander zu setzen, aber ich bin noch fit und ich mache es sehr gerne, vor allem, weil es meiner Reiterin sehr viel Spaß macht und ich will sie nicht enttäuschen.

Schmerzen hast du aber nicht, oder? Tut dir sonst was weh?

Nein, das ist es nicht, mir geht es sehr gut, ich bin gut versorgt und ich kann meine alten Tage hervorragend genießen, d.h. mir geht es wirklich gut, das sage ich von ganzem Herzen. Ich fühle mich wohl und ich fühle mich hier wohl, wo ich gerade bin. Alle lassen mir meine Ruhe und das ist der Vorteil, wenn man schon so alt ist wie ich.

Das wird deine Familie sicherlich sehr freuen. Darf ich dich ein paar Dinge fragen, die die Doris sehr beschäftigen?

Ja, sie ist eine gute Reiterin, hat mir immer Spaß gemacht, wenn sie da war für mich. Sie ist lieb, was will sie denn von mir?

Sie hat ein paar Fragen, wo sie nicht richtig weiterkommt. Vielleicht kannst du ihr dabei helfen. Sie möchte wissen, warum es so schwierig zwischen ihr und Rüdiger ist, weißt du das, warum sie so viele Auseinandersetzungen haben?

Ja und nein, muss nur mal in sich heineinhören, dann weiß sie es auch. Da braucht sie mich doch so gar nicht, aber ich gebe ihr gerne darüber Auskunft, wenn sie es wünscht. Es ist einfach gesagt, sie sind wie zwei Farben, wenn sie sich treffen, so gibt rot und blau ein wunderschönes lila, also eine neue schöne Farbe. Aber sie sind eher wie braun, schwarz und grau – und das beide, wobei jeder allein nicht hässlich ist, aber so ergibt sich keine neue schöne Farbmischung. So einfach ist das, merkt sie das denn selbst nicht? Sie passen nicht zueinander, es entwickelt sich einfach nichts Neues aus ihrer Beziehung und eine Beziehung muss wachsen können, man muss sich entfalten können wie ein Schmetterling und nicht wie ein Schmetterling, dem das Fliegen nicht erlaubt wird. So kommt sie sich ja in der Beziehung vor, aber in einer richtigen, in einer guten Beziehung müssen es beide schaffen, dass sie einander helfen, auf verschiedene Arten zu fliegen und sich dabei noch unterstützen – das hat er nie getan. Er wollte eher wissen, wie sie fliegen kann und stellte sich nur die Frage, warum er das nicht kann. Aber so passiert keine gemeinsame Entwicklung. Die war bei beiden einfach nicht drin, so einfach ist das, deshalb behindern sie sich auch nur in ihrer Entwicklung – von Entfaltung kann da auch keine Rede mehr sein. Sie soll ihn ziehen lassen, ihm alles Gute wünschen bei seinen Flugversuchen und ihre eigenen Flugversuche allein gestalten und zwar so schön und farbenfroh, wie sie es sich nur vorstellen kann, das kann sie tun und es wird ihr gut dabei gehen.

Danke dir, weißt du, warum sie psychische Beschwerden und Angstzustände hat?

Ja, weil sie viel zu sehr in der Welt der anderen lebt und sich selbst nichts gönnt, sich noch nicht einmal zuschaut und zuhört, was sie eigentlich will und wenn sie sich immer nur an der Welt der anderen orientiert, dann verlernt sie, den eigenen Wünschen zuzuhören und wenn sich dann vielleicht doch noch ein kleiner Wunsch äußern sollte, was ihr gut tun würde, dann macht es ihr Angst. Aber sie ist doch gar nicht dumm, das weiß sie doch alles selber, warum fragt sie denn da mich?

Nun, weil Menschen Schwierigkeiten haben, mit ihrer Seele zu reden und sie zu verstehen. Tiere können das viel besser und deshalb habe ich ihr gesagt, sie soll doch mal ihr Pferd fragen, was sie machen kann oder warum sie dies oder das hat.

Danke, dass du mir das erklärst. Ich weiß, dass sich Menschen da sehr schwer tun, aber es ist gut, wenn sie es immer wieder versuchen, mal in sich hineinzuhören oder zu spüren, was sie wollen, was sie brauchen, was sie sich jetzt wünschen und dürfen dabei ruhig mal an sich denken. Sie kommen selbst oft zu kurz im Leben und die Doris ist ein sehr „kurzer" Mensch, die denkt ja so gar nicht an sich. Das ist schlecht, schlecht für ihre Seele, die will auch mal was haben – und wenn es ein gutes Buch ist – will mal schön essen gehen, sich ausheulen und auch mal allein sein dürfen ohne schlechtes Gewissen, da tut sie sich sehr schwer. Andere machen es auch, klar, die haben wieder andere Probleme. Ich sehe und fühle es ja hier auf dem Hof, dass die Menschen oft große Probleme haben, aber sie kann einfach was dagegen machen, dann geht es ihr wieder sehr gut und ihre Angst ist weg.

Danke dir, weißt du auch, warum es zur Trennung zwischen ihr und Rüdiger kam?

Ja, einen Farbeimer kann man nicht herzaubern, wo beide neue Farbmuster entstehen lassen können. So unterschiedlich wie beide sind, da geht das nun mal nicht, so soll sie es einfach sehen, sind zu verschieden. Klar, auf den ersten Blick haben sie viele, viele Gemeinsamkeiten, aber dann, wenn man genauer hinschaut, stimmt nichts, einfach nichts bei beiden überein. Da klappt es nicht, dass sie zusammen alt werden können. Es kommt wieder ein Partner auf sie zu, aber das dauert noch, denn sie ist noch nicht draußen aus seiner Schwingung, das muss sie erst geschafft haben. Dann wird wieder ein neuer Mensch auf sie zukommen, der sie in all ihrer Pracht, was sie ist und was sie kann, sieht und nicht solche Probleme aus der Kindheit mit seiner Beachtung und Achtung rumschleppen muss wie der Rüdiger. Soll ihn fallen lassen und sich nicht mehr ärgern über Kommentare und nur denken: schwarz und grau und braun passt halt nicht zusammen, um daraus einen wunderschönen bunten Schmetterling zu zaubern, das geht nicht.

Gut, ich richte es so aus. Hast du noch eine Botschaft an die Sophia?

Ja, ich liebe sie, sie ist so leicht wie eine Feder und ich mag es, wie sie auf mich zukommt und mich am Maul streichelt. Das mag ich sehr. Es fühlt sich so weich an, wenn sie an mir knuddelt. Das darf sie so lange machen, wie ich noch da bin, aber keine Angst, ich verlasse euch noch nicht so schnell, mir geht es ja hier gut.

Magst du noch mehr zur Sophia erzählen?

Willst du was Bestimmtes wissen?

Nein, aber vielleicht noch eine Botschaft, die etwas länger ist.

Nein, es ist alles in Ordnung mit ihr, mit ihrer Art, ist etwas langsam, beobachtet eher, aber das ist gut, wird sich noch durchsetzen lernen im Leben, das kommt alles noch. Ich bin alt, ich sehe das alles etwas lockerer, es muss nichts erzwungen werden und nicht gleich morgen kommen im Leben. So gesehen, ist alles in Ordnung mit ihr, weil sie schon merken wird, dass sie noch mehr für sich selber was tun muss, wenn es ihr wichtig wird im Leben, nicht nur in 2. Reihe zu stehen, aber das wird sie selber noch merken. Ich sehe das ganz locker, das wird schon, da muss sie sich keinerlei Sorgen machen.

Gut. Danke dir. Hast du noch eine Botschaft an die Laura?

Laura hingegen weiß, was sie will, aber ich mache mir auch keine Sorgen um sie, sie wird sich die Hörner noch abstoßen, aber es wird nicht schlimm. Klar, sie wird fürchterlich klagen, dass alle so gemein sind zu ihr, aber sie vergisst dabei ihre Art, die nicht so liebevoll auf andere auf den ersten Blick wirken kann. Sie weiß halt, was sie will und das setzt sie eben durch, so einfach durchschaut sie das Leben, meint sie. Aber ihre Umwelt kommt schon auf sie zu, wenn es ihr zu bunt wird, dann erst muss sie sich umstellen. Vorher erkennt sie gar nicht, was die anderen von ihr wollen. Sie muss anecken, das wird sie auch, aber es wird nicht so schlimm, aber es muss ihr gesagt werden, erst dann wird sie auch merken, auf was es auch ankommt im Leben und darüber nachdenken, davon ist sie aber noch entfernt, noch weit entfernt.

Danke dir auch für diese Botschaft. Hast du noch eine an die Doris?

Ja, ich mag sie, sehr gern sogar, das musst du ihr unbedingt sagen. Sie weiß es, aber ich kann es ihr gar nicht so sehr zeigen, was ich für sie empfinde, ich mag sie sehr gern. Muss nur an sich selber glauben, an ihre Qualitäten, dann kommt alles auf sie zu, was sie sich erwünscht und erträumt, aber es nie in die Tat umsetzt. Mehr Botschaft hab ich nicht, hab schon so viel erzählt. Jetzt brauche ich wieder Pause, die brauche ich. Ich bin alt und es strengt an, mich mit dir zu verbinden und dir was zu erzählen.

Ich weiß, danke dir, dass du mit mir soviel geredet hast. Kann deine Familie noch was für dich tun?

Nein, nur weiterhin so viele Streicheleinheiten wie möglich, sonst ist das Leben wunderbar.

Seelengespräche

Hund Snoopy: „manchmal platzt sie ja richtig vor lauter Ideen"
Drei Gespräche für Marion und Vivian.

Hallo, Snoopy, ich bin die Barbara, darf ich mit dir reden?

Was willst du von mir?[ich sehe ihn sehr nervös und unruhig vor meinen Augen hin- und hergehen]

Die Marion hat mich gebeten, mit dir zu reden, weil ich dich etwas anders verstehen kann als sie, magst du deshalb mit mir reden? Ich habe ihr gesagt, dass ich auch alles so an sie weitersage, wie du es mir erzählt hast.

Ich weiß noch nicht, bin eher ein schüchterner Hund, ich muss dich noch kennenlernen, sonst kann ich nicht einfach so mit dir reden [tritt immer noch ganz unsicher hin- und her].

Nun, wir zwei kennen uns noch nicht, das stimmt, aber ich kann dich über eine andere Art und Weise verstehen und so hat mich die Marion gebeten, dich ein paar Dinge zu fragen, die ihr unklar sind, vielleicht kannst du ihr da weiterhelfen.

Ja, das klingt sehr spannend, wenn du da nicht so zwischengeschaltet wärst, würde mir das sehr gut gefallen. Warum kann sie nicht so reden wie du mit mir?

Ich kann ihr ja mal zeigen, wie das geht, wenn sie sich dafür interessiert. Aber jetzt kann sie es noch nicht und da ist es doch ganz praktisch, wenn wir zwei miteinander reden können, da kann ich ihr dann erzählen, was du ihr gerne weitergeben möchtest.

Ja, das klingt ganz gut, danke, das möchte ich auch, aber nicht wegen dir. Ich kenne dich immer noch nicht und sehe nicht ein, dass ich mich dir gegenüber auch nur einen Strich weit öffne.

Das brauchst du auch nicht, ich will ja gar nichts von dir, sondern bin eben nur ein Übermittler deiner Gedanken. Alles, was du sagen willst, richte ich auch so an die Marion aus.

Und an ihre Tochter bitte, sie gehört dringend auch dazu, sie ist so eine Liebe, ohne sie könnte ich nicht leben.

Du meinst die Vivian? Warum ist sie so wichtig für dich?

Weißt du, sie und ich schwimmen auf der selben Welle, anders kann ich es nicht erklären. Es ist, als ob wir zusammen in einer Schwingungswelle geboren worden sind, wir mögen uns sehr und lieben uns auf eine einzigartige Weise – mein Energiestrahl trifft sie immer mitten ins Herz, wenn wir uns sehen. Das ist sehr schön und ihr Energiestrahl berührt mich ebenso stark, das ist schön, das brauche ich auch fürs Leben.

Magst du was erzählen zu deinem Verhältnis zur Marion?

Was heißt hier Verhältnis? Ich liebe sie auch, aber auf eine völlig andere Art und Weise. Ihr begegnet der Strahl der Dankbarkeit, der aus meinem Herzen zu ihr fließt. Das hat mit einer anderen Art von Liebe zu tun, ich bin ihr einfach unendlich dankbar, dass sie mich errettet hat.

Sie hat mir erzählt, dass du vorher in Bulgarien warst.

Ja, war keine schöne Zeit, aber sehr notwendig für meine Seele. Ich bin kein zutraulicher Hund, aber sie hat doch mein Herz erobert, aber völlig anders als Vivian. Für sie würde ich nicht nur ins eiskalte Wasser, sondern auch ins Feuer springen, wenn sie es möchte. Zwischen Marion und mir ist dafür eine andere Verbindung, so als ob eine Feder immer wieder in die Luft geblasen wird und nur, wenn sie endlich die Erde erreicht, hat sie endgültig mein Herz erreicht. Und nur dann ist eine andere Ebene möglich, doch die Feder kann nicht runter fallen, sie wird immer wieder in Gang gehalten. Verstehst du das?

Du hast es wunderschön erklärt. Ich denke, manche Sachen versteht man erst so richtig gut, wenn sie mit einer Metapher erklärt werden, die Marion wird es schon verstehen.

Ja, sie ist ja auch nicht dumm, sie weiß sehr viel, macht aber noch zu wenig aus ihrem Leben, sie könnte noch viel mehr daraus machen. Manchmal platzt sie ja richtig vor lauter Ideen, aber sie stoppen noch vor dem richtigen Ausgang aus ihrer Seele heraus. Das ist es, was ihr dann so weh tut, weil sie noch so viel mehr aus ihrem Leben machen möchte. Mensch, Marion, kein Mensch hindert dich daran, ein wirklich freier Mensch zu sein. Denken kannst du schon frei, jetzt handle auch danach, dann stehst du nicht mehr so auf dem Schlauch deiner Ideen, sie dürfen dann wirklich durch diesen Schlauch durch und treffen auf die Welt da draußen. Setze sie um, du hast ja noch so viele von ihnen, die wirklich gut sind und vor allem auch umsetzbar.

Danke dir, das war ja schon eine richtige Botschaft an die Marion.

Ja, ich möchte noch so viel mehr sagen an sie. Ich liebe sie, aber auf meine Art und Weise.

Sie hat noch eine dringende Frage an dich, darf ich sie dir stellen?

Das sieht ihr aber ganz und gar nicht ähnlich, dass du sie nicht schon früher stellen durftest, sie prescht sonst immer sofort raus mit ihren Fragen und Ideen.

Ich konnte dir doch nicht gleich irgendwelche Fragen von ihr stellen. Du musstest mich doch erst einmal etwas kennenlernen.

Ja, du hast recht, aber so schlecht ist es gar nicht, mit dir zu reden, du sagst es ihr auch so weiter, ja?

Ja, das sage ich ganz sicher, jedes Wort von uns beiden. Sie möchte so gerne wissen, warum du dich so verändert hast, seitdem ihr in der neuen Wohnung seid. Sie sagte mir, du fühlst dich gar nicht mehr wohl, weißt du denn, warum?

Ja, natürlich weiß ich warum. Es sind die gleichen Schwingungen in diesem Haus wie dort, wo sie mich herhat. Viele tote Tiere sind um mich herum. Nicht frisch gestorben, auch nicht in dieser Wohnung, aber hier in meinem nahen Umfeld, um mich herum, das macht mich so ängstlich, weil es mich so sehr an früher, an meine Vergangenheit, erinnert und die tut mir gar nicht gut.

Das kann ich nachvollziehen. Sie hat mir gesagt, dass unter eurer Wohnung eine Gerberei ist, kann das damit zusammenhängen?

... ich spüre mal hin, aber das fühlt sich so befremdlich für mich an. In diesem Haus ist der Tod und das mag ich nicht so gerne.

Weißt du, ob der Tod in eurer Wohnung ist oder war?

Nein, nicht in unserer Wohnung, aber hier ganz in der Nähe, in unserem Haus, das macht mich noch ganz wahnsinnig, ich will hier raus.

Das verstehe ich, wenn du das so spürst. Die Marion und auch die Vivian fühlen sich aber ganz wohl in der neuen Wohnung, möchten dir aber so gerne helfen, dass du dich auch wohlfühlen kannst.

Was ist denn eine Gerberei? Ich spüre da kein gutes Gefühl hin.

Ist es vielleicht der Geruch, der zu dir in die Nase steigt, der dich stört?

Nein, nein, die Gerüche sind es nicht, ich rieche noch feiner, es sind die Verbindungen von den Seelen, die mit den Gerüchen zu tun haben, diese Verbindung spüre ich schon.

Dann bin ich sehr froh, dass mir die Marion gesagt hat, dass eine Gerberei unter eurer Wohnung ist. Weißt du, wenn ein Tier stirbt, dann kann der Mensch noch was mit seinem Fleisch und mit seiner Haut anfangen. Dieses Fleisch wird oft noch von Menschen gegessen, aber nicht das Fleisch von Hunden, sondern von Schweinen, Kühen, Hasen und solchen Tieren und aus der Haut wird ein Leder gegerbt, wo Kleidung oder Handtaschen raus gemacht werden und das passiert in der Wohnung unter euch.

Fühlt sich fremdartig an für mich. Ich spüre noch die Seelen von allen Tieren, die aber nicht nur starben, sondern gewaltig in den Tod kamen, so spüre ich auch ihre Angst, die macht mir Unbehagen.

Das kann ich gut nachvollziehen. Was können wir da machen? Du weißt nun, was eine Gerberei ist und du weißt, dass keine anderen Hunde dort getötet wurden oder deren Felle dort verarbeitet werden, hilft dir das weiter?

Nein, nicht so richtig. Weißt du, ich liebe das Leben, habe es aber erst sorgsam lieben lernen müssen. Jetzt will ich es nicht mehr hergeben. Ich lebe sehr gern und ich spüre diese Leben unter mir in dem Haus, von den Tieren, die ihr Leben nicht gerne aufgegeben haben und das tut mir sehr weh, ich fühle so sehr mit ihnen.

Ich verstehe. Vielleicht können dir Bachblüten helfen, das so zu akzeptieren, wie es ist und auch die Erinnerung an deine Zeit in Bulgarien zu vergessen. Du bist nun hier, wirst geliebt und keiner will dir was tun.

Ich danke dir, du bist ja richtig lieb zu mir und versuchst, meine Ängste von damals und meine Erinnerung heute davon loszutrampeln. Ich glaube, das ist mein Problem, da muss ich einfach mehr tun in meiner Seele. Aber ich weiß nicht wie.

Darf ich dich ein paar Bachblüten fragen, ob sie dir gut tun würden?

Was sind das?

Bachblüten können dir helfen, dich besser in eine neue Situation reinzufühlen und auch alte Gefühle, wie auch Angst, abzulegen.

Dann will ich es probieren, bin aber noch unsicher, ob das wirklich was für mich ist.

Das verstehe ich, fühle einfach mal hin und sage, ob du was spürst zu den einzelnen Blüten:

Star of Bethlehem, Honey suckle, Cerato (nur ein bisschen), Mimulus, das sind die Blüten, bei denen du was hingespürt hast, ich sage es so weiter an die Marion [mit der Bitte um Überprüfung der Blüten von einem Tierarzt oder Tierheilpraktiker].

Ja, bitte, sie fühlen sich ein wenig befremdlich für mich an, aber auch wohltuend und endlich erleichternd, das ist gut, das ist gut.

Das freut mich für dich. Magst du mir noch ein paar Botschaften an deine Familie geben?

Ja, das will ich gerne.

Gut, hast du denn eine Botschaft an die Marion?

Ja, manchmal ist sie ganz wirr im Kopf, so als ob sie Friseurin wäre und immer wieder versucht, an ihr selbst neue Frisuren auszuprobieren. Aber an ihr selbst ist es halt doch sehr schwierig, das geht so nicht. Soll mal schauen, welche Ideen nach draußen gehen können und sie soll sie draußen ausprobieren.

Gut, magst du noch was zu ihr erzählen?

War nicht alles so leicht in ihrer Kindheit, hat aber vieles versucht, zu vergessen. Da haben wir eine Gemeinsamkeit, wobei sie sehr viel Rückhalt und Stärke vermittelt bekommen hat, die mir gänzlich fehlt. Das macht sie auch so stark für mich, das liebe ich an ihr. Sie ist eine Frau, die immer weiß, was sie will und keiner und nichts kann sie da aufhalten, das ist nur etwas anstrengend für ihre Umwelt. Hat ja so viele neue Ideen, probiert ja viel davon aus, aber vieles bleibt wie der Spargel einfach im Sande stecken und nur die Spitze schaut von einer neuen Idee raus. Da kann sie noch was ändern an sich und schauen, was ganz raus soll, aber erst, wenn die Zeit, wie für die Spargelernte, endlich reif genug ist. Ich liebe sie, aber so völlig anders als sie glaubt. Ich mag sie und sie ist meine Retterin, ja, aber ich bin ihr dankbar dafür, liebe sie aber so anders als meine Vivian und hoffe, dass sie mich da so versteht. Ich bin auch zu ihr gekommen, damit sie ihre Kindheit – das Vertrauen wieder zu erlangen – noch mal mit mir durchspielt und das ganz bewusst, wobei sie schon Unterstützung in der Kindheit hatte. So schlimm, so richtig schlimm war es ja nicht, aber hart an der Grenze war es schon, da spüre ich immer noch ihre Hilflosigkeit, die sie sehr gerne überspielt, denn kraftvoll will sie immer nach draußen glänzen. Das ist aber nicht schlecht, ist absolut nicht negativ, sie hat nun mal so gelernt, ihre seelischen Probleme in äußere Stärke zu verpacken. Aber sie soll sich das noch mal genauer anschauen, was sie da so verpackt, das ist meine Botschaft an sie.

Danke dir. Hast du noch eine Botschaft an die Vivian?

Ja, sie ist wie das letzte Ende einer Wurst, das immer und immer wieder nachwächst, so schön. Es hört einfach nicht auf und ist immer da, so fühle ich meine Verbundenheit zu ihr. Ich liebe sie. Bitte nicht traurig sein, meine Marion, dass ich Vivian auch so sehr liebe. Ich liebe sie ja so anders wie dich, aber das ist dir ja auch klar. Vivian ist das auch klar, aber sie spielt nie mit ihrer Liebe zu mir, sie ist einfach da und ist das Selbstverständlichste auf der Welt. Für sie ist die Liebe etwas Schönes, was man nicht suchen muss, sie ist einfach ein Hauptbestandteil im Leben und sie ist immer da, so wächst sie auf und das ist ein Gutes für sie, wie ein Juwel, denn die Liebe muss sie nie im Leben suchen. Sie findet sie einfach wie von selbst und es ist auch kein Problem für sie, die Liebe als das Schönste und Selbstverständlichste der Welt zu sehen. Sonst ist sie eher etwas zurückhaltend, versteckt sich gerne hinter ihrer Mutter und sagt zu ihr, sie soll die unangenehmen Dinge in ihrem Leben für sie erledigen. Das muss sie noch lernen, es für sich selbst zu tun. Es fällt ihrer Mutter halt sehr leicht, unangenehme Dinge zu erledigen, nach dem Motto, so, nun mal ordentlich anpacken mit beiden Händen, dann habe ich auch die Kraft, das Problem ordentlich weit weg zu schleudern. Und die Vivian bewundert ihre Kraft dafür. Das ist schön, aber auch ein Lebenslernprozess, dass sich Vivian in der Zukunft mit der Beseitigung ihrer eigenen Probleme beschäftigen muss. Sie kann da ein paar einfache Strategien entwickeln und muss nicht immer ausrutschen, wenn sie was von alleine lösen möchte und ihre Mutter wird wie selbstverständlich immer in ihrer Nähe sein, um ihr zu helfen. Aber sie soll nun mal anfangen damit, das ist meine Botschaft an sie. Ansonsten ist sie für mich das schönste Geschöpf, das die Welt für mich gemacht hat, aber ich liebe beide, nur jeden eben sehr anders, das weißt du ja nun schon.

Ja, das hast du gesagt. Danke dir für deine Botschaften. Kann deine Familie sonst noch was tun für dich?

Nein, ich liebe sie nur.

Danke, dass du doch so lange mit mir geredet hast, du wolltest ja am Anfang gar nicht so gerne.

Ja, ich weiß, aber so bin ich nun mal, eher wie ein Hartkäse, der fängt auch nicht gleich zum Schmelzen an, wenn man ihn in den Ofen schiebt. Ich brauche immer eine Weile, aber ich liebe das Leben und meine Familie und bin beiden für ihre eigene Art und Weise unendlich dankbar, so erfülle ich auch mein Leben.

Ein Gespräch mit dem gleichen Hund eine Woche später:

Hallo, Snoopy, magst du wieder mit mir reden?

Ja, warum denn nicht? Du bist ja so was wie eine „Wahr – sagerin" für mich geworden. Du sagst so was, was ich weiß und spüre – und schon wird es wahr, dass sich da gleich um mich was wie eine neue Welt aufbauen darf. Ich bin sehr dankbar dafür.

Das freut mich sehr. Die Marion und die Vivian sind auch sehr dankbar dafür, dass du ihnen so viel erzählt hast.

Ich weiß, das haben sie mir schon mehr als deutlich gezeigt, so viel wie in den letzen Tagen bin ich ja noch nie umarmt worden. Sag ihnen danke, ich liebe sie.

Das sage ich auch gerne weiter. Die Marion hat noch eine Frage – sie weiß nicht, warum du das Bonbon, wenn sie es für dich auf den Boden legt, nimmst und es ihr aber aus der Hand nicht nehmen willst.

Ganz einfach. Zu so einer Medizin, die darauf verteilt ist, brauche ich einfach Abstand. Denn Medizin hilft immer nur dem Körper, nicht aber der Seele und ich will es nicht aus der Hand von meiner Marion nehmen, denn ich weiß, dass sie ja schon erkannt hat, dass mir die Medizin nur für den Körper helfen kann. Für die Seele muss ich selbst was Anderes tun und natürlich freue ich mich darauf, wenn wir umziehen. Diesen neuen Gedanken spüre ich vermehrt in ihren Köpfen. Der freut mich auch, da brauche ich dann keine Medizin mehr für meinen Körper und das nehme ich dann nur mit Abstand ein, so ist das mit mir.

Danke dir, dass du es mir so lieb erklärt hast. Kann deine Familie sonst noch was tun für dich?

Was macht man mit einem Kürbis, der endlich reif ist? Essen und nicht noch wiegen, blank scheuen, gießen, Erde wechseln, düngen usw. Es ist alles reif, jetzt kann geerntet werden, sag es ihnen so. Ich fühle mich mehr als wohl in meiner Familie, sag ihnen noch mal Danke mit meinem ganzen Herzen.

Ich werde es so ausrichten, wie du es mir gesagt hast, alles Gute wünsche ich dir.

Ja, das kommt so zu mir, ich kann gar nichts dagegen tun.

Vier Monate später:

Hallo, Snoopy, magst du wieder mit mir reden?

Ja, das mag ich sehr gerne.

Das freut mich, das klingt ja auch ganz anders wie das letzte mal.

Weißt du, wie eine Dusche, wo ich drunterstehe und nur auf Wasser warte – vor der brauche ich keine Angst mehr zu haben. Ich wusste damals nicht, auf was oder wen ich mich einlasse. Ich kannte dich nicht und wusste nicht, ob mich eine kalte Dusche oder eine warme erwartet und auch, ob und wann du sie einschaltest. Jetzt kann ich es schon fast genießen, so bin ich nun mal.

Danke dir für die Beschreibung. Wie geht es dir denn sonst?

Gut und nicht so gut. Ich glaube nicht, dass sie hier ausziehen werden, es schaut eher so aus, als ob sie sich alle hier so richtig einnisten wollen.

Die Marion hat mich vorher angerufen und mir gesagt, dass sie ganz viel versucht hat, eine andere Wohnung zu finden, aber es hat nicht geklappt. Vielleicht ist es deshalb erst mal das Einfachste, auch das Beste für euch daraus zu machen.

Das sehe ich nicht so. Ich will hier nicht so gerne bleiben.

Die Marion erzählte mir, dass sie das Gefühl hat, du kommst aber auch gerne nach Hause, du freust dich richtig, wenn du wieder in den Hof mit dem Auto einfährst.

Nein, so darf sie das aber nicht verstehen. Ich freue mich auf mein Zuhause als mein eigenes Zuhause. Sie könnte ja auch sonst wohin fahren, so meine ich das aber nie. Ich erkenne mein Zuhause und weiß, dass ich mich hier zu Hause fühlen kann. Aber was sie meint, ist ein inneres Zuhause, das kann ich in diesem Zuhause nicht empfinden, das darf sie aber auch nicht verwechseln. Ich liebe das Gefühl, wieder da angekommen zu sein, wo ich auch weggefahren bin, aber ein inneres Zuhause ist es nicht. Obwohl ich selber sagen muss, dass es mich nicht mehr ganz so stört, seitdem ich es gesagt habe, dass ich mich hier nicht so wohl fühle. Es ist viel passiert und das ist auch gut so. Ich kann sie sehr gut verstehen, wenn sie es nicht will, dass wir ausziehen, aber es ist nicht unbedingt für alle von uns so gut, wenn wir hier bleiben. Ich füge mich aber, weil ich es schon geahnt habe.

Marion hat versucht, ganz viel zu tun, aber es hat einfach nicht geklappt. Sie findet auch die Wohnung an sich sehr schön, nur eben nicht, dass sie über einer Gerberei ist.

Das verstehe ich, die Menschen sind oft wie Würmer. Sie kriechen auch durch die Erde und fressen alles, was ihnen vor die Nase kommt und erst beim Ausscheiden merken sie die Qualität der Erde, die sie gefressen haben [klingt sehr liebevoll]. So kann es auch sein, dass ich da noch lange warten muss, bis sie es wissen und dann doch ausziehen. Es fällt mir aber nicht mehr so schwer zu warten, weil sie wissen, wie und was ich nun denke, das hilft mir sehr dabei zu warten.

Ich sage es ihr so weiter. ...

Kann die Marion irgendwas Anderes für dich machen?

Nein, das Räuchern und alles andere ist schon gut und war schon gut, aber ich spüre noch die Seelen von unten her und das ist ein Problem, aber eher für mich als für sie. Warum spüren sie es nicht so wie ich?

Nun, Menschen tun sich schon öfters schwer, was zu spüren. Und sich mit ihrer Seele zu verbinden, das fällt den Menschen besonders schwer.

Ja, aber ihre Gefühlswelt, zumindest von meiner Familie, ist ja so in Ordnung. Warum spüren sie es denn trotzdem nicht so wie ich?

Hunde haben ja viel feinere Antennen wie Menschen, das kann ein Problem sein und deine Familie ist dir auch unendlich dankbar, dass du ihnen auch gesagt hast, dass es ein Problem ist für dich.

Aber dann verstehe ich es nicht so recht, dass sie nicht gleich ihre Koffer packen und abhauen. Ich weiß, sie spüren nicht so stark, aber wir sind ja so miteinander verbunden, dass sie sehr wohl spüren können, ob es mir gut tut oder nicht und dann könnten sie doch danach handeln, oder?

Ja, das könnten sie, aber sie fühlen sich doch so wohl in der Umgebung. Und denken, wenn du dich auch freust, wenn du wieder nach Hause kommst, kann es vielleicht nicht mehr so schlimm sein.

Ich warte einfach nur – das ist etwas, was ich gelernt habe, wenn es sehr langweilig war und die Zeit einfach nicht vergehen wollte. Und das tue ich jetzt auch.

Gut, ich richte es so aus. Kannst du aber in der Zeit, wo ihr in der Wohnung lebt, versuchen, mit ihr zurechtzukommen?

Ja, das fällt mir nicht mehr schwer.

Das klingt gut. Kann deine Familie sonst noch etwas für dich tun?

Nein, sonst bin ich sehr, sehr glücklich. Sie lesen mir ja praktisch jeden Wunsch von den Augen ab. In eine bessere Familie hätte ich gar nicht reingepasst.

Das wird sie sicherlich sehr freuen. Alles Gute für dich.

Ja, ich fange an, immer mehr das Leben zu genießen und ich freue mich ja so, dass es weitergeht und ich kann auch meine Familie so unterstützen und möchte ihnen helfen. Ich gebe ihnen so gerne meine Energien und ich hoffe damit, dass sie es bald auch so spüren wie ich. Bis dorthin bin ich aber in mir selbst zu Hause.

Danke, dass du wieder mit mir gesprochen hast. Ich werde es auch so ausrichten.

Anmerkung

Wir leben in einer wunderbaren Zeit, auch wenn der Blickwinkel manchmal etwas fehlgeleitet ist. Alle Angebote und Möglichkeiten liegen vor uns. Es ist alles da. Wir müssen es nur „er-greifen". Und es ist an uns zu erkennen, dass wir die Regeln in unserem individuellen Spiel des Lebens festlegen. Und – wir können in jeder Sekunde in unserem Leben neu entscheiden.

So habe ich vor geraumer Zeit um Hilfe gebeten, weil ich in einer Situation nicht weiter kam. So kam ich auf dich, liebe Barbara. Klar, keiner kennt meinen Hund besser als ich ;-) und ich weiß doch alles :-) Aber wie gesagt, das alles half mir nicht wirklich weiter.

Und dann kam dein Brief mit dem Gespräch mit Snoopy. Und ich kann es nur so beschreiben: Es war für uns das fehlende Puzzleteil!

Oft im Leben kommt man zu supergenialen Erkenntnissen. Immer wieder und das ist auch toll, aber nicht das non plus ultra. Liegt die Kunst doch darin, diese Erkenntnisse auch umzusetzen und im Alltag beständig zu halten. Und da ist es einfach sehr hilfreich, wenn man aus der eigenen Interpretation und dem eigenen emotionalen Hamsterrad herausschaut. Und das war für mich dein Gespräch mit Snoopy.

Ich freue mich, dass es Menschen wie dich gibt, die eine Gabe haben, dieses erkennen, leben und auch umsetzen. Jeder einzelne Mensch und jedes Lebewesen ist etwas Kostbares und Wunderbares. Und es ist an der Zeit, dass wir Menschen unser Bewusstsein darauf lenken. Und ich bin mir ganz sicher, ein jeder findet und geht seinen ganz eigenen Weg. Und das ist gut so. Deswegen freue mich so sehr, wenn du dein Wissen, deine Gabe und deine Erfahrungen auch in Form eines Buches in das Universum hinaus trägst :-)

Und wenn wir Menschen unsere Eigenverantwortung wieder finden, werden wir erkennen, dass es zwar wir Menschen sind, die unseren Tieren „Sitz" und „Platz" beibringen ... aber mal ganz ehrlich: Es sind die Tiere und die Pflanzen, die uns die Wichtigkeit, die Dankbarkeit und die Wertschätzung des Seins lehren :-)

Seelengespräche

Hündin Bella: „ich gehe den ersten Schritt mit dir, vertraue mir"
Drei Gespräche für Margit und Günther mit der Hündin Bella, der Katze Miezie und dem Hasen Lotte.
Zunächst Bella:

... Hast du noch eine Botschaft an Margit?

Ja, sie ist so voller Sorge und Problemen, das merk ich und leide auch mit ihr. Sie muss das aber nicht. Die schlimmen Sachen von früher sind vorbei, sag ihr das. Sie kann jetzt leben, sie braucht nicht mehr daran zu denken, wer ihr alles was getan hat. Es ist vorbei, wird sich auch nicht mehr wiederholen, ich spüre das, dass es vorbei ist. Ich kann sie beschützen, aber nicht immer, kann ich nicht, geht nicht, aber in meinen Gedanken bin ich immer bei ihr, das sag ihr bitte auch. Sie ist eine Gute, hat aber schon viel Schmerz, seelischen Schmerz, ertragen müssen. Jetzt kann sie aber eigene, neue Wege gehen, die nicht mehr von diesem Schmerz gekennzeichnet sind. Es sind ihre eigenen Weg, ihre neuen Fußstapfen, die sie da rein setzt. Die Wege hat noch nie jemand vor ihr betreten. Sie ist die erste auf diesen neuen Wegen und genau so soll sie es sehen. Bitte geh vorwärts und denke nicht immer an damals, dir ist sehr wehgetan worden, aber das ist vorbei, vorbei ist es, du brauchst es nicht mehr, glaube mir bitte. Ich kann dir Kraft und auch meine Energie, auch meine Gedanken geben, aber die Angst musst du selber loslassen, dazu gehört auch Mut, den musst du zeigen, da kann ich dir nicht helfen. Ich mag dich sehr und wünsche dir, dass du endlich deine Ängste, die dich so oft begleiten – ich spür ja deine Gedanken – loslassen kannst. Erst dann beginnt das Leben für dich. Ein anderes Leben, das du dir so sehr gewünscht hast, das hast du dann, aber denke nicht immer an die schlimmen Sachen von früher, es ist vorbei, ganz vorbei, jetzt geht es vorwärts. Ich mag dich sehr, begleite dich auch, aber den ersten Schritt auf diesem neuen Weg ohne Ängste musst du selber gehen, ich bin aber an deiner Seite, das meine ich ganz ernst, ich mag dich sehr. Du hast viel gelitten, aber das war vorher, jetzt brauchst du das Leid und das Leiden nicht mehr, steht nicht mehr auf diesem neuen Weg, glaube mir. Alles wird gut, trau dich nur, dafür bin ich auch in dein neues Leben gekommen, ich gehe den ersten Schritt mit dir, vertraue mir.

Danke dir Bella, für die Botschaft. Hast du noch eine Botschaft für Günther?

Ja, er ist ganz anders. Ein echter Draufgänger, na so was. Er handelt schnell, überlegt blitzartig und schlägt dann zu, so empfinde ich ihn. Er ist ein Guter, nimmt oft ihre Sorgen ab. Sie kann sich ganz auf ihn verlassen, tut sie [Margit] oft. Muss sich aber noch mehr fallen lassen, kann ihm vertrauen, er ist ein Guter, alles ist gut in ihm. Seine Seele ist schon sehr alt, hat viel erlebt in seinen Leben, hat aber jetzt ein gutes Leben erwischt. Ist manchmal sehr kindisch, so kindisch, dass es den Umstehenden schon peinlich ist, was er so von sich gibt. Ich verstehe es oft auch nicht, was er grade will. Er muss mehr mit mir spazieren gehen, da freue ich mich. Er ist ganz anders als sie, denn er schmeißt Stöckchen und hat unbandig Spaß am Leben. Er lebt – und das gerne, das kann sie nicht. Sie sind nicht umsonst in diesem Leben zusammen, sie können viel voneinander lernen, vor allem seine Lebenslustigkeit, die er ständig an den Tag legt. Er meint auch vieles nicht so, was er ganz impulsiv sagt. Das ist ihr peinlich, ihm nicht, er kann damit leben, er hat dann halt einfach einen guten Witz gemacht, denkt er und sie? Sie soll endlich von seiner lebenslustigen Art angesteckt werden, soll sich nicht verkriechen und ihre Ängste loswerden. Er kann ihr helfen, will es auch, aber sie kann sich ihm nicht richtig anvertrauen und ihre Ängste alle erzählen. Soll sie aber, wird dann ganz anders werden, noch viel schöner zusammen, sag es ihnen bitte. Ich schicke ihm auch meine Energien, aber nicht so viel, das meiste braucht einfach meine Margit. Er ist ein Guter, sie braucht ihn. Er hat so eine Art, wie es nur wenige Menschen haben, meint es auch ehrlich, auch in seinen direkten Witzen, die er ständig macht. Es ist lustig mit ihm, ich bin eher so wie er, ich mag ihn. Aber auch er braucht meine Margit. Er muss diese Seite kennenlernen, kann ihr aber auch helfen, diese Seite loszulassen, ich mag beide gern, sollen mit mir beide spazieren gehen, aber flott und bitte wieder ganz weit das Stöckchen schmeißen, da bin ich glücklich, viel mehr, außer meinem Sessel, brauche ich dann nicht mehr.

Sie beide sind für mich ein Wunschpaar. So kommen sie sich aber nicht unbedingt vor, doch müssen sie beide lernen, dass sie füreinander bestimmt sind und der eine kann vom anderen lernen, seine Löcher zu füllen. So wie ein Maurer, der zuerst eine Mauer hochzieht und dann kommt noch jemand hinterher, der schaut, dass sie richtig gerade hochgezogen ist und füllt noch irgendwelche Löcher aus mit einem Füllmaterial, die in der Mauer miteingemauert werden. So sind ihre Leben, das müssen sie sich aber bewusst machen, dass es so ist und dann erst können sie sich nicht nur helfen, sondern eben auch stärken in ihren jeweiligen Fähigkeiten, die sie sehr ausgeprägt jeder für sich haben. Das ist meine Botschaft an sie beide. Ich liebe sie, kannst du ihnen das so ausrichten?

…

… Und außerdem erzählte sie mir, dass sie schon mal einen Kurs gemacht hat, um selbst zu lernen, mit Tieren zu sprechen, es aber nicht so richtig schafft. Hast du vielleicht einen Tipp für sie, wie sie es selbst erlernen kann?

Nein, das habe ich nicht, es liegt ganz einfach an ihrer Angst, die sie selbst blockiert, es eh nicht zu können. So denkt sie nun mal, ich liebe sie, aber sie meint immer, alle können alles und viel mehr als sie und sie kann es eben nicht. Wie kann ich ihr da helfen? Sie muss erst das Gefühl ablegen, weil es nicht stimmt, dass sie so unfähig ist. Sie geht doch auch mit sich, mit Günther und mit mir durchs Leben, oder? Und erst, wenn sie an ihrer eigenen Einstellung ihr selbst gegenüber, also ihrem Selbstwertgefühl, etwas ändert und ändern kann, es anders sieht, dann kann sie erst einen Zugang zur Tiermeditation finden. Sie muss sich im Klaren sein, dass das Leben nicht bedeutet, alles strukturiert schon zu können, sondern eben eher, hier in diesem Leben zu sein, weil sie es noch nicht kann und hineingeschmissen wurde, um es zu lernen. Wenn sie das so sehen und erkennen kann, kann sie auch endlich ihre Ängste über Bord schmeißen, sie haben ja keine Berechtigung mehr in ihrem Leben. Dann soll sie das Leben so annehmen, dass es ihr jeden Tag eine neue Chance gibt, auch Neues zu entdecken und für sich daraus zu entwickeln. Wenn sie das weiß und so macht, dann erst findet sie auch den Zugang zur Tiermeditation. Da kann ich ihr auch helfen. Ich liebe sie und ich freue mich, wenn ich mich mit ihr so unterhalten kann, dass sie jeden Gedanken und jedes Wort auch verstehen kann, aber so ist es einfach noch nicht, da fehlt ihr das Zutrauen zu sich selber und auch, dass die Welt ihr nichts Böses will, sondern ihr immer nur neue Chancen in den Weg legt, nicht drüber zu stolpern, sondern diese Chancen genau zu betrachten, sie anzufassen, sie anzuschauen, von allen Seiten zu drehen und zu überlegen, was wohl das Richtigste in diesem Augenblick für sie ist. Erst, wenn sie das so sieht, dann braucht sie auch nicht mehr mit ihrer Angst durchs Leben gehen, kann die Augen aufmachen und sich freuen, was als nächstes um die Ecke biegt. Dann gibt es keine gefährlichen Momente mehr in ihrem Leben, sondern nur Dinge, die es neu zu entdecken gibt, ich liebe sie – sag ihr das – und warte schon darauf, mit ihr zu reden, aber vorher muss sie noch einiges an anderen Dingen in ihr Leben lassen, vorher ist es nicht soweit.

Danke dir, dass du es mir erklärt hast. Ich richte es so an die Margit aus.

Ja, sag ihr, dass ich mich auf ihr Gesicht freue, wenn sie das Leben auch mal aus einer anderen Schublade heraus sehen kann. Ich liebe Schubladen.

Werde ich ihr so ausrichten, danke dir.

Auszug aus einem Gespräch mit einer fortgelaufenen Katze aus der selben Familie:

...Sag mal, lebst du noch?

Nein, schon lange nicht mehr, ich bin ausgerissen, habe es nicht mehr ausgehalten, mir ging es einfach zu gut. Ich war eine liebe Katze, ich habe nur alles gemacht, was sie von mir innerlich erwartet haben und mir ging es so gut dort – deshalb musste ich einfach noch andere Dinge in meinem Leben kennenlernen. Ich kam auch an einen anderen Bauernhof, da habe ich eine Weile mitgelebt, wurde aber wieder verjagt. Das war aber nicht so schön, doch ich wollte ja Dinge auf der Welt kennenlernen, die ich noch nicht so kannte, also bin ich weiter gezogen. Ich lebte auch eine kurze Weile in einem großen Wald in der Nähe von ihnen, aber da war ich nicht so richtig willkommen und ich zog weiter. Ich kam an einen See in der Nähe mit einer Brücke, da gefiel es mir sogar sehr gut, das war schön.

Hast du noch bei anderen Menschen gelebt?

Ja, habe ich, bei einer alten Frau war ich noch lange. Warum fragst du das alles?

Deine Familie hat sich große Sorgen gemacht und sie wollte auch wissen, was aus dir geworden ist. Sie haben dich gesucht, doch leider nicht gefunden, da wussten sie einfach nicht, was mit dir los war.

Das verstehe ich, da musste ich mich auch zurückhalten, nicht mehr zurückzulaufen. Ich musste einfach raus, ich war immer eine so liebe Katze, war fleißig bei ihnen zu Hause und habe sie auch immer unterstützt, doch nun wollte ich einfach nur mal Erfahrungen außerhalb von ihnen sammeln. Ich musste es, weil es mir immer so gut ging. Vielleicht verstehen sie das ja so gar nicht und ich wollte ihnen auch nicht weh tun, das ist ganz wichtig für sie zu wissen, aber ich wollte und ich musste noch woanders nach meinen Aufgabenerfüllungen suchen, das war auch der Grund, warum ich weglief.

Bist du dann irgendwann mal an Altersschwäche gestorben?

Nein, bin ich nicht, ich bin überfahren worden. Ich wusste das auch schon vorher, dass ich das so machen würde mit meinem Ende. Habe es mir ja so ausgesucht und doch wollte ich deshalb gerade ja noch was erleben. Ich war nie eine richtige Erlebniskatze, doch dann war mir klar, dass keine Erlebnisse zu mir kommen würden, wenn ich immer im Hof hocke, ich musste raus und das habe ich auch gemacht.

Danke dir für deine Auskünfte. Kann deine alte Familie noch was für dich tun?

Äpfelklauen fand ich immer spannend, habe das so erlebt, dass mir einmal Äpfel nachgeworfen wurden, wo ich früher war.

Und was soll nun deine alte Familie machen für dich?

Nur an mich denken, mich aber auch loslassen können. Sie sollen mich nicht festhalten, ich musste weg, aber nicht, weil es mir nicht bei ihnen gefallen hat. Es war alles prächtig und Günther und Margit sind ein ganz besonders gutes Paar, haben so viele Gemeinsamkeiten und wissen nur noch nichts davon. Es ist manchmal wie ein Keil, den sie selber zwischen sich treiben, weil sie das Gefühl haben: also, darüber reden wir aber nicht. So ein Blödsinn, sollen einfach mal versuchen, über alles zu reden, was sie innerlich so bewegt und betrifft. Sie werden gute Erfahrungen machen und gute Gespräche haben, da sie ja so gar nicht wissen, was innen in den beiden noch so alles versteckt ist. Sie suchen ja auch nicht so richtig danach, sie funktionieren ja manchmal nur so richtig, das ist aber nicht gut, so ist das nicht gewollt.

Hast du noch eine Botschaft an die Margit?

Ja, soll endlich anfangen zu leben. Dafür muss sie aber ihre Verzweiflungsgedanken loswerden. Soll sie einfach wie einen welken Strauß Blumen, der seinerseits schön war, packen und auf den Müll schmeißen. Sie kann ja denken, also, die Blumen waren ja richtig schön, doch der Duft war schrecklich, er stach immer so in der Nase und genauso wenig braucht sie immer die Ängste, die sie auch hat.

Das hat ihr die Bella auch schon in einer ähnlichen Art und Weise gesagt. Was kann sie denn tun, um sie loszuwerden?

Wozu gibt es denn Mülltonnen, die etwas trennen im Leben? Soll sich die Farben der unterschiedlichen Mülltonnen anschauen und sie getrennt wegschmeißen, je bunter, desto besser. Die Angst vor dem Leben, was so alles passieren kann, soll sie in eine gelbe Tonne schmeißen, die Angst vor dem Kennenlernen ihres Bewusstseins, die sie auch hat, weil sie sich nicht zutraut, bewusst anders zu leben, soll sie in eine rote Tonne schmeißen, die Angst vor dem Alleinsein und dem Verlassenwerden soll sie in eine blaue Tonne schmeißen und so soll sie alle Ängste entfernen. Ich liebe sie und ich wollte ihr mit meinem Weglaufen ja nicht weg tun, aber ich konnte nicht anders, sie bleibt wie angewurzelt stehen und denkt immer nur: „So, hier bin ich und ich kann mich keinen Meter mehr weiter bewegen." Doch der Gedanke ist ja so falsch, sie kann nichts damit ändern im Leben, wenn sie sich nicht in ihren Gedanken bewegt. Dazu kann sie ja wie angewurzelt auf einer Stelle stehen bleiben, aber ihre Gedanken darf sie nicht ausschalten und genauso ihr Gefühl, es hat so viele schöne und unterschiedliche Facetten im Leben für sie. Sie darf nicht einfach den Deckel davon zuhalten, ich liebe sie.

Danke dir. Hast du noch eine Botschaft an den Günther?

Ja, er ist wie ein Siegerdenkmal. So einen Reiter spüre ich immer, wenn ich an ihn denke. Ein Denkmal, wo er als Reiter auf einem Pferd oben sitzt und immer den Durchblick und vor allem den Überblick bewahrt. Doch auch er muss mal vom Pferd runterkommen. Nicht vom hohen Ross, so meine ich es nicht, da spüre ich auch nichts hin, er steht gerne und gut mit seinen beiden Beinen im Leben, doch ich spüre etwas, das ihn gerne da oben sein lässt, anstatt seine Frau mal so richtig und lange und fest in den Arm zu nehmen und vor allem ohne Worte ganz lange zu halten. Das ist dann schon der erste Teil, der ihr und auch ihm helfen würde, sich noch mehr anzunähern. Sie kann seinen Schutz so richtig und hautnah spüren und braucht nicht immer so diese Angst zu haben und er muss aushalten lernen, nicht immer so wegzulaufen vor seinen eigenen Gefühlen und Wahrnehmungen. Ich liebe beide, sag es ihnen bitte noch.

Ich sage es ihnen. Können sie sonst noch was tun für dich?

Es ist alles gesagt, was sie tun sollen, mir geht es sehr gut. Ich wurde schon abgeholt und ich genieße diese Freude hier, einfach nur mich selbst in meinen tieferen Schichten in mir drin zu spüren. Wenn man auf die Welt kommt, haben die Menschen diese Verbindungsschichten verloren, wir Tiere spüren noch so einige Schichten und wenn wir dann wieder hier sind, spüren wir alle Schichten. So wie bei einem Baumkuchen – alle Schichten werden einzeln gebacken, doch schmecken sie nur gemeinsam sehr gut und da bin ich nun und kann alle Schichten einzeln probieren, sie anschauen, sie drehen und einzeln genießen. Sag es ihnen, dass es mir so gut geht.

Ich werde es ihnen so ausrichten, danke dir, dass du so lange mit mir gesprochen hast.

Schon gut, ich freue mich, dass ich ihnen nun sagen konnte, dass ich nicht gerne von ihnen zu Hause weggelaufen bin, doch ich musste. Ein Mensch merkt oft nur, wenn sein Magen leer ist und der Magen knurrt. Ein Tier merkt es aber, wenn in seiner Seele noch ein paar Schichten von dem Baumkuchen fehlen und ich musste einfach auf die Suche nach den fehlenden Schichten gehen. Mehr kann ich ihnen nicht dazu erklären, ich liebe sie und ich wollte ihnen nie wehtun.

Alles Gute für dich, da, wo du gerade bist.

Auszug aus einem Gespräch mit einem Hasen für die selben Personen:

...

Ja, so ist es. Weißt du, der Günther ist so etwas Liebes, das manchmal gar nicht in diese Welt gehört und ich nehme es ihm nur ab, damit er weiterhin lieb sein kann. Er ist ein Mensch, der sich sehr gerne und sehr viel um andere kümmert und auch oft in Gedanken bei anderen ist. Das macht ihn aber auch fertig und es ist oft problematisch, sich wieder auf seine eigenen Gedanken zu konzentrieren. Ich will ihm nur helfen, diese Probleme besser zu verdauen und deshalb habe ich was an der Leber, aber sag ihm bitte nicht, dass er damit irgendetwas anders machen muss in seinem Leben. Ich mache es doch so gerne für ihn, ich liebe ihn so sehr. Weißt du, es gibt doch immer Wälder in seinem Leben, die einem etwas bedeuten können und da ist er wie ein einzelner, starker, schöner Baum, ein lichter Baum mit ganz vielen Blättern und das ist halt auch sein Problem – er wird damit auch von allen gesehen und alle wollen was von seiner Energie abhaben. Wie viele fragen ihn denn immer Löcher in den Bauch? Diese Energie muss er aber irgendwie immer wieder aufladen, aber da kümmert er sich ja viel zu wenig um seine aufladbare Energie. Er muss unbedingt etwas für sich suchen und finden, wo er das Gefühl hat, da schalte ich ab, da lade ich wieder auf. Wie eine Batterie, dann geht es ihm wieder gut. Er nimmt sich dabei immer zuviel zu Herzen und dann ist das Problem da, dass er mit allen gut Freund sein will. Aber die Welt um ihn herum ist nicht immer gut Freund, auch, wenn er sich so bemüht, möglichst alles zu schaffen, was an ihn gestellt wird an Anforderungen, sie sind oft mehr und höher so wie ein Seil, das er einfach nicht so einfach erreichen kann. Das ist auch sein Problem und da bin dann ich da und helfe ihm gerne. Er kann mich gerne wieder in den Arm nehmen und weinen, ich halte das schon aus und möchte ihm damit so gerne helfen, mal loszulassen, das kann er ja so gar nicht. Ich liebe ihn.

Danke dir, das war ja schon eine richtige Botschaft an den Günther. Hast du noch eine Botschaft an die Margit?

Ja, gegen ihn wirkt sie eher sehr zerbrechlich. Sie ist lieb, so lieb und möchte sich immer gerne anlehnen in dieser Welt, doch gerade das Anlehnen macht ihr Schwierigkeiten, wenn es eine Mauer ist, denkt sie gleich: oh je, sie könnte auseinanderbrechen, wenn ich mich da anlehne. Sag ihr doch mal, solche Gedanken soll sie einfach ablegen, sie braucht sie nicht mehr in diesem Leben. Sie hat so viele nicht schöne Dinge erlebt, aber das Gedächtnis liegt auf dem Wort „hat", also ist es einfach vorbei, warum noch da dran denken, wenn sie mit ihren Gedanken nicht so sehr in die Zukunft denken kann? Und nicht immer so mit Bedenken in die Zukunft denken, sondern bitte eher: „ich pack's, ich bin stark, die Zukunft ist ja so spannend, mir geht's einfach rundum gut." Solche Gedanken soll sie mehr um sich versammeln und um sich kreisen lassen, dann kann sie viel mehr tun für ihre Seele und darf mal alte Dinge, die sie nicht mehr so braucht in ihrem Gedankenkästchen einfach rausschmeißen und abgeben. Sie ist doch hier und nicht mehr dort in den alten Gedanken gefangen. Das muss sie sich erst mal bewusst werden, dann fängt das echte Leben an, sonst ist sie so sehr von einer alten Furcht begleitet. Sie denkt: „na, die ist gut, denn sie ist mir ja so vertraut." Aber – wenn jemand einen Lottogewinn hat, muss er doch nie wieder grübeln, wie es wird, wenn er mal wieder arm sein kann, es ist gesorgt für ihn. Und für sie ist nun auch gesorgt, sie hat einen sehr guten Mann in diesem Leben, der nicht so vergangenheitsorientiert ist, warum soll sie sich nicht einfach an ihn so richtig und völlig und ganz anlehnen und dabei auch mal denken: „er ist mein Halt, er ist wie eine starke Mauer, er kracht bestimmt nicht durch oder ein." Er tut es nicht und ist gerne eine Stütze für sie. Stützen sind ja eigentlich schlecht, sie muss ja so lernen, auf eigenen Füßen zu stehen, doch sie darf es einfach nehmen, dass er es ihr so liebevoll anbietet und dann schaut, dass sie diese alte Furcht abgibt und selber auf beiden Beinen im Leben steht, das würde ich mir so von ganzem Herzen von ihr wünschen.

Seelengespräche

Eine Katze: „dann soll sie diese Ängste doch einfach über Bord schmeißen"
Ein Ausschnitt aus einem Gespräch für Astrid.

...

Wie kann denn Astrid ihre Ängste loswerden, hast du da einen Tipp an sie?

Nein, das kann sie aber ganz leicht selber herausfinden. Sie muss sich nur ein paar Fragen selber stellen und weiß dann auch die Antwort. Warum hat sie Ängste? Sie hatte sie schon in der Kindheit. Das war alles nicht so einfach für sie und sie hat schon Ängste gehabt, in der Kindheit allein zu sein und verlassen zu werden und nun hat sie halt diese Ängste immer noch. Soll sich aber diese Frage stellen, ob diese Ängste immer noch zeitgemäß sind. Braucht sie diese Ängste noch? Helfen sie ihr weiter oder lösen sie nur Dinge und Hindernisse in ihr aus, die sie aber nicht mehr braucht? Dann soll sie diese Ängste doch einfach über Bord schmeißen. Ich liebe sie, aber ich verstehe sie nicht. Wieso kann man nur so hart mit sich selber umgehen? Weißt du, nachdenken ist gut, aber nicht so stark, dass sie da gleich so starke Kopfschmerzen von kriegen muss, das ist ja so falsch und der Rücken tut ihr doch auch so weh, weil sie so drunter leidet, solch eine Krankheit zu tragen. Was soll das? Wer hat ihr denn dieses Kreuz auferlegt? Sie selbst, das ist aber ein grober Fehler, denn kein Mensch verlangt von ihrer Seele, dass sie so sehr leidet. Ihre Ängste braucht sie auch nicht in einen dunklen Schrank zu sperren, da hüpfen sie doch wieder raus, wenn sie mal unbedacht den Schrank wieder aufsperrt und vergisst, dass sie die Ängste einfach nur in dem Schrank gelagert hat. So was macht man nicht. Sie muss sie abschneiden von sich selber. Soll sich vor den Spiegel stellen und sich selber gut anschauen. Dann soll sie eine Schere holen und sich symbolisch die Schnüre abschneiden, die sie immer so abschneiden und trennen von der Welt, von dem Weltempfinden, das ist sehr wichtig. Soll sich aber vorher bei den Ängsten bedanken und ihnen sagen: „Danke euch allen, ihr habt mir gezeigt, dass mein Körper fühlen und spüren kann, aber ich will nun andere Dinge fühlen und spüren, nicht mehr nur Angst und Missmut, der damit zusammenhängt. Ich habe mich nun gut kennenlernen dürfen und habe große Achtung vor eurer Kraft, aber ich möchte nun andere Dinge wieder spüren, die es auch noch so stark gibt auf dieser Welt und mit denen ich mich nun verbinden will. Ich will diese anderen Kräfte spüren, dabei brauche ich euch nicht mehr. Danke euch, ihr dürft nun gehen."

Danach ist es sehr wichtig, dass sie diese Ängste in ein Glas steckt. Nur sie kann sie noch sehen und sie spüren, aber so, dass sie da drinnen sind und nicht mehr um sie herum oder an ihr dran sind. Das ist auch sehr wichtig, sie soll sie nicht mehr in sich drinnen spüren. Dieses Glas kann sie einfach auf die Straße kippen und sagen: „Ihr dürft nun eure eigenen Wege gehen, ich brauche euch nicht mehr, ihr gehört nicht mehr auf meinem Weg." Ich liebe sie und ich begleite sie auch dabei, dann kann ich auch wieder meine eigenen Ängste verlieren, ich muss mich dann nicht mehr so verbinden in den Zustand von der Astrid, um ihr meine Energie zu geben und sie damit zu spüren, dann geht es uns beiden besser.

Danke dir für deine Tipps, die du gegeben hast.

...

Seelengespräche

Hund Percy: „ich beschütze alle in meiner Familie"
Ein Gespräch mit dem Hund Percy für Gudrun und Edgar.

Hallo, Percy, ich bin die Barbara, magst du mit mir reden?

Was willst du? Ich weiß nicht, wer du bist! Was willst du von mir?

Bist du immer so skeptisch?

Nein, nur, wenn ich nicht weiß, was jemand von mir will, dann schon, aber sonst bin ich ein sehr lieber Hund. Ich beschütze alle in meiner Familie, das ist auch meine Hauptaufgabe, dafür bin ich in diese Familie gekommen. Aber nicht nur deshalb, sie zu bewachen, nein, das Selbstbewusstsein muss ich noch stärken, da schaut es nicht sehr gut aus mit der Gudrun und ihrem Sohn, aber das ist ja auch mein Problem. Ich vertusche es nur allzu gerne, das ist alles. Was willst du noch wissen von mir?

Danke dir, dass du doch so viel mit mir redest, obwohl du es am Anfang gar nicht so richtig wolltest. Die Gudrun hat mich gebeten, mit dir zu reden, weil sie das Gefühl hat, du bist in letzter Zeit immer so ruhig und sie weiß nicht, woran das liegt. Sie meint, vielleicht liegt es daran, weil du einfach älter wirst.

Nein, das ist es nicht, ich kann nur besser zuschauen, was ich nicht ändern kann, das ist alles. Weißt du, ich kam in diese Familie und wollte alles ändern. D.h. alles, was ich sah und merkte, was nicht so gut funktionierte, da bellte ich mich richtig ein. Ich wollte auf mich aufmerksam machen, aber auch, um auf meine Angst vor neuen Dingen aufmerksam zu machen. Das ist alles und dann habe ich gemerkt, dass ich aber dadurch überhaupt nichts ändern kann in meinem Leben, also – was soll's, habe ich mir da gedacht und ich muss es auch nicht mehr ändern, das macht mich wohl ruhiger. Hat das schon was mit dem Alter zu tun? Ich habe mir immer vorgestellt, ich humple durch die Gegend, wenn ich alt werde, aber nicht, dass ich unbedingt ruhiger werde. Das hat mit was ganz Anderem zu tun für mich.

Danke dir für deine Erklärungen.
Magst du mir was von dir erzählen aus deiner Kindheit?

Lieber nicht, das ist ein Kapitel, das ich gerne vergessen möchte.

Die Gudrun hat mir, als wir uns bei der Sina sahen, schon erzählt, dass es dir nicht so gut ging als kleiner Welpe.

So ist das aber nicht! Ich denke nur, wenn ich nicht so [auf diese Art und Weise] groß geworden wäre, mit meinen wilden Erfahrungen, dann könnte ich noch besser vertrauen in diesem Leben, aber ich brauche diese Erfahrungen nun mal. Das ist alles und dadurch bin ich auch genau in die richtige Familie gekommen, die mich auch braucht und wo wir zusammen alle mehr Vertrauen und auch Selbstbewusstsein und nicht so viel Angst lernen müssen. Das ist unsere gemeinsame Familienaufgabe, das spüre ich so sehr und will es auch loslassen, aber das ist eben so schwer.

Danke dir, dass du es mir so ehrlich sagst, was dich beschäftigt.

Nein, das ist es nicht, es beschäftigt mich ja nicht dauernd. Weißt du, das ist ja so anders als bei den Menschen. Die sind immer so, dass sie dann an nichts Anderes mehr denken können, wenn es ihnen gerade nicht so gut geht und versinken dann oft wirklich in so einem Mitleid mit sich und um sich selbst. Aber Tiere denken da anders: Vor allem die Hunde, sie denken dann immer, es wird schon wieder, ich freue mich schon wieder, wenn ich über die Felder und Wiesen springen kann und das jetzt wird einfach wieder vergehen. Das ist ein schönes Gefühl, wenn ich mich schon auf was Schönes einstellen kann und nicht mehr an den Zustand festhalte, den ich gerade habe. Den will ich ja schnell ablegen, also denke ich möglichst wenig dran, aber Menschen sind da anders. Mensch, wie oft die immer erzählen, wie schlecht es ihnen gerade so geht und die Gudrun hört es von vielen Leuten, wie schlecht es ihnen gerade so geht. Das nervt mich, sollen lieber genau wie ich an die Zeiten denken und sie sich vorstellen, wie es wieder schön wird, dann werden sie auch schneller gesund und hängen nicht immer so in dieser Warteschleife der Krankheit rum, das ist alles.

Danke dir für das, was du dazu sagst. Hast du noch eine Botschaft an die Gudrun?

Ja, die habe ich. Sie ist so nachdenklich, das ist alles.

Nun, da gibt es doch sicher noch ein bisschen mehr über die Gudrun, was du erzählen könntest. Was wünscht du dir denn von ihr?

Ihr Herz wünsch ich mir von ihr. Weißt du, sie leidet. Aber so still vor sich hin und das ist nicht gut. Braucht mal jemanden, dem sie einmal so ordentlich ihr Herz ausschüttet und dann soll sie sich wieder den schönen Dingen zuwenden, nicht immer in der Vergangenheit hängen bleiben. Das ist ja auch wie eine Vergangenheitsschleife, wo sie einfach nicht rauskommt. Wenn man sie so sieht, denkt jeder: Mensch, ist die nett. Aber hinter ihren Vorhang kann keiner schauen und da ist Trauer, aber auch viel Wut verborgen. Die muss sie mal loswerden, erst dann kann sie zwei Schritte auf einmal nach vorne gehen. Ich liebe sie und ich hänge doch so an ihr, doch sie kann mit mir kuscheln, das brauche ich sehr, aber auch mal strenger mit mir umgehen, das brauche ich eigentlich auch. Auch, wenn ich es gar nicht so gerne sage, aber ich brauche diese Strenge, soll es ruhig mal mit mir ausprobieren, dann geht es uns sogar besser. Ich kann zwar ihr bester Freund sein, der bin ich ja auch, aber trotzdem muss sie mir sagen, und nicht ich, wo es langgeht. Wer mir hier Futter gibt und es besorgt, der muss auch Entscheidungen treffen und das kann sie ja so schlecht. Sie will immer mit jedem gut Freund sein und das ist ihr Fehler, denn dadurch wird sie leider auch ausgenutzt, das will ich aber nicht. Sie leidet doch darunter und die anderen Leute haben dann nur Vorteile dadurch, das will ich aber auch nicht. Weißt du, wenn es so wäre, dass sie ein paar Bananen verleiht und schöne Strümpfe zurückbekommt, dann wäre ja alles so in Ordnung für sie, doch sie verleiht und verschenkt Kistenweise Bananen und bekommt aber nichts zurück davon, das muss aufhören, ich esse auch gerne Bananen! [nur bildlich gesehen]. Sonst ist sie eine sehr liebevolle Frau, die aber so sehr auf der Suche nach ihrer Seele ist und sie noch nicht im entferntesten gefunden hat. Sie sucht immer in der falschen Ecke, so wie ein paar Kinder die Ecke schon abgesucht haben nach den Osternestern, sie muss in einer anderen Ecke suchen, dann wird sie sie auch finden. Sie muss mal mehr für ihr innerstes Ohr tun, damit sie lernt, von innen her auf ihre eigenen Bedürfnisse zu hören, ich liebe sie und ich will sie nie mehr loslassen, aber sie muss hören lernen. Sie hat Bedürfnisse, die sie immer unter den Tisch kehrt, so, als ob da eine lange Tischdecke drüber wäre, da sieht man ihre Bedürfnisse nicht unter dem Tisch, doch ich bin flink, ich kann unter den Tisch laufen und durch die Tischdecke durchlaufen. Ich weiß, was ihr fehlt, soll sich mehr um ihre Träume und Wünsche und um ihre eigenen feinen Bedürfnisse kümmern, dann geht es ihr sehr gut im Leben.

Danke dir. Hast du noch eine Botschaft an den Edgar?

Ja, er ist wie das große blaue Meer. Wenn ich vor ihm stehe, sehe ich ihn nur als die Weite [des Meeres]. Er ist so folgsam, so ruhig, dass es schon ganz aus ist. Warum ist er so? Er will nicht auffallen und nicht Kummer machen in der Welt, doch darum geht es nicht in dieser Welt. Es geht hier um die eigene Entwicklung und die darf nicht untergraben werden, weil man jemanden nicht weh tun will. Er muss sich auflehnen lernen, das ist gut für ihn, er muss ja nicht die Treppen runterhüpfen, dass er sich gleich was bricht, nein, er muss nur mal sagen: „Nein, das mache ich jetzt nicht, ich habe andere Pläne!" Aber das fällt ihm aus Höflichkeit so schwer. Er muss da genauso an Selbstbewusstsein lernen wie ich, nur ich bell es raus, und die Leute denken immer, oh je, der ist aber ein strenger Kerl! Aber ich bin nicht streng, ich vertusche damit nur meine Unsicherheit, weil ich nicht weiß, was oder wer da kommt. Sonst finde ich mich eigentlich ja ganz in Ordnung. Und Edgar ist da noch meilenweit von entfernt. Er muss sich erst mit der großen weiten Welt auseinandersetzen und braucht dazu auch Reibungspunkte, die kann ich ihm aber nicht bieten, die muss ihm jemand anderes unter die Nase halten. Ich mag ihn aber sehr und spüre seine Zerrissenheit, niemanden zu verletzen. Klar, dadurch wirkt er wie ein lieber Bubi, aber er braucht noch was Anderes, nämlich sich messen können, das möchte er auch noch lernen. Klar, ein wenig raufen kann ich schon mit ihm, aber eigentlich braucht er noch was Anderes. Das kann ich ihm aber nicht mehr bieten.

Danke dir für alles und alle Botschaften.

Seelengespräche

Hund Lisa: „seine Aufgaben muss er erst noch entdecken"
Auszug aus einem Gespräch für Anne, Rüdiger und Paul.

Hallo Lisa, magst du mit mir reden?

Nein, eigentlich nicht. Ich kenn dich ja gar nicht. Was willst du denn überhaupt von mir?

Du hast recht, wir kennen uns wirklich nicht. Aber die Anne hat mich angerufen und mich gebeten, mit dir zu reden, weil ich dich etwas anders verstehen kann als sie und da kann ich ihr einfach weitererzählen, was du mir so alles erzählt hast.

Ja, das klingt gut, sehr gut sogar.

Bei uns geht es gerade drunter und drüber. Kannst du dir das vorstellen? Sie reden gar nicht mehr so richtig miteinander und jeder meint, er hätte Recht und das gibt ihm auch das Recht, so zu handeln. Dabei verstehen sie einander nur nicht. Jeder von ihnen hat andere Bedürfnisse, jeder möchte für sich was Anderes haben. Dabei ist die Familie als Ganzes schwer noch als Ganzes zu erkennen. Es ist wie ein großer löchriger Kreis, der aber immer noch löchriger wird. Erst kaum sehbar und erkennbar und dann haut es nicht nur von innen, also innerhalb der Familie, sondern auch von außen, lauter Löcher rein. Und eine Einheit in der Familie wird immer schwieriger. Sie sollen sich einfach zusammen setzen und jeder soll mal ganz ruhig, ganz ruhig – nein, dieses geht auch überhaupt nicht bei uns, jeder wird immer sehr von seinen Gefühlen überrollt und erzählt unterschiedlich laut. Jeder soll mal genau sagen, was für ihn in der Situation das Beste wäre, was er erwarten würde, aber auch, was er dazu tun würde, dass es wieder ins Lot kommt. Nur dann kann es wieder so werden, wie es früher wenigstens im Groben angedacht war. Aber ohne ein Nachgeben und genaues, aber sehr friedvolles, offenes Gespräch und einer Formulierung der einzelnen Wünsche und Ideen, geht gar nichts weiter. Es ist wie ein großer Strom, der sehr stark geflossen ist und nun in einer Sackgasse mündet. Es fließt aber enorme Kraft von hinten weiter nach, es kann aber nicht mehr weiter fließen und entweder zerstört das noch kommende, immer weiter fließende Wasser den Deich oder es hupst total kraftvoll drüber. Dabei muss man nur einen Kanal graben. Daran dürfen alle graben, damit es wieder weiter fließen kann. So kommt mir meine Familie gerade vor. Obwohl ich jeden einzeln so sehr mag, ich liebe alle, jeden einzelnen von mir, aber weiter kommen sie nicht, weil jeder ein eigener Bock innerhalb der Familie ist und meint: „So, jetzt müsste es nach meinen Hörnern gehen." So ein Blödsinn aber auch. Weiß denn der andere, was der eine denkt und zu machen vorhat? Nein, darüber wird nicht mehr geredet, ich spüre die Verstocktheit. Das ist nicht gut, aber es ist eine gute Basis da in der Familie, sie wollen alle gerne zusammen was unternehmen und suchen so sehr Halt innerhalb der Familie. Das ist auch kein Problem. Probleme wurden früher immer angegangen und zusammen gemeistert. Ja – ist denn die Zeit wirklich ganz und gar vorbei? Bei so vielen gemeinsam erlebten Dingen meine ich nein. Sie ist nicht vorbei. Nur ein gemeinsamer Konsens kann sie da noch retten, aber die Familie ist noch zu retten, nur bitte ehrlich seine eigenen Ideen und Wünsche und Vorschläge und Zukunftswünsche äußern. Jeder nimmt vom anderen ja was völlig Falsches an. So ist es ja gar nicht, das würden sie aber nur merken, wenn jeder wieder mit dem anderen spricht. Es ist wie miteinander verwoben und verflochten. Es kostet viel Zeit und Einsätze. So wie ein altes Fischernetz, das schon lange im Wasser hängt und nicht gebraucht wurde. Es wurde einfach vergessen, es wieder hinaufzuziehen. Und nun kommt es zum Vorschein, aber völlig mit Algen und Muscheln und Seetang besetzt. Dies muss man erst reinigen, dann kann man das Netz auf Stabilität untersuchen. So sollen sie es auch mit ihrer Familie machen. Den Streit und die viele Ungewissheit brauchen sie nicht mehr in dieser Familie, erst dann ist es möglich, nachdem sie die alten, unnützen Schichten entfernt haben, wieder was Neues daraus zu erschaffen und dann geht das gemeinsame Fischefangen wieder von vorne los. Gemeinsamkeiten haben in letzter Zeit sehr gelitten, aber es ist noch möglich. Nur bitte reden, was man denkt und nicht annehmen, zu wissen, dass man weiß, was der andere denkt. So kompliziert ist auch nur die Menschenwelt. Ich denke da direkt und spüre die Gefühle, wo sie gerade drinstecken. Nicht schön, so brennend fühlen sie sich an, aber es ist auch nicht unmöglich, da raus zu kommen. Nur miteinander reden in völliger Offenheit scheint völlig den Bach runtergegangen zu sein. Diese Offenheit und den Mut dazu müssen sie wieder finden. Ich bin da für sie und schicke ihnen auch allen, allen gemeinsam, meine Energien.

Das ist gut, wenn du das machst. Hast du noch eine Botschaft an die Anne?

Ja, sie ist arm dran. Sie meint, sie kräht sich noch die Kehle aus dem heiseren Hals und keiner hört ihr trotz allem zu. Aber so kompliziert ist die Welt doch gar nicht um sie herum. Soll mal in kurzen Sätzen genau sagen, was sie will, was sie nicht mehr will und wie sie sich vorstellt, wie das Ganze erreicht werden kann und nicht mehr so ausführlich alle ihre Gedanken erklären wollen. Das verstehen die Leute in ihrer Familie nicht. Frauen denken ja da so anders und sie meint, immer nur Respekt zu bekommen, wenn sie sich bis ins Detail ganz genau erklärt. Das hält die anderen aber eher davon ab, ihr überhaupt zuzuhören. Das ist nicht gut so, das geht nicht gut. Vor allem ist sie selbst immer wieder total unzufrieden. Sie will gehört und vor allem ernstgenommen werden und findet keinen Respekt in der Familie. Das ist aber nur falsch gedacht. Soll nur kurz formulieren, was sie will, dann soll sie die anderen einfach mit ihren genannten Gedanken allein lassen, die kommen schon damit zurecht und werden sie auch ernstnehmen, vor allem, wenn sie nicht tausend Erklärungen dazu abgeben muss, um sich verstanden zu fühlen. Das ist ihr großes Problem in der Familie.

Danke dir, Lisa. Hast du noch eine Botschaft an den Rüdiger?

Ja, Rüdiger mag ich. Er nimmt alles nicht so genau. Das kann allerdings sehr nervenaufwühlend für den Rest der Familie wirken. Denn ihm ist es egal, ob die Socken nun im Kühlschrank aufbewahrt werden oder rechts neben dem Klo, Hauptsache, er findet welche, wenn er sie braucht. Er hat keine Ordnung und das liebt er und weigert sich bisher so erfolgreich, überhaupt hinzuhören, wenn jemand darüber redet, wie er es sich wünscht. Das ist eine Gabe von ihm, aber auch sehr, sehr egoistisch. Das ist auch ein großer Wesenszug von ihm, da er oft genug denkt: „Nun, Hauptsache ich bin versorgt, ich habe meinen Teil gefunden, jetzt kann ich gehen." Da denkt er nicht richtig an den Rest in seiner Familie, aber das muss ihm noch wie Schuppen von den Augen fallen, dass er mal sieht, wie die anderen an ihm zweifeln und auch verzweifeln. So geht das nicht, dass andere sein Zeug immer suchen müssen, was bildet er sich denn überhaupt ein? Nun, er nimmt sich schon sehr wichtig in der Familie – er ist es auch – aber er wäre noch wichtiger, wenn er die Bedürfnisse der anderen sehr ernst nehmen würde und nicht gleich im Kühlschrank nachschaut, ob da schon wieder seine Socken gelandet sind. Ich habe das Gefühl, er sucht immer alles. Er ist so zerstreut wie ein berühmter Professor, das ist aber schlecht, er darf die anderen nicht dazu benutzen, dass sie für sein Wohlergehen und Überleben in der Familie zuständig sind. Wenn er weiß, was ich ihm damit überhaupt sagen will, dann hat er gute Chancen, sein Verhalten zu überdenken, dann kann er es ändern. Die Anne soll ihm aber bloß nicht ins Gewissen reden, das muss er von alleine spüren, da langt ein Satz von ihr. So zum Beispiel: „Ich will nicht mehr hinter dir herräumen." Der Punkt danach ist ganz wichtig, sonst nimmt er sie nicht ernst, das ist meine Botschaft an ihn. Sonst aber ist er ein sehr lustiges Herrchen und ich liebe ihn. Spiele am liebsten fangen, kann er ruhig öfters mal machen, das macht er viel, viel zu selten.

Ich gebe es so weiter. Hast du noch eine Botschaft an den Paul?

Ja, er ist ein Lieber, ich mag ihn total gern. Seine Qualitäten werden ja noch total verkannt. Sie meinen oft, er ist ein Problem oder er hat ein Problem, deshalb ist ja alles so schwierig. Aber er ist im Moment als Spiegelbild so in der Familie, damit sie beide ihr eigenes Problem erkennen, da hilft er ihnen sehr dabei, es zu erkennen. Er weiß ja noch so gar nicht, was das alles so soll auf der Welt und gibt sich große Mühe, bloß nicht so interessiert nachzufragen. Schade, so bleibt er aber auf der Strecke und wird nie lernen, was wichtig ist im Leben. Seine Aufgaben muss er erst noch entdecken. Im Moment sind es die Aufgaben, sich selbst kennenzulernen im Leben, seine eigene Identität zu finden. Das fällt ihm sehr schwer. Irgendwie wurde sehr viel für ihn gemacht im Leben, sehr viele Steine aus dem Weg geräumt und nun scheint es, er stolpere auch über kleinere Steine drüber wie ganz von selbst. Da muss er aber selber raus. Ich will ihm da nicht helfen. Klar, ich bin immer da mit meiner Energie, aber so richtig ernst werde ich auch von ihm nicht genommen, irgendwie eher als lästig. Das tut aber meiner Hundeseele sehr weh. Ich will auch ernst genommen werden, das wird schon mal eine riesige

Familienaufgabe bei uns sein, die füllt ja schon das ganze Haus auf und Paul muss sich da zusammenreißen, wenn er es finden will, was zu ihm passt und was er eigentlich erwartet vom Leben, erst dann kann er mit beiden Händen voll rausgehen, auf das Leben zu und sie aufhalten und alles innig und liebevoll aufnehmen, was sich ihm zeigen wird. Aber so weit ist er ja noch so gar nicht. Macht nichts, es kommt auch noch zu ihm, aber es dauert und dauert.

Danke dir für deine Botschaften.

Seelengespräche

Hündin Kathi: „da fehlen ihm irgendwie die Antennen dafür“
Zwei Gespräche für Traudl.

… Danke dir, dass du es mir so erklärt hast. Aber siehst und merkst du auch eine Veränderung an ihm?

Sagte ich schon, ja und nein, aber sie ist da, das muss er eigentlich auch sehen und merken, aber da fehlen ihm irgendwie die Antennen dafür. Er ist wie ein Fernsehgerät, wo er ständig reinschauen will und das Leben leben möchte, aber die feinen Antennen sind dabei abgebrochen und das Bild, das er vom Leben empfängt, ist wackelig und unscharf. Er aber merkt es nicht und glaubt, es gehöre eben so. Das ist etwas, was er noch lernen muss in seinem Leben. Dafür ist Fernreiki sehr gut, es lässt langsam seine feinen Antennen wachsen, denn die Anfangsknospen hat jeder Mensch, aber wachsen lassen kann sie nicht jeder. Er tut sich da unglaublich schwer damit. Wird im Moment selber etwas überrumpelt, weil er spürt, dass sie wachsen, kann es aber nicht richtig zuordnen.

Danke dir für deine liebevolle Erklärung.

Ein späteres Gespräch mit diesem Hund:

Hallo, Kathi, darf ich wieder mit dir reden?

Ja, sehr gerne, sag ihr bitte gleich, dass es mir sehr, sehr gut geht und dass ich ihr so dankbar bin, dass ich so viel mit ihr unterwegs sein durfte. Das war ein Stück Verbundenheit, das ich noch nie spüren durfte, nur sie und ich und so viel freie Zeit um uns herum und nichts Anderes, mir geht es nun richtig gut.

Das freut mich sehr, das sag ich gerne weiter. Ihr hat es auch sehr gut mit dir gefallen und natürlich die ganze Fastenkur. Sie hat aber auch eine Bitte an dich, sie würde sich sehr freuen, wenn du etwas mehr gehorchen würdest, das ist ein großes Bedürfnis von ihr an dich.

... ja ich weiß. Ich spüre ja immer, dass ich da noch arbeiten muss an mir und mich verändern soll, ich möchte es auch. Sag es ihr, ich muss es auch, aber es ist mein Wille, der einfach sehr groß ist, dagegen muss ich ankämpfen.

Ist es denn so schlimm, wenn sie dir z. B. sagst, du sollst jetzt herkommen, dass du auch jetzt zu ihr kommst?

Darum geht es eigentlich nicht, es geht um die Akzeptanz meines Rudelführers und sie ist manchmal noch so unsicher mit sich selbst, da will ich dann lieber ihre Aufgaben [als Rudelführer] übernehmen, das ist alles, mehr nicht.

Also sollte sie etwas strenger sein zu dir?

Wenn sie Rudelführer sein will, dann ja. Es gibt sonst immer wieder Kämpfe und ich spüre noch ihre Unsicherheit. Das muss sie sich auch abgewöhnen, dann geht es mir besser. Aber das ist nur ein kleiner Punkt, ich fühle mich sonst sehr wohl bei ihr, aber wenn sie mich halt fragt, warum ich nicht immer gehorsam sein möchte, dann muss ich das auch so sagen.

Gut, ich sage es ihr auch so weiter. Sie hat noch eine Frage, darf ich dich weiter fragen?

Ja, ich würde gerne alles tun, ich mag sie ja so gern.

Gut, dann bitte ich dich gleich noch mal in ihrem Sinne, dass du mehr auf sie hörst, wenn du schon sagst, du würdest alles tun für sie.

Weißt du, das sind wie zwei verschieden lange Schnürsenkel in einem Paar Schuhe. Sie passen farblich und äußerlich sehr gut zusammen, aber die Länge ist sehr unterschiedlich. Und wenn ich nun versuche, beide in jeweils ein Paar Schuh zu fädeln, passt der andere genau und der eine ist einfach zu kurz, da muss man was ändern. Sie soll etwas strenger sein zu mir, dann hat sie mich nicht mehr so an der langen Leine, das ist zwar einerseits sehr hart für mich, andererseits brauche ich das, dass sie etwas strenger ist zu mir. Damit kann ich auch ihr helfen, sie ist ja noch so unsicher mit mir, dabei kennen wir uns doch schon so lange.

Danke dir für deine Erklärung.

Anmerkung:

Ich freue mich, wenn Kathi mit ihren Aussagen anderen Menschen die Gefühle und Ansichten der Tiere näher bringen kann.

Seelengespräche

Ein Alpenveilchen: „nicht Arbeit ist der Sinn des Lebens"
Ein Gespräch für Rosa, Frank, Ewald und Korbinian.

Hallo, Pflanze, ich bin die Barbara, magst du mit mir reden?

Ja, mag ich – habe viel zu erzählen.

Schön, dann frage ich dich doch gleich, wie es dir geht.

Gut, und nicht so gut. Du weißt es schon. Rosa hat es schon gesagt, dass sie mich nicht beachtet, aber das ist nicht so schlimm. Ich beachte ja sie, das ist viel wichtiger für sie als umgekehrt. Ich kann ihr helfen, bin mit meinen Energien immer bei meiner Familie, die hat es auch nötig. Sie weiß es zwar nicht, was ich alles für sie tue, aber ich tue es, kannst du es ihr sagen?

Ja, mache ich gerne. Magst du mir ein bisschen zu deiner Familie erzählen?

Oh je, das wird sie nicht so gerne hören, sie sind chaotisch, alle miteinander. Mal nach außen, mal nur nach innen, da fällt es nur nach außen nicht auf, das ist aber genauso schlimm, müssen alle viel für ihr Innerstes tun, um weiteren Schwierigkeiten aus dem Weg zu gehen. Ich mag sie alle, jeden in seiner Art, brauchen mich auch, müssten noch mehr Pflanzen sein, die ihre Energien der Familie geben, aber sie gibt es nicht. Schade, so bleibe ich allein mit meiner Kraft. Doch ich gebe sie ihnen allen gerne.

Gut, das richte ich auch so aus. Kannst du noch ein paar Botschaften an deine Familie ausrichten?

Ja, mache ich gerne. Es geht oft kreuz- und quer bei uns zu, jeder denkt an sich, nur an seine Bedürf-

nisse, die sind die wichtigsten. Was Zusammenschweißendes gibt es nicht so richtig in der Familie, vielleicht noch die Sorgen, die alle teilen, aber sonst ist nicht viel an Gemeinsamkeit zu spüren. Das wäre aber toll als Familie, wenn jeder über seine Sachen, die ihn berühren oder gar belasten, miteinander reden und Kraft voneinander schöpfen könnte, das würde ich mir auch für meine Familie wünschen. Sie können es, gehen aber alle getrennte Wege, die müssen wieder zusammenführen, das wäre ein Segen, erst dann ist es wieder eine echte gemeinsame Familie, vorher sind es vier Einzelteile, die in alle Richtungen verstreut sind. Nicht optisch oder körperlich, nein, sondern innerlich sind alle weit voneinander entfernt, brauchen alle wieder Gemeinsamkeiten, die sie verbinden. Darüber sollen sie reden und sie dann auch zusammen leben, zusammen ausleben, das würde allen helfen. Ich mag sie und gebe ihnen gerne meine Kraft, sie können sie auch brauchen. Gemeinsamkeit ist das Familienmotto, sollte es sein, denn es fehlt so gänzlich. Jeder geht in anderen Dingen auf und sieht darin seine Lebensaufgaben und seinen Sinn, sollte sie aber eher oder auch in der Familie sehen, die hat eben nicht jeder. Familie wäre da, es fehlt allen nur an Struktur, die kann man wieder zusammen schaffen und aufbauen, würde allen gut tun, sollen darüber reden, können es auch, haben es nur aus Wut und Zorn, aus Frust und Resignation, verlernt. Es sind aber noch Reste da, auf die kann man ganz viel aufbauen, ihr werdet sehen, es geht. Fangt an, bitte beginnt damit, es wurde schon genug zerstört, aber die Reste, die Wurzeln sind noch da und sehr, sehr wertvoll.

Danke dir, Pflanze, ich sage es ihnen. Hast du noch eine Botschaft an Rosa?

Ja, sie ist eine Gute, lebt aber manchmal völlig in oder auf einer anderen Welt, macht sich auch ihre eigene Welt, sonst meint sie, nicht überstehen zu können. Das ist falsch. Nicht Arbeit ist der Sinn des Lebens – vor allem wenn man vor lauter Arbeit nicht mehr über seinen Tellerrand schauen kann – sondern die innere Zufriedenheit. Ist sie zufrieden? Ich glaube kaum, sie hängt einem Traum hinterher, diesem Traum braucht sie aber nicht hinterher zu hängen: es ist eine glückliche Familie und braucht auch keine Sorgen mehr zu haben. Aber die Sorgen erinnern sie nur ans Spüren, an die Wahrnehmung, an ihr Innerstes. Wenn sie es von einer anderen Seite her angeht und von einer anderen Seite her betrachtet, braucht sie auch nicht mehr ihre Sorgen. Sie umsorgen sie nur und umgeben sie wie was Beschützendes, weil sie ihr wohl bekannt sind – braucht sie das wirklich? Sie hat vergessen zu lieben, das kann sie aber sehr, sie konnte es und wartet nur darauf, wieder lieben zu können, und nicht zu denken: ich kann es erst wieder, wenn das und das anders ist. Nein, denke nicht daran, das ist völliger Blödsinn, beginne sofort damit, andere zu lieben und vor allem dich selbst. Das wird dir sehr gut tun und denke nie daran, dass andere schuld oder verantwortlich sein können, dass es dir gut geht. Hat nichts mit deinem Inneren zu tun, das bist du selbst, also sei auch du selbst. Verstehst du mich? Setz dich hin und lasse dir Zeit für etwas Besonderes. Stelle mich neben dich, dann atme ganz tief ein und aus. Spüre, wo der Atem hinfließt und lasse die Kraft deines Atems überall dorthin, wo du diese Kraft brauchst. Das klingt alles so einfach, dass du mit dem Kopf schütteln wirst, aber versuche es. Ich helfe dir auch dabei, dann hast du wieder Mut, dann kannst du wieder deine eigenen Kräfte entdecken und du bist unabhängig von deiner Familie. Ihr sollt zwar wieder zusammen fühlen wie ein Herzschlag, aber erst mal musst du dich um dich selbst kümmern, dann kommen die anderen. Und mit selbst fühlen und kümmern meine ich nicht, tief in Arbeit drin stecken und arbeiten und arbeiten, sondern ich meine, deine Wahrnehmung muss wieder zu dir, dann ziehst du auch die anderen an mit dem, was du Kraft nennen wirst. Klingt fast zu einfach denkst du jetzt, aber dich selbst und deine Seele zu entdecken, ist das Spannendste auf der ganzen Welt. Da brauchst du dich nicht mehr hinter dem Schreibtisch zu verstecken, du kannst beginnen damit und steckst dann deine ganze Familie an. Du wirst sehen, es ist ein schönes Gefühl, was endlich wieder zu dir zurückkommen wird. Ich mag dich, ich möchte nur Gutes für dich.

Danke dir für deine Botschaft. Hast du noch eine an den Frank?

Ja, er kennt sich ja noch weniger als meine Rosa. Ich mag ihn und mag ihn nicht. Er beachtet mich ja so ganz und gar nicht, dabei bin ich jeden Tag in seinem Herzen. Kannst du ihm das sagen? Er spürt so gar nicht in mich hinein. Er ist arm dran, sucht immer die Verantwortung in allem anderen, aber nur nicht in sich selbst. Da ist er eine arme Haut, aber er kann sich nicht anders helfen, da ist er wie ein unerfahrenes Kind, dem zum ersten Mal etwas begegnet, was es nicht kennt. Und ihm geht es genauso. Er will so viel ändern in seinem Leben, bleibt aber auf dieser Stufe kleben, so wie der Schuh von Aschenputtel. Er könnte sich noch entwickeln, aber nicht, wenn er auf dieser Stufe hängen bleibt. Nein, er muss seine eigenen Anteile sehen, die dazu beitragen, dass ihm alles entgleitet in seiner Familie – so sieht er es zumindest – aber er trägt nur dazu bei, dass alles um ihn herum sehr selbständig wird. Wenn er wieder eine Einheit will, muss er den Schuh in die Hand nehmen, ihn hin- und herdrehen, schauen, aus was für ein Material er ist und schauen, wie er ihn einsetzen kann, dass sich da was ändert und dann nimmt alles seinen Lauf. Aber er tut nichts dazu. Er setzt sich einfach hin und denkt, die anderen sind schuld an allem, es hat nichts mit ihm zu tun. Nein, so ist es nicht – er hat den Schuh in der Hand. Er kann ihn wieder auf die Treppe stellen, da passiert gar nichts, er kann ihn aber auch genauer anschauen, ihn rauf- oder runtertragen und ihn woanders einsetzen. Er kann aber auch den anderen Schuh suchen, der dazu passt. Das bedeutet, alle Anteile, die Glück bedeuten, sich vorzustellen, sogar aufzuschreiben auf eine Liste und dann danach zu suchen. Was hat er schon davon? Was ist weg, entfleucht, was kriegt er wieder? Was kann er dazu beitragen, dass es wieder kommt? Was kann er ablegen, dass es nicht mehr so wird, so bleibt, wie es ist? Gibt es einen Neuanfang? Den Schuh aufheben steht für einen Neuanfang im Leben. Diese Chance hat er, er muss sich nur dazu bücken und den Schuh sehen und ihn aufheben, das ist der erste Schritt dazu. So soll er sein Leben zukünftig sehen und betrachten und natürlich auch in die Hand nehmen. Ich mag ihn, freue mich aber, wenn er mich auch mal als Wesen mit Seele betrachten würde.

Werde ich ihm sagen, danke dir. Hast du noch eine Botschaft an den Ewald?

Da stehen mir alle Haare zu Berge. Er ist so ein Guter, ich mag ihn sehr gern, aber er wird nur als Störenfried in der Familie gesehen. Er hat so viele Kräfte und weiß überhaupt nicht wohin damit. Er will sich geistig auspowern, das genügt aber nicht, er muss sich körperlich mehr auspowern, um seine Wut und seinen Hass loszuwerden. Erst dann kann er wieder klar denken, das wird ihm helfen, alle angestaute Wut loszuwerden. Hat nichts mit seiner Familie zu tun. Nein, er lässt sie zwar an und in seiner Familie aus, aber die Wut gehört raus, entstand auch außerhalb von seiner Familie. Sag ihm das, er weiß es nicht, er hasst alles, aber das stimmt nicht, alle, seine Eltern und auch sein Bruder, wünschen ihm von Herzen alles Gute. Das kann er aber nicht in seiner Familie suchen, er kapiert es noch nicht, dass sie nicht verantwortlich ist für seine Gefühle, das ist schon er selber. Den Hass muss er gegen sich richten, schauen, was er ändern will in seinem Leben, den neuen Weg suchen und ihn endlich gehen. Es hält ihn soviel zurück, meint er, das ist es aber nicht, er muss seinen eigenen Hass nur loswerden. Ich spüre es, wie liebenswürdig er ist, das soll er auch nach außen und nach innen sein. Erst dann kann er neue Wege beschreiten, sonst bleibt er immer nur hängen, wie in einer Warteschleife. Es passiert nichts Neues, aber er ist verantwortlich dafür, dass er die Warteschleife aushängt, sich mal genau anschaut, was er schon in seinem Leben gemacht hat und was er dann lieber machen möchte. Seine Familie hat nichts damit zu tun, dass es ihm so schlecht geht. Es ist sein Weg, den er noch nicht gefunden hat und den er auch nicht suchen will. Das ist alles, soll sich zusammennehmen und auch hineinspüren, was ihm gerade am besten helfen könnte und dann beginnen, diesen neuen Weg zu gehen, das wäre am besten und seinen alten Hass muss er dazu ablegen, das blockiert ihn nur so richtig, neue eigene Wege, seine Wege, zu finden.

Danke dir, Pflanze, hast du noch eine Botschaft an Korbinian?

Er ist die ganze Hoffnung der Familie. Er soll ganz viel das machen, was alle nicht geschafft haben. Das ist zu schwer für ihn, ich spüre jeden Tag seine Bürde, die er trägt und die ihn fast erschlägt. Er soll gar nichts machen, was die anderen sagen, er weiß nur noch so gar nicht, was er eigentlich will im Leben. Ich mag ihn, er ist ein Guter, hat es verdient, sich selber zu finden, das zu machen, was er will, auch beruflich und sich nicht an irgendwelche Ideen von anderen anpassen zu müssen. Er ist zwar nicht so stark wie Ewald, er ist ganz anders, das ist auch seine Stärke. Er hat viele Gefühle, die er nach außen zeigen kann, das ist seine Stärke. Er versteckt sie nicht, er lässt sie zu, das gefällt mir an ihm, das ist seine Stärke. Man muss ihn nur selber machen lassen und ihn nicht schon in vorgefertigte Schubladen stecken und diesen Raum, der vorgefertigt ist, soll er erfüllen. So geht es zu in seiner Familie, aber das ist das Falsche für ihn. Er muss sich auswickeln aus diesen Vorgaben und sich neu entscheiden können. Dann kann er alles, was er anfängt, mit Liebe und mit Spaß ausfüllen. Das braucht er, das muss er haben, um Erfolg zu haben, erst dann sieht er auch einen Sinn in allem, was er macht. Er hat eine andere Ader wie Ewald. Er geht diese Ader mit Gefühl, das ist schön für ihn und für die anderen. Ist auch sein ganzes Leben seine Spezialität, soll sich bloß nur nicht für andere opfern oder gar verbiegen, das wäre sehr schade, da es sonst nicht sein Leben wäre. Das wäre meine Botschaft an ihn, er ist ein Guter, muss sich nur durchsetzen mit seinen eigenen Gedanken, dann geht es ihm gut.

Danke dir, Pflanze, kann deine Familie sonst noch was machen für dich?

Ja, mit Liebe gießen, wäre mir sehr recht, ich bekomme zwar Wasser, aber sonst beachten sie mich alle nicht. Rosa hat zwar auch ein schlechtes Gewissen, aber den anderen fällt es gar nicht auf, dass ich überhaupt in ihrer Nähe existiere. Da würde ich mich sehr freuen, wenn sie mich wahrnehmen, auch mal grüßen, wenn sie in das Zimmer kommen, ich bin ja auch da, das wäre schön.

Ich danke dir für alles, was du mir erzählt hast und richte alles so aus an deine Familie.

Ja, sie ist eine gute Familie, nur läuft sie gerade in einem eingefahrenem Fahrwasser, was sie wieder verlassen sollen. Das geht nur, wenn ihnen bewusst wird, auf welchen Wegen sie sich befinden und dass sie da raus müssen. Wie, habe ich ihnen gesagt, tun müssen sie es selber, aber es wird sich was ändern. Sie halten es sonst nicht mehr aus, das ist gut so, da ändert sich was für sie.

Seelengespräche

Hund Betzi: „sie sind wie der Morgentau an den Blättern"
Gespräch für Clara, Ralf, Hans und Felix.

Hallo, Betzi, ich bin die Barbara, darf ich mit dir reden?

Was willst du von mir?[klingt sehr freundlich]

Die Clara hat mich gebeten, mit dir zu reden, sie macht sich Sorgen um dich und möchte so gerne wissen, wie es dir geht.

Gut und nicht so gut. Weißt du, mir geht es bald sehr gut, ich darf gehen und keiner kann mich mehr aufhalten, das macht mich froh und so leichtfüßig. Ich bin alt, da freue ich mich ja schon sehr darauf, dass ich dann meine Füße nicht mehr so spüren muss. Aber unglücklich bin ich auch ein bisschen, ein bisschen sehr, weil sie so lieb sind, ganz außergewöhnlich lieb und ich verlasse sie ja da so ungern in ihrer Art.

Das kann ich gut verstehen. Deine Familie fragt, was kann sie dir denn noch Gutes tun?

Das verstehe ich nicht so richtig. Warum wollen sie mir denn was Gutes tun? Zählt denn das alles nicht, was sie je für mich getan haben? Menschen haben ja so ein schlechtes Gedächtnis, das weiß ich schon, aber ich spüre noch alles, was sie gedacht haben und was sie zu den Gedanken dazu gefühlt haben. Sie haben schon genug getan, mehr wäre dann nur, wenn sie noch einen wunderschönen Berg noch höher aufschütten wollen, doch warum sollten sie das tun? Es würde mir nur den Blick auf die Sonne versperren, das will ich aber so nicht.

Sie fragen dich, ob du sehr leidest?

Nein, es ist bald vorbei. Sie können mich gerne noch in den Arm nehmen und sich von mir verabschieden, ich schenke auch jedem von ihnen ein wunderbares Gefühl der Dankbarkeit. Mehr kann ich nicht mehr für sie tun.

Hast du denn irgendwo Schmerzen? Die Clara sagte mir, dass du nicht mehr frisst und leider auch nicht mehr trinkst.

Ja, mir tut alles weh, ich habe was in der Kehle, ich kann nicht mehr schlucken. Das tut mir so weh, aber nicht als Schmerz im Menschensinne, ein Mensch würde da ja wahnsinnig werden. Es ist aber wie ein Geschenk zu sehen, dass ich so nichts mehr fressen und trinken kann, denn sonst würde ich noch länger hier bleiben, aber ich kann nicht. Habe schon mehrfach alle meine wundervollen Aufgaben in dieser Familie erfüllt. Ich darf gehen und so kann ich nichts mehr fressen, sonst würde ich noch fressen und noch bleiben wollen.

Magst du noch was an deine Familie ausrichten?

Ja, sehr viel. Weißt du, sie sind wie der Morgentau an den Blättern, ich habe mich immer gefreut, wenn morgens alle aufstehen und den Tag und mich begrüßen. Dafür war ich da, das habe ich ja so genossen, es ist so schön, für sie da zu sein.

Danke dir. Hast du noch eine Botschaft an die Clara?

Ja, sie ist ja die Stärkste von allen. Manchmal weiß sie es nur nicht mehr. Da ist sie so wie ein Blatt von einem Baum, der die schöne grüne Seite nach oben ausstreckt. Manchmal meint man ja schon, sie würde vertrocknen, wenn so viel Sonne daraufkracht, doch die wahre Stärke trägt sie unter der Blattseite. Man muss sie umdrehen, um an ihre Stärken zu kommen. Das muss sie aufhören, sich immer so zu verstecken. Sie hat so viele Dinge, die sie so gut kann und geht damit so schwer nach draußen und zeigt sich nicht dem „draußen". Sie versteckt damit auch ihre guten Seiten und ihre besonderen Talente. Soll mal wieder malen und nicht immer nur an andere denken und für andere so viel machen. Sie merken ja gar nicht, wie viel sie ihnen macht und sie bekommt so wenig Anerkennung dafür. Das macht aber nichts, sie muss sich die Anerkennung für Dinge, die ihr Spaß machen, unbedingt in sich und für sich selber suchen und nicht drauf warten, dass jemand sich für ihre wertvolle Arbeit bedankt, das wird sie nie erfahren.

Danke dir. Hast du noch eine Botschaft an den Ralf?

Ja, er klirrt so hart durch die Gegend wie ein Besen, der umeinander wirbelt und alles aufwirbelt. Dabei will er oft nur Leben in die Bude bringen und denkt dabei oft: „So was, jetzt schlafen ja alle, aber wenn ich komme, will ich, dass es Leben hier gibt." Und dann macht er Dinge, die andere leicht für einen Unfug halten könnten. Doch er macht es ganz bewusst. Er ist ein ganz wundervoller Mensch, dem ich gerne meine Energien geben möchte, denn er macht gerne unerwartete Dinge und die bringen auch jemand oft aus dem Konzept und man meint: warum bin ich denn hier? Solche Dinge schafft er und ich bin ganz stolz auf ihn, weil es dadurch ja auf keinen Fall langweilig wird mit ihm. So als ob wir jeden Tag einen anderen Weg laufen würden und ich nicht weiß, was mich an der nächsten Wegbiegung erwartet. So ist er auch für seine Freunde und Familie, immer für eine Überraschung gut und das soll er auch nicht aufgeben. Er macht ja dadurch das Leben wieder interessant und spannend für sich und für andere.

Danke dir. Hast du noch eine Botschaft an den Hans?

Wenn ich eine Werkzeugkiste hätte, würde ich ihn als Beißzange bezeichnen, aber auch mit einer Beißzange kann man wunderbare Sachen machen, aber er weiß nur nicht, wie er sie dazu benutzen soll. Wie nimmt man sie in die Hand? Wie geht man damit um und wie erschreckt man keine Leute damit? Diese Fragen müsste er sich im Moment stellen, wenn er an die Werkzeugskiste geht und einfach da so was rausnimmt. Wenn er ein Werkzeug benützt, dann muss er auch wissen, oder sich zumindest erkundigen, wie man damit umgeht. Ich würde es ihm ja gerne, so gerne zeigen. Man kann nicht nur eine Zange rausnehmen, und versuchen, alle Nägel, die sich in den Weg stellen, rauszuziehen. Aber so benimmt er sich gerade. Doch nicht alle Nägel, die er so blöd ziehen will, stehen im Weg, sind verrostet oder schief verankert, man muss sie nicht unbedingt ziehen, doch er verhält sich genau so. Das muss er noch lernen, soll mal die Bedienungsanleitung für das Leben kennenlernen und vorher schon mal die Werkzeugkistenbedienungsanleitung durchlesen, dann erst kann er auch auf die Leute da draußen losgelassen werden. Sonst ist er ein sehr lebenslustiger Clown, der aber möglichst bequem versucht, durchs Leben zu gehen. Aber daran ist nichts auszusetzen, wenn er seine Bequemlichkeit nicht auf andere Lastschultern verteilt, dann kann er es gerne tun. Ich liebe ihn und verlasse ihn nur ungern, aber meine Aufgabe war auch, ihm zu helfen, ihm nahe zu bringen, was für eine wunderbare Welt diese ist und er sieht aber nur den Stoff voller Löcher, so als ob er [der Stoff] im Frühling von vielen Motten durchfressen worden wäre. Dabei sieht er einfach nicht die wunderschönen Frühlingsblumen, die auch auf den Stoff gemalt sind. So verhält er sich gerade auch im Leben. Soll den Stoff anschauen, wie schön und bunt er ist und sich nicht nur an den Löchern orientieren. Ich begleite ihn auch gerne so liebevoll ich nur kann.

Danke dir. Hast du noch eine Botschaft an den Felix?

Ja, er ist wie ein Mausebär. Wie ein Sonnenschein, doch ihn trübt etwas, er ist so traurig – oft in seinem Leben: da übernimmt er von jemandem etwas, was aber nicht zu ihm, zu seiner Seele gehört. Fragt ihn doch mal, warum er so traurig ist, das kann und muss aufhören. Sonst liebe ich ihn sehr und spiele auch so gerne mit ihm. Das Spielen werde ich sehr vermissen, weil er so eine liebevolle Art hat, mit mir zu toben und zu tollen. Obwohl ich so alt bin, hat er nie das Alter in mir gesehen, sondern nur den Hund, dem es noch so viel Spaß macht, mit ihm zu spielen. Diese Fröhlichkeit wird er auch immer beibehalten, das ist eine große Kunst, doch er beherrscht sie spielend. Ihn liebe ich in seiner Art, doch auch er braucht meine Energie, er soll sich besonders von mir verabschieden.

Die Clara sagte mir, dass der Hans sehr mit dir verbunden ist und ihr euch sehr liebt.

Ja, das stimmt, aber er bekommt meine Liebe einfach nur so, so mit einer Leichtigkeit, die ihm gerade fehlt. Felix braucht sie, das ist ein Unterschied, das verbindet mich damit noch einmal anders mit Felix, aber ich liebe ja beide so sehr. Sag ihnen allen danke für mein Zuhause, keiner hätte es schöner und wertvoller für mich gestalten können. Ich liebe sie alle.

Ich sage es ihnen so, danke, dass du mit mir so lange geredet hast.

Schon gut, ich freue mich, dass ich ihnen zum Abschied noch so viel in euren Worten erzählen durfte, doch sie wissen es schon von mir, wie ich über sie denke. Sie sind alle großartige Spürer.

Alles Liebe für dich und „eine gute Reise".

Ja, ich freue mich schon drauf. Danke.

Anmerkung

Der Hund verstarb ungefähr in der Zeit, als das Gespräch geführt wurde.

Seelengespräche

Katze Pauli: „ich habe das Leben ja so geliebt"
Gespräch mit der verstorbenen Katze für Claudia, Sebastian, Manuela und Helene.

Hallo, Pauli, magst du wieder mit mir sprechen?

Aber ja doch, sehr gerne.

Das freut mich sehr. Ich habe der Claudia gesagt, dass man auch mit der Seele von verstorbenen Tieren „reden" kann und sie würde sich so freuen, wenn du ihr erzählen würdest, wie es dir jetzt geht.

Will sie das wirklich so wissen? Ich bin eine friedliche Katze und als solche auch ganz friedlich eingeschlafen, so sieht sie das und so war es auch. Was will sie denn ganz konkret von mir wissen?

Sie fragt dich, ob du noch Wünsche hast oder ob sie noch was tun kann für dich.

Sie schaut immer so schöne Bilder und Karten an, soll sie einfach anschauen und eine ganz besonders schöne Karte mit einem Bild, das sie irgendwie an mich erinnert, einfach an einen schönen Platz aufstellen, mehr möchte ich nicht. Es war wunderschön, wie mich alle so liebevoll rüberbegleitet haben, mehr kann ich mir gar nicht wünschen. Ich möchte mich bei allen so herzlich bedanken, dass ich bei ihnen sein durfte, denn ohne sie hätte ich ja meine Aufgaben nicht so gut erfüllen können. Und so konnte ich es tun, weil ich sie so geliebt habe. In letzter Zeit habe ich mir aber schwer getan, richtig zu denken, da war mein Gedächtnis schon wie eine Flugstunde vor mir voraus. Das hat mir manchmal sehr weh getan in meiner Seele, denn ich wollte nicht immer so viel Blödsinn machen. Ich wollte nur so gerne für sie alle da sein, weil sie mich in meinen Kräften so sehr gebraucht haben, aber so ging das nicht für mich. Ich musste oft Blödsinn machen, wollte es aber nicht. Ich habe das Leben ja so geliebt und meine Leute dazu. Es waren auch schwere Aufgaben, die ich erfüllen musste, manchmal dachte ich da nur, ich komme so sehr an meine Grenzen und habe mich da auch sehr verbunden gefühlt mit meiner Claudia, die ich dann an der Grenzleine geführt habe und wir zwei haben uns gegenseitig stärken können in unserem Schmerz. Sie, weil sie ja so oft nicht weiter wusste und ich, weil ich sie so gerne unterstützen wollte.

Danke dir. Claudia fragt noch, ob du was zu deinem langen, schönen Leben sagen willst.

Weißt du, für Menschen schaut ein Katzenleben oft einfach nur schön aus, weil es mir ja fast so vorkam, als ob eine Maus vor meinen Kopf herum getragen wurde. Doch sie können dann oft auch nicht sehen, warum so eine Maus auch schwer ist, gefangen zu werden. Ich habe meiner Claudia immer sagen wollen: „weg mit deiner Angst, du machst dir ja immer viel zu viele Sorgen über alles, ich verstehe dich nicht", deshalb musste ich es mir ja auch so rausschreien, dass es ankommt bei ihr. Aber sie ist ja nicht dumm, sie weiß es nun, und auch, dass ich es immer gut mit ihr meinte. So hatte ich wirklich ein gutes Leben, weil ich in einer großartigen Art und Weise versucht habe, verstanden zu werden und oft genug hat es auch geklappt. Ich hatte ja auch eine Sonderposition in meiner Familie, das war schön und nicht so schön. Nun tut mir oft der Hund leid, weil ich mich oft genug in den Vordergrund gespielt habe, auch mit meinen Krankheiten, jetzt tut es mir leid, ich wollte ihm nicht die „Show" stehlen, was mir nun leid tut.

Ich soll dir auch sagen, dass die Claudia und der Hund Lissi sehr traurig sind, dass du nicht mehr da bist.

Weißt du, für alles gibt es eine Zeit. Wenn die Trauben auf einem Weinberg ständig geschnitten und gepflegt werden, dann doch nur, weil irgendwann auch der Tag kommt, um sie zu ernten. Und das ist so wichtig und da bin ich gerade, ich bin sozusagen in meiner Süße des Lebens geerntet worden. Ich habe ein sehr schönes Leben gehabt, weil ich so schöne, wertvolle Aufgaben zu erfüllen hatte und meine Familie immer dafür gesorgt hat, dass ich viel zu tun bekam. Die Probleme, die da waren, habe ich gerne mit meiner Kraft und Energie begleitet. Ich habe also alle immer unterstützt, auch, wenn es nicht immer leicht war, aber ein Leben ohne Spannung ist wie ein Gummiband, das sich nicht dehnen lassen will. Es wäre unnütz und so ist das aber nicht gemeint mit dem Leben. Sage ihnen noch allen danke dafür, dass ich sie unterstützen durfte. Ich liebe sie alle und bin auch weiterhin verbunden mit ihnen, weil ich ja noch so viel Kraft habe, die ich ihnen auch von hier schicken möchte, ich darf es ja auch weiterhin tun.

Danke dir für das Gespräch mit dir. Wünscht du dir noch was von deiner Familie?

Ich habe schon alles so gesagt, wie es ist für mich. Mir geht es so gut, ich habe ein gutes Leben nicht verwirkt, ich habe es gelebt.

Alles Gute für dich.

Seelengespräche

Hund Jasper: „ich liebe meine Familie"
Der Hund in der Tierklinik für Pia und Petra.

Hallo, Jasper, ich bin die Barbara, magst du mit mir reden?

[ist ganz aufgeregt] Ja, ich fühl mich nicht gut, alles ist so anders hier, ich will gern mit dir sprechen. Was willst du?

Nun, die Pia fragt, wie es dir geht und möchte dir einfach sagen, dass sie gerne bei dir wäre, darf aber nicht und freut sich schon sehr, wenn du wieder nach Hause darfst.

Ich bin traurig, weil ich hier sein muss. Ist nicht schön hier, alle laufen schnell an mir vorbei und erschrecken mich, möchte aber nach Hause. Sie brauchen meine Energie, da fühle ich mich wohl. Wann kann ich endlich gehen?

Das weiß ich nicht, wann du gehen darfst, aber deine Familie ist in Gedanken bei dir und hofft, dass du bald nach Hause darfst.

Gut, dann geht's mir besser, so ist es gut, ich fühle schon, wie es mir besser geht. Ich liebe meine Familie, alle, auch, wenn es nicht ganz einfach zu Hause ist. Sind alle so verschieden, benehmen sich manchmal komisch. Manchmal sagen sie was und denken aber dabei was Anderes. Das ist schwierig für mich, weil ich ja ihre Gedanken fühlen kann und es ist schlimm für mich, wenn sie nicht mit ihren Handlungen übereinstimmen, da bin ich dann ganz verwirrt. Was soll ich da tun? Das tun, was sie denken oder eher, was sie von mir wollen? Ist schwierig für mich, jedes Mal wieder. Aber ich mag alle sehr gern. Wie lange dauert es denn noch, bis ich wieder heim darf? Ich fühle mich allein.

Ich weiß es nicht, aber ich rufe die Petra an, sie soll es gleich der Pia weitersagen, dass du sie vermisst und bald nach Hause möchtest. Wärst du denn sehr aufgeregt, wenn sie dich besuchen kommen würden?

Nein, alles um mich herum ist schon so aufregend, da würden sie mich eher beruhigen. Ich kenne sie und das ist dann das einzigste, was mir Halt gibt, ich will hier raus.

Ich verstehe dich, aber sie versuchen dir zu helfen. Wie kam es denn dazu, dass du gebissen wurdest?

Ich hab nicht aufgepasst, sonst sehe ich so einen Hund schon von weitem, aber grad da nicht, sonst wäre ich weggelaufen. Ich habe solche Angst, ich mag solche Hunde nicht, sie tun mir nicht gut, ich kann sie nicht einschätzen, das ist mein Problem. Ich mag sie nicht so nahe bei mir, wenn ich sie nicht kenne, da kenn ich mich dann nicht mehr aus und mache lauter verrückte Sachen, so wie meine Familie immer sagt, aber ich kann nicht anders, ich muss dann ausflippen, ich kann nicht anders.

Weißt du denn, warum du so Angst hast?

Nein, ich mag nur fremde Hunde nicht. Alles, was mir Angst macht, mag ich nicht, ich bin ein schüchterner Hund, zwar lieb für meine Familie, hab aber immer viel Angst, wenn mir was begegnet, was ich nicht kenne. Es gibt keinen Grund dafür, ich kenne keinen. Kann das aufhören?

Nun, wenn es keinen Grund dafür gibt, kann es schon aufhören, aber dann musst du dich mit deiner Familie zusammensetzen und überlegen, was ihr gemeinsam machen könnt, z. B. ein Verhalten [Zeichen] von dir und allen in der Familie verabreden, damit du weißt, es passiert nichts. Oder sie könnten dich auf den Arm nehmen, um dich zu schützen, wenn du sehr Angst hast. Aber da muss ich noch mal bei deiner Familie nachfragen, was sie für Vorschläge hat und würde es dir dann noch mal sagen. In Ordnung?

Ja, ich vertraue meiner Familie, obwohl sie manchmal selber sehr unsicher sind. Oft krieg ich auch nur Angst, weil sie Angst haben, das fühl ich dann und krieg auch Angst. Muss ich aber auch, ich will ein guter Hund sein und mache dann, was ich von ihnen spüre, zeige ich ihnen auch, aber sie verstecken oft ihre Angst, aber ein Hund weiß es trotzdem. Ich spüre sie, auch wenn sie die Angst verbergen wollen. Ist nicht schön dann. Das ist auch etwas, was ich meinte, sie zeigen was Anderes, was sie denken. Sie müssen anders denken, wenn ein fremder Hund kommt, dann kann ich es auch, aber so übernehme ich ihre Gefühle, auch wenn sie sie nicht immer zeigen. Das irritiert mich dann, ist nicht schön für mich, muss mich an was halten können, was immer gleich ist, das würde mir helfen, nicht unterschiedliche Gefühle, die aber anders gezeigt werden.

In Ordnung, ich sag's weiter. Ich schreibe alles auf, was du sagst und gebe es so weiter an deine Familie. Sie können dann noch bei mir nachfragen, wenn sie dann bestimmte Zeichen mit dir verabreden wollen.

…

Seelengespräche

Pflanze: „vergesst eure Gedankenwelt"
Aus einem Gespräch mit einer Amaryllis.

...

Hast du noch einen Tipp, wie sie besser abnehmen kann?

... vergesst eure Gedankenwelt, lasst einmal zu, nichts zu denken, denn Gedanken sind wie Worte, die zu Häusern werden können und sie kreisen und schränken dich ein. D.h. wenn sie euch in eurem Gehirn und in eurem Herzen rumschwirren, schaut sie mal genauer an, dreht sie sogar von allen Seiten und dann versucht einfach mal, sie abzulegen in eine Schublade eures innersten Seins. Das klingt komisch für dich, merke ich, du kannst jetzt damit nicht so viel mit anfangen, aber das Gehirn ist so verstanden, dass es da viele, viele Schubladen gibt und viele von ihnen sind einfach zugemüllt mit den gleichen Gedanken. Es ist so, als ob du von einer Tante Berta 10 Eierbecher erben würdest, du tust sie in den Schrank, nun stirbt auch noch Onkel Fritz und von dem bekommst du noch mal 20 Eierbecher und von deiner besten Freundin bekommst du noch 50 Eierbecher, weil sie weiß, dass bei dir immer so viele Eierbecher rumstehen und sie meint, du sammelst sie bestimmt und schenkt dir noch mal welche. Mit den Eierbechern meine ich Gedanken, Ideen und Worte, Probleme, Schwierigkeiten usw. Wie viel davon brauchst du wirklich? Schmeiß sie einfach weg, was du nicht mehr brauchst und lass sie nicht immer offen rumstehen, damit jeder sieht, du sammelst Eierbecher. Da ziehst du Leute an, die gerne ihren seelischen Müll bei dir da lassen wollen und diese Gedankenschublade ist dann auch noch voll in dir und so schleppst du vielen seelischen Müll mit dir rum. Lass ihn ruhen, schreibe deinen Tagesablauf auf und vergesse dann, immer wieder an die gleichen Dinge zu denken, die du schon aufgeschrieben hast, sie zu erfüllen. Diese vielen Gedanken kleiden dich wie eine zweite Haut, wie eine wärmende Fettschicht, damit du den Tag gut überstehst und nichts vergisst. Ist das wirklich so wichtig, dass es so funktioniert? Schließe dich dem Tipp von mir an und mache es so, wie ich sage, schreibe es auf, streiche es durch und denke nur 1 x jeden Tag daran. Was du nicht schaffst von deiner täglichen Liste, schreibst du einfach auf die nächste Tagesliste. Dann wirst du in ein paar Tagen sehr viel seelischen Ballast abwerfen können, denn jeder Gedanke, der auch nur 2 x am Tag vorkommt, bringt dir einen zusätzlichen Speckring.

Danke dir, das war sehr viel. ...

Seelengespräche

Eine Benjamin-Pflanze: „sie beißt sich im Moment ja so durch"
Aus einem Gespräch mit einer Benjamin-Pflanze:

Hallo, Benjamin, magst du wieder mit mir reden?

Ja, ich mag gerne wieder mit dir reden. Was willst du denn?

Am liebsten gleich fragen, ob du mir was zu Leonies Schulterschmerzen sagen kannst.

Weißt du, sie beißt sich im Moment ja so durch. Sie meint, sie schafft es und sie hat es auch bald geschafft, aber die letzten Meter oder Kilometer, so wie bei einem Marathonläufer, sind schon sehr hart, wahrscheinlich die härtesten von allen und was passiert bei so einem Läufer? Er wird fast ohnmächtig vor Schmerz oder sagt sich selber: „So, ihr lieben Füße, Hüften, Lungen und auch das Herz, ich brauche euch jetzt zwar sehr, aber ich will euch nun einfach nicht spüren, bitte haltet durch", und so in etwa ist es auch mit meiner kleinen Maus.

Was kann sie denn im Moment tun, damit es weniger wird an Schmerzen oder sogar ganz weg geht?

Ganz weg geht es erst, wenn sie auch die Situation ganz ändert. Doch das kann sie nicht, sie ist ja noch mitten drin in ihrem Marathon und das bedeutet, dass sie sich einsam fühlt wie ein einsamer Läufer. Sie muss da durch, sonst nichts, denkt sie. Das ist gut, so schafft sie es auch, aber ihr Körper, ihre Seele schreit eigentlich nein und das wird auch nicht viel besser werden. Sie braucht immer wieder Pausen, die sie sich zwangsweise gönnen muss und nicht verbissen gönnen muss, das darfst du ihr sagen. ...

Seelengespräche

Kater Hajo: „es ist ein hartes Geschenk an sie"
Vier Gespräche für eine Familie (Martha, Julian, Miriam und Patrick)
mit dem Kater Hajo und der Hündin Hexe.
Zunächst Hajo:

... Hast du eine Botschaft an Martha?

Ja, eine große Botschaft. Sie soll sich nicht so anstrengen, die Fehler bei anderen zu suchen und zu finden, das macht sie gern. Ich mag sie aber, das hat nichts damit zu tun, nur kann sie sich das Leben einfacher machen, indem sie nicht nur negative Dinge hochziehen will in ihrem Leben. Soll sich nicht mehr umgeben mit allem, was krank macht, was ihr nicht gut tut, sonst wird sie noch selber krank. Sie ist aber eine Gute, hatte viel Pech im Leben, sieht das zumindest so. Es war aber ein Geschenk an sie, ein sehr hartes Geschenk. Es ist auch sehr schwer, es zu verstehen, aber sie sollte lernen, selbst auf eigenen Füßen zu stehen und damit frühzeitig beurteilen lernen, was gut für sie und was schlecht für sie ist. Jetzt soll sie nicht nur urteilen, was schlecht für sie ist, sondern soll daraus auch Konsequenzen ziehen, sie leidet sonst so sehr. Soll sie nicht, muss sie nicht, soll nur ändern, was sie kann und sich nicht mehr mit negativen Dingen umgeben. Was kann sie ändern im Leben, was nicht? Das sollten ihre wichtigsten Fragen sein und werden. Sie hat manchmal so einen Hass auf die ganze Welt, ich spür ihn richtig, wie es ihr den Hals raufwürgt, braucht es aber nicht, die Welt kann nichts dafür. Sie hat urteilen gelernt, jetzt bitte nicht verurteilen, was ihr nicht passt, sondern nur handeln und es damit aus ihrer Sichtweite schaffen, dann erst wird Platz für das Schöne, das Positive. Es gibt viel um sie herum. Das muss sie sehen lernen und dem Negativen nicht mehr so viel Platz einräumen, außer zum Handeln und es wegräumen, sonst nicht, dann wird sie glücklich werden. Sie hat da so Träume, werden sich aber nicht erfüllen, wenn sie es nicht schafft, Platz für Positives um sie herum zu schaffen. Soll sich mal eine Liste machen und alles aufschreiben, was ihr wehtut, was ihr alles nicht gut tut und dann aufschreiben, was sie daran alles ändern kann und was nicht. Was sind ihre Anteile daran, was sind andere Anteile, was kann sie rausschmeißen, was geht nicht, dann wird sie erst richtig befreit durchatmen können und das Leben freier genießen können. Hängt da sonst ganz schön gefangen rum in dieser Welt. Sie schnüren ihr sonst die Luft zum Leben ab, muss aber so gar nicht sein. Wird sehen, es geht so, wenn sie anfängt, alles auszumisten und dem auch keine Träne nachzuweinen, was sie rausschmeißt und von was sie sich trennt. Dabei geht es um Sachen, aber vor allem um Leute, um Umgebungen, die ihr auf Dauer gar nicht gut tun. Soll mal nachspüren, um was und um wen es sich da alles handelt. Hat ein sehr gutes Gespür, könnte sich dann noch schöner entwickeln für sie, da es jetzt wie eingeklemmt wirken kann, mehr noch nicht, sollte aber so nicht sein. Sie hat Kraft, viel Kraft, kann zum Vorschein kommen, wenn ihre negative Umgebung ihre Kraft wirken lässt und sie sich nicht mehr wie eingesperrt vorkommt. Sie ist eine Gute, eine Liebe, ich mag sie sehr gern, sag ihr das bitte.

Ja, Hajo, ich sage es ihr.

Hast du noch eine Botschaft an Julian?

Ja, habe ich. Sie wird ihm nicht gefallen. Er ist hart, sehr hart, aber am härtesten gegen sich selbst. Er hat große Angst vor seinen eigenen Gefühlen, falls er sie je zulassen und damit nach außen kehren würde. Das kann er nicht, wird auch nicht gehen, er schafft es nicht, er ist so verletzlich. Er weiß es und weiß es aber nicht, Martha schätzt ihn oft richtig ein. Er macht aber vieles nicht, um sie zu ärgern oder um ihr weh zu tun, sondern um sich selbst zu schützen. Wenn er sich seinen eigenen Gefühlen öffnet, könnte alles aus ihm herausfließen, was sich je angesammelt hat und er immer zurückgehalten hat. Er könnte dann tagelang weinen und es wäre immer noch was drin in seinem Körper, was heraus möchte, heraus fließen möchte. Er versteht aber seine Gefühlswelt nicht, es hat ihm keiner gesagt, wie sie funktioniert und er hat sich aus lauter Angst und Furcht nie auf den eigenen Weg gemacht, es herauszufinden. Er tut so männlich, aber nur vor sich selber und vor der Welt. In Wirklichkeit ist er sehr zerbrechlich, der nichts lieber möchte, als sich zu öffnen und alles, alles fließen lassen möchte. Er kann es aber nicht, er hält sich so krampfhaft zurück, dass es schon weh tut. Er wird über Krankheiten lernen müssen, was es heißt, Gefühle nach außen zu zeigen, erst dann wird er zu seinem Inneren Zugang bekommen können, er kann es nicht anders. Das denkt er aber nur. Wenn er einen Weg findet, könnte er sich alle Krankheiten sparen, die auf ihn zukommen werden. Aber er ist noch gar nicht auf der Suche nach diesem Weg. Die Krankheiten müssen ausbrechen und erst dann, dann, nach langer Zeit wird er offener werden für sein Innerstes. Dauert aber noch lang, weil er vorher nicht verstehen kann und nicht will, es geht nicht und kein Weg führt für ihn dahin. Dabei gibt es so viele Wege, aber er sieht sie noch nicht. Er hatte gar keine so schlimme Kindheit, seine Eltern waren auch immer für ihn da, aber immer nur belanglos. Es wurde nie über tieferliegende Probleme oder Gefühle geredet. Aber nur, weil er es nicht gelernt hat, geht es trotzdem, an sein Innerstes zu kommen. Er wäre selber sehr viel glücklicher, aber er will nicht, noch nicht, sieht noch keinen Grund dafür. Kommt aber noch, wird aber schmerzhaft, nur so kann er es erfahren, das ist sein Weg, den seine Seele wählen muss. Es geht auch einfacher, aber seine Seele hat sich schon entschieden, er kann nicht anders, er ist aber ein Guter, anders als meine Martha. Sie ist schon auf dem direkten, schnelleren Weg, der wird ihm noch lang verborgen bleiben, er wird es sehen.

Danke dir, Hajo.

Hast du noch eine Botschaft an Miriam?

Ja, ich mag Miriam, sie hat eine tiefe Art, mit mir zu spielen. Sie berührt meine innerste Gefühlswelt, das tut mir gut. Ich muss auch immer noch vergessen, was früher war, sie kann mir mit ihrer Art helfen, das zu vergessen. Sie muss aber ihr Leben lang aufpassen, dass das nicht zu ihrem Problem wird. Sie ist durchlässig, d.h. ihre echten Gefühle gehen gleich bei jedem, den sie berührt, durch [nicht ... gemeint, sondern auch seelisch]. Dadurch kann sie aber von ihrer Kraft verlieren. Da muss sie aufpassen, dass sie nicht ausgenutzt wird. Die Menschen werden es merken, dass sie eine gute Zuhörerin und Trösterin ist – das ist auch ein Teil ihres Lebens, aber sie darf sich nicht ausnutzen lassen, sie muss sich auch was von ihnen geben lassen, da sie sonst wie eine alte Batterie alle ist. Sie muss sich immer wieder aufladen, das ist wichtig, muss aber selber dafür sorgen, dass ihre Batterie nie ganz ausgeht, sonst braucht sie zu lange, um sie wieder aufzuladen. Das wird sie ihr ganzes Leben lang begleiten. Es ist ein wunderschöner Segen für sie, kann aber auch negativ sein, wenn sie sich ausnutzen lässt und es erst zu spät merkt, dazu neigt sie sehr. Sie ist eine Gute, vollkommen anders als ihre Mutter oder ihr Vater. Sie kam in die Familie, weil sie ausgleichend wirken soll zwischen ihren beiden Elternkräften. Sie sind so verschieden, wie verschiedener sie nicht sein können. Das ist gut, kostet ihr aber auch Kraft. Kraft, die sie selber für sich braucht. Jetzt versteht sie noch nicht richtig, was da eigentlich alles passiert mit ihr, aber wenn sie es merkt, muss sie sich um sich selbst kümmern. Sie darf nicht so viel von ihrer Kraft abgeben, weder ihrer Mutter noch ihrem Vater, sonst ist sie wie eine Batterie leer. Sag ihr das, das wird sie aber bei vielen Leuten ihr Leben lang begleiten, sie zieht immer wieder solche Menschen an, die ihre seelische Probleme bei ihr abladen wollen und sich mit ihrer guten, reinen Energie voll laden wollen. Das muss sie stoppen, bevor sie ausgesaugt wird. Sag ihr das, das ist meine Botschaft an sie.

Hast du noch eine Botschaft an Patrick?

Patrick ist cool, so sagt man, er ist ein ganz lieber Schatz, der das Leben nur als großen Spaß- Erlebnispark sieht. Er will überall hin, wo was los ist und was erleben, das ist wichtig für ihn. Über mehr macht er sich keine Sorgen und keine Gedanken. Die Streitereien in der Familie gehen an ihm vorbei wie eine Wolke. Er weiß, bald kommt wieder die Sonne, alles andere interessiert ihn nicht. Er ist ein sonniges Kind, das wird ihm später in seinem Leben noch viel weiterhelfen. Er sieht vor allem das Positive an einer Sache. Gibt es mal nichts Positives, dann wendet er sich schnell anderen Dingen zu, so einfach ist das mit seiner Lebenseinstellung. Sie wird ihn noch weit bringen, da es sein Lebensmotto für die Welt da draußen sein wird. Das ist gut, hilft ihm immer bei wichtigen Entscheidungen. Ich mag ihn, er braucht aber meine Energien nicht, die gebe ich ihm auch nicht, verteile sie lieber an meine zwei Frauen in der Familie, sie brauchen sie am meisten. Er ist ein Guter, macht seinen Weg, um ihn braucht man sich nie sorgen und kümmern, er macht keinen Kummer, ist nicht drin in seiner Welteinstellung, braucht er nicht.

Ich werde es so weitersagen, danke dir für das lange Gespräch.

Gern, war schön mit dir zu reden.

Noch ein Gespräch mit Hajo:

...

Sie hat ein paar Fragen, magst du ihr dabei helfen?

Ja, gerne, spüre gerade eine innere Zerrissenheit, sie weiß ja nicht so richtig, wie es weitergehen soll, ist sie glücklich oder zumindest zufrieden? Sie weiß noch nicht einmal das und da will sie sogar Veränderungen in ihr Leben bringen? Das ist ihre Hauptfrage, oder?

Ja, so ähnlich. Sie weiß jetzt so gar nicht, was sie weitermachen soll. Sie hat das Gefühl, sie „schwimmt" im täglichen Leben und weiß so gar nicht genau, wie es weiter gehen soll, weiß aber auch nicht, was sie anders machen soll oder wo ihre Kraft hingehen soll.

Na, in die Spiritualität natürlich. Da muss sie doch am meisten hinspüren. Sie ist eine große Spürerin, das weiß sie, das fühlt sie auch, aber sie fühlt sich gefangen in ihrer Familie, so umgrenzt und umkreist und meint, da nicht rauszukommen, soll aber mal schauen, was sie alles machen kann in ihrer Familie und durch ihre Familie. Es sind so viele Sachen, da langt eine Seite gar nicht, wenn sie mitschreiben wollte, so sehe ich das. Klar, ihr Mann interessiert sich nicht für die Dinge, die ihr wichtig sind, aber sie denkt dadurch auch immer, dass er ihr jede Menge Steine in den Weg legt und das stimmt so einfach nicht. Er legt ihr keine Steine in den Weg, er versteht nur ihren Weg nicht, den sie schon lange eingeschlagen hat. Sie verlässt sich auf ihre Gefühlswelt, das ist gut, sehr gut, er versteht diese andere Welt nicht für ihn. Er ist da so weit weg und so weit draußen, dass sie auch vom Mondgestein reden könnte. Er war da noch nicht, er hat dort noch nie einen Stein aufgehoben, also weiß er auch so gar nicht, wovon sie eigentlich spricht. So sollte sie es sehen, aber so direkt Steine in ihren Weg legt er ihr nicht. Er will auch kein Stein für sie sein, er weiß sich nur nicht anders zu helfen, als darüber zu lächeln, einfach hilflos zu lächeln, weil er keine Ahnung hat, wovon sie eigentlich erzählt. Was meint sie? Was hat sie erlebt? Was spürt sie? Ist so was überhaupt möglich? Solche Gedanken hat er dann, wenn sie doch mal ein wenig von ihrem Erlebten oder ihren Gefühlen erzählt, aber sie sind ihm so fremd wie das Gestein auf dem Mond, einfach zu weit weg für ihn, nicht erreichbar, also spürt er da auch überhaupt nicht hin. Und wenn er denkt, ist das überhaupt möglich, dann denkt er nur an die Möglichkeit schlechthin, noch nicht einmal bei sich selbst, ob er so was spüren könnte. Er würde nie denken, kann ich auch so was spüren und fühlen wie sie? Er denkt nur ganz allgemein, ist das überhaupt möglich? Und dann denkt er, nein, ich glaube nicht, weil er den eisernen Schrank um sein Herz zwar spürt, aber nicht weiß, wo der Schlüssel dafür ist. Wie schaut denn der Schlüssel überhaupt aus? Wie kann er aufsperren? Was kann er dafür tun, um ihn zu finden? An so was denkt er nie, dauert auch noch sehr lang, bis das Finden und Spüren ein Thema werden kann. Da muss er schon sehr krank werden und keine Medizin kann ihm helfen, da bekommt er Angst um seinen verrohten Körper und er will ihn retten. Dabei rettet er nur die Hülle, aber an seine Gedanken, Gefühle und an seine Seele muss er drankommen, nur das rettet dann auch seinen Körper, dauert aber noch, bis ihm das mal bewusst werden wird. Und die Martha kann es ihm nie und nimmer so sagen, er hält sie eh schon für komplett verrückt. Verrückt von dem Platz, den er kennt und das sind nur wenige cm², die er kennt, sie ist dafür unbegrenzt in ihrem Vorstellungsvermögen. Aber an und in diese Welt kann er nicht kommen, fehlen ihm die richtigen Hilfsmittel und die richtigen Werkzeuge. Die hat er nicht mitbekommen in diesem Leben, denkt er, dabei muss er sich nur umschauen, dann findet er viele Werkzeuge, die ihm helfen, den Schlüssel zu seinem Herzen zu finden und auch zu öffnen, dauert aber noch, das muss sie abwarten können, liegt nicht in ihrer Hand.

Danke dir, dass du so viel erzählt hast, wie er denkt. ...

Soll sie auch nur für sich selbst lernen, oder mit dem Gelernten nach draußen gehen?

Zum ersten lernt sie immer erst für sich selbst im Leben, das ist das Wichtigste überhaupt und dann kann sie helfen, anderen ihr Wissen und ihre Kräfte zur Verfügung zu stellen. Sie hat große Kräfte, von denen sie noch überhaupt nichts weiß. In ihrem früheren Leben war sie bereits eine Heilerin, eine große Heilerin, der es nur so zugefallen ist, zu lehren und zu heilen. Dieses Mal ist es auch eine wichtige Aufgabe in ihrem Leben, trotz aller Schwierigkeiten und Bremsklötze, so empfindet sie zumindest ihr Leben, diese Kräfte wiederzuentdecken und wieder in ihr tägliches Leben einzugliedern und daraus Kraft zu schöpfen, für sich und für andere. Und ihr Mann ist ihr nur an die Seite gestellt worden, damit sie diese Kräfte nicht mehr so leicht entfalten darf wie früher. Erst dann sind sie ein wirkliches Geschenk für sie geworden und können ganz anders wahrgenommen werden wie früher, so sehe ich das, darauf soll sie sich einstellen.

Danke ihr. Bekommt sie dadurch einen neuen Job, der sie erfüllen wird?

Ja, den bekommt sie, aber der Weg dorthin ist mühsam, hat aber noch weiterhin die finanzielle Sicherheit und Unterstützung von ihrem Mann. Er weiß zwar gar nicht, warum und für wen sie das macht, wird ihm auch noch lange Zeit verborgen sein, aber es tut ihr und ihrer Seele unendlich gut und ist auch ihr Weg.

Sie sagt, sie traut sich zu wenig zu. Wie kann sie das ändern?

Indem sie das schon sagt, weiß sie ja schon, was sie alles kann. Es macht ihr nur Angst, diesen Weg weiterzugehen, das ist alles. Sie ist gut, das weiß sie, spürt sie auch, braucht aber noch so einige Erfolgsgeschichten um sie herum. Wenn sie sich darauf einlässt, wird sie die auch bekommen, dann weiß sie es. Trauen hat nur was mit Anerkennung ihrer Fähigkeiten zu tun, da muss sie noch an sich arbeiten, weil sie noch nicht so ganz daran glaubt, hat aber riesige Fähigkeiten, die nur noch etwas verborgen sind. So wie eine wunderschöne Frühlingsblume, die nur etwas aus dem Schnee herauslugt und freigeschaufelt werden möchte, damit sie erkannt und gesehen wird und sich auch entfalten kann.

Danke dir für alles. Ich richte es ihr so aus.

Schon gut, soll sich auch daran halten, so ist das.

Ein weiteres Gespräch mit diesem Kater:

Hallo Hajo, ich bin die Barbara, magst du wieder mit mir reden?

Ich weiß noch, wer du bist, du musst dich mir nicht vorstellen.

Schön, das freut mich. Darf ich dich gleich fragen, wie es dir geht? Die Martha hat mir geschrieben, dass es dir im Moment wohl gar nicht gut geht.

Nur augenscheinlich. Eigentlich geht es mir sehr gut und nun, da du nun mit mir redest, geht es mir sogar sehr gut, weil ich dich nun einweihen kann in meine Krankheit. Es ist ja nicht meine, aber sie brauchen sie alle so sehr und wenn ich sie nicht für sie bekomme und sozusagen übernehme, geht es noch schlecht aus. Ich lebe ja nicht so ewig lange, aber meine Menschenfamilie kann sehr alt werden, da übernehme ich es sehr gerne für sie, und sie haben diese vorbeischwebende Krankheit dann halt los, d.h. sie setzt sich nicht auf ihnen nieder, so wie eine Wolke. Verstehst du, was ich meine?

Ja, so ungefähr. Die Martha sagte mir, dass du Diabetes hast. Was heißt das denn genau für dich oder warum übernimmst du denn diese Krankheit für deine Familie?

Ganz einfach. Ich sage es dir einfach, obwohl ich nicht so genau weiß, ob es auch gut ist, denn die Martha sieht das dann eher sehr auf sich bezogen und denkt dann wohl nur noch, sie ist schuld an meiner Krankheit. Sag ihr einfach, sie ist nicht schuld, keiner ist schuld, aber sie fühlt sich im Moment so wie in einem Kreiselverkehr, fährt ständig um den Kreis und findet einfach den Ausgang nicht. Das ist ihr großes Problem im Leben. Ihr größtes Problem. Hat sie denn noch riesig Freude am Leben? Du kennst sie ja ein bisschen, sie beißt sich aber im Moment lieber auf die Lippen, als nur irgendetwas über ihre Gedanken und innerlichen Gefühle zu erzählen. Sie meint: „So, das Jetzt zählt irgendwie nicht, ich versuche, einzuschlafen, einen möglichst langen Winterschlaf für meine Gefühle und Wahrnehmungen zu halten und wenn ich mich dann endlich zwicke und aufwache, ist hoffentlich alles vorbei.“ Ja, so geht das Leben auch vorbei und vorüber, aber um welchen Preis? Du verleugnest dich doch in höchster Form. Hast du noch Lust und Spaß am Leben? Wie lange geht das schon und vor allem wie lange geht das noch so weiter? Hast du dir da schon mal Gedanken dazu gemacht? Und ich spüre so sehr deine Verzweiflung, dass die Zeit, auch für die Kinder, möglichst schnell vorbeigehen soll, aber so ist das nicht gemeint, das Leben. Leben heißt doch auch, neuen Herausforderungen zu begegnen und sie auch meistern. Doch wo sind sie zu meistern, wenn du wie ein Vogelstrauß den Kopf in den Sand steckst? Und dazu noch für deine Kinder dazu. Das haben sie nicht verdient. Sie wollen auch eine möglichst stressfreie Zeit haben und so geht es eben nicht, wenn du dich nicht traust, nach oben zu schauen. Was wollen deine Kinder und du und was brauchen sie, vor allem du. Du bist ja wirklich wie in einem Kreiselverkehr drin gefangen und denkst manchmal: „Ja, wo ist denn dieser dumme Ausgang nur?“ Manchmal denkst du auch nur: „Ich fahre lieber einfach vorbei, ich weiß ja auch nicht, was mich da erwartet, vielleicht wird ja nur alles schlimmer.“ Nein, so darfst du nicht denken. Warum habe ich nun diese Krankheit als Ausgleich für deine Gedanken übernommen? Hast du dir schon mal überlegt, was dir fehlt im Leben? So richtig überlegt? Es sind nicht die geldfinanziellen Ausgleiche, die du in den Vordergrund schiebst, wenn du handeln könntest und nur überlegst, was dich davon abhält. Es sind die Dinge, die dir abgehen und abgegangen sind. Vor allem die Liebe ist es, die du so sehr vermisst, aber auch nicht weißt, wie du sie finden kannst. Sie liegt nicht auf der Straße, du musst schon was tun, aber bitte nicht verzweifeln, du musst dich nur mal ordentlich auf den Weg machen, um sie zu suchen und dann auch zu finden. Liebe ist wie ein Fremdwort für dich, weil du sie leider nie so in ihrer vollen Erfüllungsform kennenlernen durftest. Manchmal zweifelst du ja direkt daran, dass es sie überhaupt gibt. Ja, wie willst du denn sowas überhaupt wissen, wenn du dich nicht auf die Suche machst? Nur dann kannst du sagen: „Es gibt sie nicht"- oder und das wünsch ich dir so sehr: „Endlich, endlich habe ich sie gefunden und in mein Leben wie einen großen Schatz mit hineingenommen." Ich liebe dich schon mal und gebe gerne meine Herzensenergie euch allen, damit ihr da raus kommt. Mein Leben ist doch viel unbedeutender, viel kürzer als das eurige und da gebe ich gerne meine Energie, herzlichst gerne zu eurer dazu, damit sie wieder ins Lot kommt. Deshalb habe ich es nun.

Danke dir für deine langen Erklärungen. Ich denke aber, dass die Martha „dein Geschenk" der Krankheitsübernahme nicht so recht annehmen kann. Wenn ich ihr nun ausrichte, was du mir alles gesagt hast, meinst du, dass es da dann noch was zu ändern gibt für dich an deiner Krankheit?

Nein, das ändern geht nicht von heute auf morgen, so lange werde ich schon damit fertig. Ich kann diese Krankheit genauso gut tragen wie ein Halsband, warum nicht? Es engt mich nicht ein und ich bin immer leicht daran zu finden und zu erkennen. So sehe ich sie nun an.

Martha sagte mir, sie müsse Blut abnehmen und du wirst noch ein paar Mal zum Tierarzt kommen müssen.

Ist gut, ich merke ja ihre Sorge, die dahinter steckt.

Was meinst du denn, wie es dem Julian in der Familie geht? Wie sieht er denn die Familiensituation?

Noch viel schlimmer. Er befindet sich ja ebenfalls in einer Art Kreiselverkehr, trägt aber eine dunkle Brille noch dazu, um möglichst alle Hinweis- und Ausgangsschilder nur ja zu übersehen. Irgendwann geht ihm einfach mal das Benzin aus. Das war es dann, denkt er, aber bis dahin wird er nichts ändern wollen oder auch können. Er nicht, er gehört nicht zu der Supermarke, dass er einen Fehler an sich oder an etwas entdeckt und das Teil dann zum Umtauschen bringen will. Lieber schiebt er es ganz hinten in den Schrank und hofft, dass es ihm nicht mehr in den Blickwinkel kommt. Da müssen schon ein Haufen hungriger Motten dazu beitragen, dass er den ganzen Schrank durchkramen muss, um was zu ändern. Das kann er nicht, das will er nicht, das hat er nie gelernt – so denkt er und schiebt nur alles vor sich hin und damit weg. Schade und auch nicht. An ihm darf es nicht liegen, dass die Martha die richtigen Schritte einleitet. Denn frustriert ist sie doch schon so lange in ihrer Ehe und sie meint nur immer, sie weiß doch nicht, was sie außerhalb erwartet, also tut sie lieber nichts und versucht, ihre Gefühle wegzustecken. Schön schade, denn so ändert man doch nichts im Leben und das Leben ist so schön zum Ausprobieren, aber auch zum Aufwachen für den Julian. Das kann sie nicht auch noch übernehmen, er ist ein eigenständiger Mensch, der seine eigene innere Uhr hat, um sich selber aufzuwecken. Alles andere ist krank. Er muss alleine für sich sorgen. Das ist alles und so lange da nichts passiert, muss eben was auf der Energieebene passieren, um nicht abzustürzen ins Nichts – in die Leere der eigenen Gefühle, deshalb opfere ich mich sozusagen, um den nötigen Ausgleich zu haben und zu geben. Aber ich tue es so gerne, sie müssen nicht traurig um mich sein.

Danke dir. Nun habe ich ein paar Bachblüten, die dir vielleicht helfen könnten bei deiner Krankheit, darf ich sie mal abfragen, ob du was dazu spürst?

Eigentlich nicht, mag nicht, ich brauche sie nicht.

Schade, ich hätte dir gerne geholfen.

Helfen kann sich nur meine Familie selbst. Aber nicht über eine Art Mitleid für mich, sondern durch eine Art Handlung, endlich aus dem nimmerwährenden Winterschlaf aufzuwachen und raus zu gehen aus der dunklen Gefühlshöhle. Denn draußen, draußen in der Welt findet das Leben statt, nicht mehr in der Starre.

Danke dir für alles, kann die Martha sonst noch was tun für dich?

Ich fühle mich wohl, habe im Moment aber ziemlichen Durst. Mag gerne mehr Wasser trinken, sonst passt alles für mich, ich trage es gerne für sie. Brauchen alle noch etwas, um zu verstehen, auf welchen Aufbruchsweg ich sie bringen will.

Dann wünsche ich dir alles Gute.

Ja, das nehme ich mir heraus, was du mir wünscht. Danke.

Gespräch mit der verstorbenen Hündin Hexe:

Hallo, Hexe, ich bin die Barbara, magst du mit mir reden?

Ja [ich „sehe" Hexe schwanzwedelnd herkommen].

Schön, dass du mit mir sprechen willst. Wie geht es dir, da, wo du gerade bist?

Wie soll es mir gehen, ich verstehe dich nicht, es ist wie ein Null-Zustand, es geht mir gut, da wo ich bin, du fragst aber komisch.

Ich sollte mit dir Kontakt aufnehmen, weil sich die Martha sehr freuen würde, wenn du mit ihr reden würdest, d.h. wenn ich ihr von dir ein paar Botschaften weitergeben könnte. Geht das?

Na klar geht das, ich bin doch mit dir verbunden, oder?

Ja, ich spüre es so. Sie war ganz traurig, weil sie dich nicht mehr gesehen hat nach dem Tod von ihrer Mutter, wie ging es dir damals?

Ja, es hat sehr wehgetan. Ich war aber nicht verzweifelt, es wurde gut für uns gesorgt, aber ihre Mutter war es eben nicht mehr. Ich habe ihr gerne meine Energien geschenkt, sie hat sie dringend gebraucht. Nicht so sehr meine Martha, sie war schon immer stark wie zwei Pferde, das war sie und auch heute ist sie stark wie zwei Pferde. Ich bin noch mit ihr verbunden, nehm teil daran, wie es ihr geht, was sie macht, ich schaue zu und sie ist stark, das braucht sie auch. Sie hat ein schweres Leben, denkt sie manchmal und denkt es auch wieder nicht. Es ist ein Geschenk an sie, auch, wenn sie es so niemals sehen kann in ihrem Leben – es erscheint nur hart und ungerecht, aber so ist es nicht gemeint gewesen, sie wurde hinauskatapultiert ins Leben und sie hat bestanden. Das war die große Aufgabe, die ihr auferlegt wurde, sie hat sie bestanden. Nun kommt wieder was auf sie zu, aber nicht mehr in dieser Art, sie muss sich behaupten, aber nicht mehr allein auf sich gestellt. Das hat sie hinter sich und doch nicht hinter sich. Sie muss nun tun, was ihr Gefühl ihr sagt, was richtig ist und was falsch ist. Alles andere, wo sie kein gutes Gefühl hat, soll sie bleiben lassen. Das ist wie einkaufen – sie hat viele Möglichkeiten zur Auswahl und muss nun schauen, was ihrer Art, ihren Gefühlen, ihrem ganzen Sein, ihrer Persönlichkeit, entspricht. Alles andere kommt nicht rein in den Einkaufswagen. Sie sieht das aber nicht so, so nicht. Ist ihr im Leben noch nicht begegnet, dass sie es so sehen darf, so ganz bewusst. Aber das ist ihre zweite große Aufgabe im Leben. Bewusst mit den vielen Möglichkeiten ihres Lebens umzugehen. Was kommt rein, was kommt raus aus ihrem Leben. Soll sie mal so sehen. Sie muss auch viel loslassen, viel Hass und innere Wut. Es ist alles ein Lebensgeschenk, was ihr offenbart wird und wurde. Wenn sie es von dieser Sparte aus betrachtet, kann sie nur noch positiv mit allem umgehen und mit dem Leben an sich anders umgehen. Soll mal darüber nachdenken, ich helfe ihr auch gern weiter. Sie ist eine ganz Liebe, ich habe sie sehr lieb.

Danke dir, für diese Botschaft. Kann sie noch irgendwas für dich tun? Ein Ritual vielleicht, das dir oder ihr helfen könnte?

Ich brauche es nicht mehr, aber sie braucht noch viel, um mich loszulassen. Soll in den Garten gehen, ein Loch buddeln und sich vorstellen, wundervolle Gedanken in dieses Loch für mich reinzugeben. Was ich alles wollte, was sie mir nicht geben konnte. Alle Liebe, die sie für mich hat und hatte, alles, was ihr an guten Dingen einfällt, soll sie da rein geben und es liebevoll Schaufel für Schaufel wieder zubuddeln. Das hilft ihr. Sie kann eine Blume darauf pflanzen, muss sie aber nicht, ich bin immer in Gedanken bei ihr, sag ihr das, aber sie weiß es schon längst. Unser Band ist nie abgerissen, wird es auch erst, wenn ich woanders hindarf, aber nicht mehr in ihre Familie. Das muss nicht mehr sein. Ich habe genug bei ihr gelernt, sie hatte mich sehr lieb, das war schön, es hat gut getan. Sie war auch nach unserer Trennung immer bei mir in Gedanken, das hat mir sehr gut getan, ich war nie allein. Ich habe ihr auch viel von meiner Energie geschenkt, immer wieder und heute begleite ich sie noch, aber nicht mit Energie. Ich seh, wo sie ist, auf welchem Weg sie sich befindet, das ist schön für mich, es tut mir gut. Das tue ich gern, ich bin noch gern mit ihr verbunden, sie ist eine ganz Liebe.

Danke dir für alles, was du erzählt hast. Gibt es noch Anteile, die gelöst werden müssen?

Ja, soll sie mit dieser Erdeinbuddelung machen, dann sind es nur noch schöne Gedanken, die uns verbinden, das wäre gut.

Gut, kann ich oder die Martha sonst noch was für dich tun?

Ja, das Ritual, sonst nichts, es ist alles stimmig für mich.

Danke dir, dass du mir soviel erzählt hast, vielen Dank, ich werde es alles der Martha ausrichten. Ich soll dir noch von ihr ein schönes, großes Herz schicken.

Ja, schön, fühlt sich gut an, sage ihr danke, ich habe sie sehr lieb.

Anmerkung

Liebe Barbara, die Gespräche mit unseren – teilweise verstorbenen – Tieren sind mir und meinen Kindern so sehr wichtig und wertvoll. In die Seele dieser wunderbaren Geschöpfe blicken und mit ihnen kommunizieren zu können, ist ein so wundervolles Geschenk. Mit den Botschaften, die du uns übermittelst, haben wir die Möglichkeit, auch daran teilzuhaben. Es ist so schön und unglaublich tröstlich, sich so mit den Tieren, die man liebt noch näher verbinden zu können! Du machst uns dies möglich und dafür danken wir dir aus tiefstem Herzen! Durch dich erfahren wir so viel von der Weisheit unserer lieben Mitgeschöpfe! Vielen, vielen lieben Dank für deine so wertvolle Arbeit!

Seelengespräche

Hund Asti: „ihr fehlt die richtige Aufmerksamkeit im Leben“
Zwei Gespräche für Helene.
Asti hat sich „freiwillig“ von einem anderen Hund (Nikki) beißen lassen.

...

Hallo, Asti, willst du wieder mit mir reden?

Ja, das mag ich. Mir geht's gar nicht so gut. Ich habe Wunden.

Ist es die Bisswunde, die dir die Hündin Nikki zugefügt hat?

Ja und auch nein. Klar, die Bisswunde ist nicht so schlimm, aber die ganzen Gedanken, die um mich nun herumkreisen. Alle sehen mich an, alle wissen, dass ich gebissen wurde, das ist mir ja so unangenehm. Das ist so, wie ein junger Schauspieler, der plötzlich von der ganzen Welt entdeckt wurde und nun im Scheinwerferlicht steht, so geht es mir und das mag ich nicht. Sogar Leute, die ich kaum kenne, rufen sie [die Helene] an oder rufen auf der Straße nach ihr und fragen, wie es ihr und vor allem mir geht. Das ist ganz blöd, ich will nicht so auf diese Art und Weise beachtet werden.

Das war eine Antwort, die ich nicht so erwartet habe. Ich dachte, du würdest vielleicht noch von dem Schmerz erzählen, aber nicht, dass es dir so unangenehm ist, dass du nun dadurch im Mittelpunkt stehst.

Ich will das aber nicht, will nur glücklich in meiner kleinen Welt sein, mit meinen Menschen drumherum, mehr nicht und nun bin ich im Mittelpunkt, will ich aber nicht.

Die Helene hat mich auch angerufen und mir die Geschichte von Nikki und dir erzählt und sie fragt, ob du große Schmerzen hast und wie das Ganze für dich war.

Es war gar nicht so schlimm, wie es nach außen hin für die Menschen ausschaut. Auch die anderen Hunde haben sich ja fast gar nicht erschrocken. Ich war wie ein Entladungsgerät für die Nikki. Sie wollte was Schlimmeres machen, das habe ich ja so gespürt und ihr fehlt die richtige Aufmerksamkeit im Leben. Sie fühlt sich so hin- und hergerissen, weiß nicht, zu wem und wohin sie gehört und ist wie ein Stehaufmännchen – so wild geworden und fühlt nur „hinsetzen, aufstehen, hinsetzen, aufstehen“ und das alles so ohne Sinn, kannst du das verstehen?

Ich höre zu und schreibe alles so auf, was du mir erzählst.

Das ist gut, das hilft mir weiter, dass ich es dir erklären kann, wie es dazu kam. Das interessiert ja die anderen so ungemein, weil sie sich das alles nicht erklären können. Es ist halt wie ein Thermometer, es fällt und steigt, aber das Thermometer ist für die Nikki nur noch gestiegen und nicht mehr gefallen, weißt du, was ich damit meine? Es gab keinen Ausgleich mehr und ich habe es ja so gespürt in ihr und mich angeboten: „Hey, dann entlade doch deine Wut und deine Verstocktheit an mir. Ich tue nichts, ich lauf nicht weg, entlade sie an mir, damit du diese Wut, deine unendliche Wut, endlich loswirst und wieder normal wirst, denn sonst beißt du noch jemanden ganz anderen." So habe ich es gespürt, kannst du dir das so vorstellen? Sie kam auch gleich, nachdem ich ihr den Gedanken rübergeschickt habe, zu mir und hat mein liebevolles Angebot angenommen. Damit habe ich ja viel Schlimmeres verhindern können, bestimmt. So sehe ich es, es war gut und nicht so schlimm, dass ich gebissen wurde. Sie hat es eben einfach so gebraucht, da biete ich mich doch gerne an, so war das eben.

Danke, dass du es mir so schön erklärt hast. Hast du denn schon öfters solche Gedanken gehabt, dass du diese Wut über dich lenken musst?

Nein, noch nie, aber mir geht's ja auch so gut, da habe ich solche Gedanken nicht, aber die Nikki ist arg dran, so, als ob man bei einem Pferd immer gleichzeitig „hü und dann hott" rufen würde. Ja, was soll es denn nun machen?

Mich erstaunt nur etwas, dass du gar nichts dagegen gemacht hast.

Ja, ich wollte ja, dass sie kommt, ist total in Ordnung so. Habe ja sicher Schlimmeres dadurch vermeiden können, mehr wollte ich ja nicht erreichen und ich wollte auf keinen Fall so im Scheinwerferlicht stehen. Das will ich aber nicht.

Ich sage es so der Helene weiter, was du mir alles erzählt hast. Ich weiß nicht so recht, ob es in Ordnung für sie ist, dass du dich so aufopferst. Ich glaube, allzu oft solltest du das aber nicht machen.

Keine Angst, das habe ich auch nicht vor. Ich gehe ja gerne in die Hundeschule und das kommt so bestimmt nicht mehr vor.

Na, das hoffe ich für dich, dass du nicht noch öfters auf diese Weise gebissen wirst.

Du verstehst nicht, was ich damit überhaupt sagen wollte. Die Menschen sind so gut zu mir, warum soll ich dann nicht irgendjemanden davor retten, von der wildgewordenen Nikki gebissen zu werden? Das ist so was wie ein liebevoller Preis, den ich sehr gerne bereit bin, dafür zu zahlen, dass ich solche Probleme überhaupt nicht habe. Mir geht es auch weiterhin gut, da braucht sich die Helene keinerlei Sorgen oder Vorwürfe machen und öfters muss ich mir das natürlich auch nicht antun, keine Angst, wahnsinnig bin ich auch nicht.

Das hört sich ja schon ganz gut an, da wird die Helene beruhigt sein. Und auch, dass du wieder gerne in die Hundeschule gehen magst.

Ja, sehr gerne, ich mache es gerne für sie. Aber auf Nikki muss jemand anderes aufpassen, das wird nun ganz klar zu sehen sein. Diese Frau schafft es nicht mehr, das ist klar. Ein bisschen wollte ich auch das damit zeigen, dass sie damit völlig überfordert ist. Nikki muss da weg, zu jemanden, der sehr hart, aber im Hintergrund sehr liebevoll ist. So was kann ich ja überhaupt nicht vertragen, aber ich bin auch anders. Ich mache alles aus Liebe – andere nur, wenn sie Angst oder Respekt haben. Für mich gibt es zuerst die Liebe, dann den Respekt und Angst kenne ich so gar nicht, da vertraue ich immer total auf mein Glück.

Sag mal, das frage ich normalerweise nicht, aber ich habe schon der Helene davon erzählt, verbindest du dich selbst mit deinem Schutzengel?

Nein, das tue ich nicht, aber ich könnte, wenn ich wollte, er heißt Wolfgang und ist ein großer, lieber Engel, aber ich brauche ihn nicht extra ansprechen, ich fühle immer, dass er für mich da ist, das ist sehr schön für mich.

Danke, dass du es mir so erklärt hast. Für Helene war es sehr schlimm, sie kam sich so machtlos vor.

Ja, das war es auch, da kann sie aber nichts machen, ich wollte es ja so, da konnte sie nicht eingreifen. Sonst hätte Nikki vielleicht sie noch angegriffen, wenn sie sich nicht an mir verbissen hätte. Das war ganz gut so.

Bist du denn so gar nicht böse auf die Nikki?

Nein, überhaupt nicht, sie hatte eben nicht dieses wunderbare Glück, was mich so leicht macht, wie du es nennst. Ich hatte es auch nicht leicht, darüber will ich aber überhaupt nicht reden, das schiebe ich weg wie ein paar faule Tomaten und wende mich wieder dem frischen Tomatenduft zu, so sehe ich das. Mein früheres Leben soll nur als Kompost dienen für alle Dinge, die darauf erwachsen können und die können nur gut und frisch und rein sein. So sehe ich mein Leben und damit habe ich es sehr gut im Griff. Das ist so für mich und Nikki hatte ja soviel Pech im Leben, sie schleppt ihre Seelenlage ja so laut mit sich rum, dass es eigentlich jeder sehen muss, der ihr begegnet. Aber so ist das nicht, deshalb musste ja was passieren. Nun wird drüber geredet, aber bitte nicht über mich, sondern über die Nikki, kannst du das der Helene sagen? Das ist ganz wichtig, dass sie wegkommt von ihrem Noch-Zuhause, es ist nicht gut. Nicht, dass diese Menschen gemein wären zu ihr, nein, gar nicht, aber sie passen halt nicht zusammen. So wie ein wunderschönes Sommerkleid, an dem viele schöne Knöpfe sind und nur ein Knopf ist ganz anders, da passt dann der Rest auch nicht richtig zusammen. So sehe ich das und sie muss nur ein neues Sommerkleid finden, wo sie als wichtiger Knopf dazu passt, das ist alles und dazu wollte ich auch beitragen, deshalb habe ich mich so zur Verfügung gestellt. Ich bin ja sonst nicht lebensmüde und mache es auch nicht gerne, aber ich fühlte es, es muss sein und das soll die Helene bitte ansprechen. Bitte leise ansprechen, ich weiß, es fällt ihr schwer. Selbstbewusstsein gehört noch nicht zu ihren Stärken. Deshalb bin ja auch ich da in ihrer, nein, ich meine, in meiner Familie, um etwas zu übernehmen, was sie nicht hat. Aber ich übernehme es einfach mit so einer Leichtigkeit, dass sie nur davon träumen kann. Kannst du ihr das auch sagen? Das ist wichtig. Ich habe etwas sozusagen in Gang gebracht und sie soll einfach mal so darüber reden. Ich weiß, es wird ihr sehr, sehr schwer fallen, was ich nun von ihr will, aber sie soll es ansprechen, dass Nikki ein anderes Zuhause suchen sollte. So mit ihren einfachen, etwas schüchternen Worten, das wäre ganz wunderbar für die Nikki, dann ist die Welt für sie auch bald in Ordnung. So geht es mir, deshalb habe ich das gemacht.

Danke für deine langen Erklärungen. Kann deine Familie sonst noch irgendwas für dich tun oder hast du einen Wunsch?

Ja, ich kuschle doch so gerne, bitte gerade noch etwas mehr. Sonst ist alles in bester Ordnung und keine Angst bitte, ich gehe wieder gerne in die Hundeschule, ich weiß ja, warum ich mich habe beißen lassen.

Danke dir für alles, ich richte wieder alles so aus, was du gesagt hast.

Das weiß ich inzwischen, ich schaue sie auch beide ganz anders an, so, als ob ein einzelner Faden unsere Seele berühren würde.

Ein weiteres Gespräch:

Hallo, Asti, magst du wieder mit mir sprechen?

Du darfst gerne mit mir reden. Was willst du denn wieder von mir?

Ich habe gehört, dass dein Herrchen im Krankenhaus ist. Deshalb wollte ich einfach mal nachfragen, wie es dir damit geht und auch, wie du es siehst, was er für eine Krankheit hat.

Mir geht es gar nicht so schlecht damit, ... dass er sich mehr Zeit für sich nehmen muss. Mehr Zeit, um herauszufinden, wie schön das Leben wirklich ist und das freut mich, wenn er nun die Zeit dazu findet, darüber nachzudenken. Also geht es mir sogar ganz gut damit, denn er muss unbedingt viel, ganz viel in seinem Leben ändern. Er meint, er ist vital und muss schaffen und arbeiten. Doch warum und für was und für wen? Wer hat ihn darum gebeten? Noch nicht einmal seine tiefe, eigene innere Stimme. Es ist so, als ob er an einen Berg ankommt, einen hohen Berg und nur die Spitze sieht, wo er nun rauf will. Er will nur auf die Spitze und die sieht er auch ständig oben, sonst nichts, auch nicht den schönen, hübschen Weg, den es nach oben zu wandern, zu erklimmen, gibt. Er sieht nur oben das Gipfelkreuz, das er so gerne in Empfang nehmen möchte. Mehr nicht. Er muss aber auf den Weg achten, das Gipfelkreuz ist absolut unwichtig. Nicht die Ziele sind die wichtigen Dinge, für die es sich lohnt zu leben, sondern nur die Gerade oder die Ungerade, die dahin führt, also der Weg und den soll er sich anschauen. Er meint, der Weg ist uneben, voller Steine und so mühselig, dass es ihm nur hilft und ihn rettet, wenn er sich wieder und wieder das Gipfelkreuz als Ziel anschaut, sonst nichts. Es soll ihm aber helfen und ihn motivieren, so hoch nach vorne zu schauen, dass er wieder merkt, da vorne ist mein Ziel. Doch so verliert er doch den Weg völlig aus den Augen. Der Weg ist aber nicht so voller Steine, nein, er ist ziemlich gerade für ihn und er kann wundervolle Dinge daraus machen aus dem

Weg. Aber er muss sich auch die Zeit dafür nehmen, den Weg zu sehen und zu achten – auf ihn zu achten. Das wünsch ich mir so sehr für ihn. Ich liebe ihn doch und die Helene will ihn doch nicht verlieren. Sag ihr, ihre Sorgen sind noch völlig unbegründet, er wird wieder gesund, aber er braucht auch eine andere Zeit- und Wegvorstellung. Das ist ganz wichtig für sie und für ihn. Sie müssen da zusammen arbeiten.

Was meinst du denn, was zu seiner Erkrankung geführt haben könnte? Die Petra sagte mir, er hätte was mit dem Herzen oder vielleicht mit der Lunge.

..... Das Herz ist aber auch ein Organ, das für das Leben steht, aber auch für die unbändige Freude, in diesem Leben zu sein und sich zu entfalten. Freut er sich noch, in diesem Leben zu sein, es zu spüren, es zu genießen? Einfach zu sein und sich jeden Tag ein Stückchen weit dafür zu bedanken, dass es ist? Nein, da spüre ich zu all den Fragen doch so gar keine Bejahung hin. Wenn er meint, das Leben ist viel zu schön, um sich darüber Sorgen zu machen, dann ist er wieder auf dem richtigen Dampfer. Doch bis jetzt hat er ja gar keine Zeit, sich darüber überhaupt Gedanken zu machen. Das ist ja so schade, ich würde ihm so gerne helfen, dafür muss er aber nur seine Art des Denkens selber überprüfen. Er ist ein ganz wundervoller Mensch, auch wenn er in seinen Gedanken weniger zusammen ist mit mir als meine Helene. Mit ihr bin ich eins, das ist ein schönes Gefühl, doch mit ihm möchte ich auch eins sein, kann ich aber nicht. Das macht aber nichts. Er muss nun selber wieder lernen, eins mit sich selber zu sein. Das ist auch gar nicht schwer, er muss nur darüber nachdenken, was Leben eigentlich ist und nicht, was er noch alles in seinem Beruf erreichen will. Da hat er doch schon so viel erreicht. Klar, er ist ein Wechsler, aber nun kann er endlich mehr selber bestimmen, was er machen will, was er alles sein lassen will und nun kann er es doch nicht, weil er so viele Gedanken dazu hatte, dass sie ihn selber alle überrannt haben. So viele Gedanken zum Ändern hatte er, dass sie wie ein wildes Durcheinander in ihm durchfahren. So ist es im Moment in ihm, wie ich ihn spüre. Er soll sich aber nun überlegen, was will ich noch erreichen in meinem Leben? Aber das Arbeitsthema dabei ganz ausschalten. Also erst mal überlegen, wie wichtig ist mir meine eigene Zeit in meinem Leben außerhalb der Arbeit und wie baue ich die Arbeit um dieses wichtige Thema in meinem Leben herum auf? Wenn er nun weiß, was er außerhalb der Arbeit alles machen will, dann kann ich ihm helfen, dann kann ich ihm meine Gedanken und meine Kraft schicken. Aber er muss es zulassen und die Arbeit ein Stück beiseite rücken, erst dann kann ich wieder in seine Gedankenwelt eindringen, erst dann bin ich wieder ein Teil von ihm. Vorher komme ich nicht dran an ihn, da spüre ich nur eine Art Überholspuren und wildes Spurenwechseln, ein richtiges Durcheinander in seinen Gedanken ist es. Schade. Aber so kann ich ihm nicht helfen, er muss es zulassen und seine Gedanken ordnen lernen. Sag ihm das.

Ich werde es ihm so sagen, d.h. der Helene so weitersagen. Kann sie was für dich tun oder wünscht du dir was?

Ich habe alles, wüsste nicht, was ich mir noch wünschen könnte. Mir geht es mehr als gut.

Danke dir für alles, was du gesagt hast.

Schon gut. Ich liebe sie und möchte nur helfen, weiß aber nicht wie, da muss er mich reinlassen in seine Welt. Das geht aber nur, wenn er andere Straßen baut und neue Wege geht, neue Gedankenwege, das ist alles, erst dann kann ich wieder mehr für ihn da sein, ich freue mich schon drauf. Ich möchte es so gerne.

Ich richte es so aus, du bist schon ein ganz außergewöhnlicher Hund.

Ich weiß, ich liebe mich ja auch. Er im Moment nicht, er denkt nur eher ans funktionieren, aber so läuft das Leben nicht. Er muss darüber nachdenken, für was es sich lohnt zu leben, was ist der Sinn von seinem Leben, was er aus sich herausplumpsen lassen möchte. Erst dann hat er wieder Chancen, etwas Anderes in seinen Lebensweg zu lassen und ihn anders zu gehen. Ich warte auf diese Einsicht, erst dann komme ich wieder dran an ihn.

Danke dir. Alles Gute für dich.

Ja, ich liebe mich selbst, er muss es erst wieder lernen.

Anmerkung

Ich kenne meine Hündin sehr, sehr gut und ich kann mich auch gut in sie hineinversetzen und die Tierkommunikation gibt mir dann die Bestätigung für unser Miteinander! Das Verständnis zu Tier und Mensch wird durch Tierkommunikation klarer und definierter! Ich finde es toll, dass du mit Tieren reden kannst!

Seelengespräche

Eine Katze: „er verliert den Boden unter den Füßen"
Aus einem Gespräch für Margit und Mathias.

...

Gut, ich sag's ihr. Magst du mir was für Margit erzählen oder hast du eine Botschaft an sie?

Ja, habe ich, kann ich gerne machen. Sie macht sich viele Sorgen, vor allem um andere. Ist grade in einer ganz anderen Welt. Fühlt sich zwar wohl, aber auch nicht. Wird noch einiges passieren beruflich, bevor sie wirklich weiß, was sie will. Aber der Ausgangspunkt ist jetzt gut. Kann ihr nichts passieren, da macht sie sich immer wieder Sorgen, sind aber überflüssig, sag ihr das, wird sie sehr freuen.

Sag ich ihr gerne. Sie möchte so gerne ein Kind, siehst du da einen Weg hin?

Nein, wird schwierig werden, ihre Seele sagt nicht richtig ja dazu. Müsste sich dann ja vieles ändern, wird schwierig werden, der Wunsch ist aber da. Sie ist gut, eine gute Haut, hat es aber schwer, vor allem mit vielen Situationen, in die sie immer wieder reinrumpelt, versteht es dann oft nicht. Schon wieder, denkt sie dann und weiß eigentlich gar nicht, warum. Da leidet sie sehr, tut mir leid für sie, kommt da einfach nicht raus, weiß das aber oft nicht. Ich mag sie sehr, ist eine gute Seele, ging ihr nicht immer gut, muss sich viel behaupten, auch gegen schlechte Charaktere – war immer wieder dran, wird auch noch kommen, es ist noch nicht vorbei. Aber sie schafft es, mit ihrer Einstellung und Arbeitsweise da raus zu kommen. Noch ein paar mal wird es so passieren, dann hat sie gelernt, was sie lernen muss, dann ist es endgültig vorbei. Sie weiß ja jetzt, was sie daraus lernen musste. Ich kann ihr auch dabei helfen und schick ihr meine Energien. Tut mir manchmal auch weh, wenn sie so leidet, aber das ist ihr Weg, heil zu werden. Nur noch ein paar Mal muss es passieren, dann ist sie da durch. Das wird ihr helfen. Sonst ist es gut, was sie macht. Manchmal hudelt sie dabei, aber ihre Art hilft dann wieder, Fehler wegzustecken. Es ist gut so, es geht ihr gut. Mit dem Babywunsch wird es schwierig, aber das liegt auch an Mathias.

Hast du noch eine Botschaft an Mathias?

Ja, er eilt alles so in seinem Leben. Will alles erreichen, denkt dabei an seine Karrieren, aber nicht an sich selbst. Er verliert den Boden unter den Füßen. Merkt es manchmal, aber meistens nicht, dass alles zu viel wird. Er muss anders sehen lernen. Das hilft am meisten. Er ist auch eine gute Haut, aber nicht ehrlich zu sich selbst. Er will immer alles erreichen, möglichst schnell. Bleibt aber mit seinem Körper, manchmal auch mit seiner Seele, auf der Strecke. Das darf er auf Dauer nicht wollen. Körper und Seele müssen gleich schnell sein, nur dann geht es beiden gut. Wenn er schneller sein will, was grade ansteht, dann zeigt es ihm sein Körper, dass es so nicht geht. Er weiß es und weiß es nicht. Wird es so schnell nicht lernen, weil er da keinen Zusammenhang sieht. Was ich ihm erzähle, glaubt er auch nicht. Eine Katze? Das kann er gar nicht glauben, dass das von mir kommt. Dann hör doch mal in dich hinein, fülle die Zeit nicht mit allem Möglichen aus und komme mal zur Ruhe. Kommst nur zur Ruhe, wenn du beim Arzt warten musst. Ist aber keine echte Ruhe, bist dann auch angespannt. Mache Pause, wenn es Zeit dafür ist und nicht, wenn du Zeit dafür hast. Merke dir das, das wird dir helfen, deinen Körper und deine Seele kennenzulernen. Das ist meine Botschaft an dich, kümmere dich mehr um deine Margit, hat es verdient, wartet schon lange darauf, du merkst noch nicht einmal das. Das ist nicht gut. Machst nur Urlaub mit ihr, aber sonst bemerkst du sie oft gar nicht. Geh hin zu ihr und nimm sie in den Arm, spüre dich dabei und sie. Es wird euch helfen, euch richtig, auf eine andere Art, kennenzulernen. Es ist gut so. Du wirst sehen. Ich mag dich, du bist gut. Ich muss dir nur sagen, wie du wohin sollst, damit es dir so richtig gut geht, das weißt du noch überhaupt nicht. Denkst immer an das Nächste, aber das „Jetzt" ist wichtig, merk dir das, das wird dir helfen, versuche es.

Danke dir, hast ganz viel erzählt, ich gebe das gerne weiter.

Das weiß ich, wird ungläubige Gesichter geben. Margit wird den Kopf schütteln und spüren, was stimmt und Mathias mit ernstem Gesicht lesen, aber nicht verstehen. Sollte er aber, wird ihm helfen, sag ihm das.

Ich sag es beiden, danke dir.

Gerne, war spannend und schön.

Seelengespräche

Hund Caesar: „sie bringt immer die Musik in die Familie"
Ein Gespräch mit dem verstorbenen Hund Caesar für Sylvia, Uwe, Anja und Lara.

Hallo, Caesar, ich bin die Barbara, magst du mit mir reden?

Ja, das mag ich gern, was willst du von mir?

Nun, ich kenne die Sylvia und sie hat mich gebeten, mit dir zu reden und zu fragen, wie es dir nun geht, dort, wo du bist und ob du noch ein bisschen erzählen möchtest an deine Familie.

Ja, das ist ein gutes Angebot. Zu Lebzeiten war ich wohl behütet, ich hätte mir keine bessere, sorgenlosere Familie für mich wünschen können. Mir ging es sehr, sehr gut.

Das freut mich sehr und sicherlich vor allem die Sylvia. Magst du etwas erzählen über dich, was du für ein Hund warst?

Ja, sehr aufgeweckt war ich und immer unterwegs. Zu Hause war mir schnell langweilig und ich suchte immer gerne die Weiten da draußen aus, so ein Hund war ich. Ich spürte auch immer, wenn es jemanden gar nicht gut ging, da ging ich gerne hin und tröstete ihn mit meiner Kraft und mit meiner Energie. Ich war ein sehr geliebter Hund und hatte ein gutes, wunschloses Hundeleben.

Schön, das freut mich, dass es dir so gut ging. Wie ist es jetzt?

So kannst du dir das nicht vorstellen. Ich lerne hier jeden Tag, ich werde vorbereitet auf mein neues Leben. Es dauert nicht mehr lange, ich freue mich schon drauf, aber du weißt nicht, was mir da alles beigebracht wird. Es ist gut, alles kann ich brauchen.

Schön. Magst du eine Botschaft an die Sylvia weitergeben?

Ja, das mag ich gerne, sie ist die Ältere von allen, eigentlich sogar von allen in der Familie. Sie hat ein unglaubliches Wissen, das nicht nur aus diesem Leben stammt, sie hat schon vieles mitgebracht, was sie aber auch fühlt und weiß. Sie hat eine sehr große Seele und meint oft genug: Mensch, hoffentlich geht es allen um mich herum so richtig gut. Das ist zwar nett, aber sie darf auch mal nur an sich denken. Das wäre mein Wunsch und auch eine Bitte an sie, das kann sie so gar nicht. Sie ist sehr gerne mit ihren Energien so draußen bei den anderen und versorgt sie gerne damit und ist am Abend im Bett total ausgesaugt. Aber sie verschickt und verschenkt ja sehr gerne Energie an andere, soll sich aber dabei mehr auf sich selber besinnen. Sonst meistert sie ihr Leben ganz brauchbar. Sie geht gern und gut auf andere ein, darf aber gerne noch ein bisschen aus sich herausgehen und sagen und zeigen, was sie wirklich gerade fühlt. So scheint sie für viele etwas unscheinbar, aber sonst ist ihr Leben sehr gut durchdacht und geplant. Das kann sie sehr gut. Soll sich mal noch ein bisschen auf die ungeplanteren Routen ihres Lebens begeben, da bekommt sie immer besonders viel Energie zurück. Ich mag sie sehr gern.

Danke dir. Hast du es damals gemerkt, wie sie dir Reiki gab?

Was heißt gemerkt? Ich sah ja direkt die gute Energie, die mir geholfen hat, aus ihren Fingern fließen. Sie hat sehr große Kräfte, soll sie ruhig mal öfters einsetzen. Sie wird ja richtig verkannt in ihrem Freundeskreis.

Danke. Hast du noch eine Botschaft an den Uwe?

Ja, er ist auch ein sehr Guter in diesem Leben. Hatte es selbst früher nicht so gut erwischt. Macht deshalb viele Dinge etwas langsamer und bewusster, um sich auch daran zu erinnern: „So, das mach ich jetzt so und so, weil ich mich ganz bewusst darauf einlassen will." Von anderen wird er sehr anerkannt

– seine Stärke, sein Wissen und seine Art, zuzuhören, ist einfach was Besonderes. Ich hatte ihn auch gern als Herrchen, seine Gedanken waren ganz klar und gut zu durchschauen. Ich wusste immer gleich, was er von mir denkt, was er will, das ist kein Problem für mich gewesen. Er ist sehr strukturiert für mich gewesen. Er war auch gern mein Herrchen, wir haben uns sehr ergänzt – zu ihm hatte ich am meisten hingespürt in meiner Familie.

Danke dir. Hast du noch eine Botschaft an die Anja?

Ja, sie bringt immer die Musik in die Familie. Ohne sie wäre es fast ein wenig langweilig, ohne sie wären alle etwas verklärt in dieser Familie. Ich hatte sie wahnsinnig gern, sie war für mich wie ein Einschaltknopf für ein Radio und alles, was kam nach dem Einschalten, war gut für mich. Ohne sie wäre es mir wohl etwas langweilig in der Familie geworden und so genoss ich ihren erfrischenden Humor und vor allem ihr Lachen, damit kann sie die Welt bezaubern. Sie hatte es auch nicht immer gut, aber sie macht immer das Beste aus allem und denkt dabei nur: Schwamm drüber, wir leben jetzt und machen jetzt das Beste draus. Eine schöne Ansicht, das Leben zu gestalten. Ich vermisse sie hier schon sehr. Da ist alles etwas anders und sie hatte einen wundervollen Humor, den ich gerne spürte, wenn ich ihre Gedanken „hörte".

Danke dir. Hast du noch eine Botschaft an die Lara?

Ja. Manchmal schon galt sie als eine Art Sorgenkind. Sie sollte immer was Anderes machen, als sie nun macht und alle Welt dachte immer in ihrer Familie: was soll nur aus diesem Kind werden? Sie hat eine etwas eigene Art, mit Menschen umzugehen, aber auch mit ihren eigenen Gefühlen. So, als ob sie da wären, aber nicht sichtbar. Sie redet lieber nicht drüber, das ist aber der falsche Weg, kannst du es ihr so sagen? Es ist gut, wenn es mal jemand sagen würde, dann könnte man mal in der Familie über Erwartungen reden und auch, wie der andere denkt oder fühlt. Es wird sehr viel geredet in der Familie, aber nicht über Laras Sorgen. Da werden sich gemeinsam eher nur Sorgen gemacht, als darüber zu reden, ich liebe sie auch.

Danke dir. Kann deine Familie sonst noch irgendwas für dich tun?

Ja, sie dürfen für mich in meiner Lieblingsecke mal eine Kerze anzünden, ganz fest an mich denken und mir danken, dass ich da war. Mehr will ich nicht, ich liebe sie alle und meinen Dank sollen sie auch dabei spüren, ich bin dann da für sie.

Danke, dass du noch mit mir geredet hast, ich wünsche dir alles Gute, da, wo du bist.

Ja, ich weiß. Mir geht es gut, ist halt viel zu lernen für meine Seele, aber die ist groß, sie packt es schon.

Seelengespräche

Katze Luciel: „ich habe alles an meinen Aufgaben erledigen können"
Drei Gespräche mit den Katzen Luciel und Dora für Sophia und Johann.
Die Katze Dora lebt noch in der Familie, die Katze Luciel ist vor kurzem gestorben:

Hallo, Luciel, ich bin die Barbara, magst du mit mir reden?

Ja, das mag ich gern, ich spüre schon, dass du dich mit mir verbinden wolltest, weil meine Sophia so viele Fragen hat, ich bin gerne für sie da.

Das wird sie sehr, sehr freuen. Sie hatte dich auch sehr lieb und sah es als besondere Ehre an, mit so einer mutigen, intelligenten und hübschen Katze leben zu dürfen. Sie ist sehr stolz auf dich, dass sie dich kennen und mit dir zusammenleben durfte.

[Luciel lacht] Ja, das ist meine Sophia, sie kann nicht einfach nur sagen, danke, das war's. Nein, sie muss es richtig ausleben und ausfühlen. Ich war gerne bei ihr. Hat mir sehr gut getan, hatte ein sehr schönes Katzenleben bei ihr. Habe alles, alles, auch meine Krankheit und mein Hinübergleiten, sehr genossen bei ihr.

Magst du mir denn ein bisschen erzählen, wie der Übergang für dich war?

Schmerzhaft habe ich ihn schon erlebt, nicht die Spritze, ich wollte noch nicht so recht gehen, weil ich wusste, ich füge ihr Schmerzen zu, das wollte ich möglichst vermeiden, sonst wäre ich ja schon viel früher gegangen. Ich habe alles an meinen Aufgaben erledigen können und mir geht es sehr gut da, wo ich gerade bin. Sag ihr danke für alles, mir geht es gut.

Das wird sie sehr freuen. Sie fragt, ob du gesund bist und keine Krankheit mehr mit rübergenommen hast, da, wo du jetzt bist.

Da, wo ich jetzt bin, gibt es keine Krankheiten, sie kann sich das nicht vorstellen, wie das ist. Mir geht es sehr gut, ich fühle mich leicht, so wie eine Feder, kann nur nicht fliegen, aber ich fühle mich leicht. Erleichtert, dass ich alles so gut geschafft habe und beide so gut begleitet habe in ihrem Leben.

Mit beiden meinst du auch den Johann?

Ja, wen denn sonst? Die Dora, die braucht mich nicht, das gibt es hier nicht und ich kann ja noch mit ihr in Verbindung treten. Sie hört und fühlt mich, da ist sie nicht so allein, wie die Sophia glaubt. Mir geht es sehr gut, fühle mich wohl und sehr erleichtert, dass es vorbei ist.

Meinst du damit, das Leben oder deine Krankheit oder dein Sterben?

Eigentlich alles, ist doch ganz gut verlaufen, oder nicht? Ich weiß nun, dass ich alle Aufgaben im Leben gemeistert und bestanden habe und die Krankheit hatte ich ja nur, weil die Sophia so lieb ist. Ich habe ihr viel abgenommen im Leben, damit sie nicht so leiden muss. Ist aber ganz alleine meine Entscheidung gewesen, darf sich ja keine Vorwürfe machen deswegen. Ein Grund, weshalb ich bei ihnen war, ist ja auch meine Krankheit am Schluss meines Lebens gewesen. Sie sollte mich begleiten, mich beschützen, ich konnte es nicht mehr so richtig – und mich hinüberbegleiten, das hat sie alles mit Bravour bestanden.

Magst du noch von deinen anderen Aufgaben im Leben erzählen?

Ich war eine liebevolle Katze, die sich nur durch Liebe erfahren konnte. Nur, wenn mich jemand ausnahmslos geliebt hat, konnte ich meine Liebe zu jemanden grenzenlos entfalten. Das habe ich geschafft, das war auch meine Hauptaufgabe in meinem Leben, so war ich und so war mein Leben, nur von Liebe geprägt. Ich hatte es sehr gut, konnte nehmen und sehr viel geben, aber das muss ich dir nicht erzählen, die Sophia weiß, wovon ich spreche.

Danke dir. Sie fragt noch, ob es da Bäume und Wiesen gibt, wo du gerade bist?

Nein, die gibt es hier nicht, das brauche ich auch nicht. Ich begleite sie auch noch über meinen Tod hinaus weiter, noch über viele Jahre bin ich ein Teil von ihr, werde ich auch noch lange sein. Das wird sie fühlen, dass ich immer da sein werde für sie. Auch in Entscheidungen, wo sie nicht ganz sicher ist, kommt ihr manchmal so etwas wie ein Geistesblitz und da denkt sie dann nicht direkt an mich, aber diese Fähigkeit, doch schnell das Richtige zu entscheiden, da helfe ich ihr mit meiner Energie. Alles, was ich verschicken darf, schicke ich zu ihr rüber. Sie spürt es und denkt, sie ist nie allein, das hat sie auch verdient.

Was meinst du mit verdient? Hast du gleich eine Botschaft an sie?

Ja, das habe ich. Sie hatte keine leichte Kindheit und doch hat sie nie ihren Mut – es wird schon irgendwie weitergehen – und ihre liebevolle, ja schon fast fröhliche Art, verloren. Sie ist wie ein Stehaufmännchen, so fühle ich sie oft – immer noch – sie ist eine Gute, die meine Liebe so spüren durfte, weil ich sie ihr geben wollte und mich durch sie erfahren wollte. Vor allem der Übergang war sehr schön. Ich wollte noch nicht gerne gehen, um sie zu verlassen, aber ich weiß nun, sie ist nicht allein und ich darf sie noch weiter von hier begleiten.

Das wird sie sehr freuen. Weißt du, ob ihr euch wiedersehen werdet in einem anderen Leben oder kommst du noch mal auf die Welt in ihr Leben?

Nein, jetzt in ihrem Leben nicht mehr. Das ist nicht gut, wenn sie es weiß, weil sie mich nicht mit einem neuen, eigenständigen Leben in Verbindung bringen würde, sondern immer nur an Luciel denken würde, aber das bin ich dann nicht mehr. Ich habe meine Lebensaufgaben erfüllt und ich muss neue Aufgaben lösen, da ist es sehr gut, wenn sie die nicht weiß. Ich begleite sie aber wieder in ihrem nächsten Leben, das weiß ich schon jetzt, heiße dann Raudi und bin etwas wilder als ich jetzt war. Ich muss versuchen, noch ein paar Dinge, die ich nicht gelöst habe, dann zu vollbringen, aber ich freue mich schon auf meine neuen Aufgaben, sie wurden mir schon gezeigt.

Sie fragt noch, ob du ihnen böse bist, weil sie dich haben einschläfern lassen.

Nein, bin ich nicht. Ich hatte einen sehr schönen Übergang und sie konnten nicht anders, sie waren ja da und haben es mir so schön wie möglich gemacht, dass ich in Frieden in meinem Herzen sterben konnte und habe ihre Liebe mitgenommen, dorthin, wo ich jetzt bin. Ich denke auch oft an Johann, der ist auch in meinem Herzen und ich denke gerne an ihn. Aber es macht mir nichts aus, wenn ich an ihn denke, aber an die Sophia denke ich mehr. Ich begleite sie und schaue, ob es ihr gut geht, bin noch da für sie, noch lange da.

Das werde ich ihr gerne sagen. Sie möchte gerne noch wissen, ob du schon ihre Omi, ihren Vater, ihren Kater und ihren Hund getroffen hast.

Ja und nein, es ist nicht so, wie sie sich das so vorstellt, wir machen hier kein Kaffeekränzchen und versammeln uns und reden miteinander, aber wir können zu den Schwingungen der Seele der anderen hinspüren und sind kurze Zeit mit ihnen verbunden. Das ist ein sehr schönes Gefühl und ich nutze es auch, um zu schauen, wer war auch schon zusammen mit meiner Sophia und wer kommt noch, der auch mit ihr zusammen war. Das ist sehr schön und ich genieße diese Verbindungen. Sie sind aber nicht so, wie sie sich das vorstellt. Auch sieht man die Leute oder verstorbenen Tiere nicht mehr so, wie sie waren, sondern nur noch die blanken, ehrlichen Schwingungen von jemanden, das tut auch unendlich gut. Keiner muss sich mehr verstellen und denkt: „Wie sieht mich der andere?" Jeder ist so, wie er ist oder zumindest gemeint war im Leben und hat es vielleicht nur nicht umsetzen können in seinem Leben. Das macht aber nichts, ich sehe und spüre die blanke Seele und die ist rein und ehrlich. Es tut gut, hier zu sein, wo ich gerade bin, kann auch viel lernen. Schaue mir auch die Fehler an, die ich gemacht habe, waren aber nicht sehr viele in meinem Leben. Ich wurde auch immer davor bewahrt von meiner Sophia, die einfach gut für mich gesorgt hat und mich auch beschützt hat, nicht immer nur umgekehrt. Ich war sehr viel da für sie, aber es passierte in der Gegenseitigkeit und die war gut und ehrlich. Es war schön, auf der Welt in ihrer Familie zu sein.

Danke dir; spürst du, dass ihre Omi auf dich aufpasst?

Ja, ich spüre den Gedanken und den ehrlichen, starken Wunsch von der Sophia, aber ich tue mir dabei schwer, das anzunehmen, denn hier braucht es keiner, gegenseitig aufeinander aufzupassen. So funktioniert das nicht, wird sie aber erst sehen, wenn sie selber hier ist, vorher nicht. Ich darf sie dann aber auch besuchen, das spüre ich schon jetzt. Auf ihre näheren Schwingungen, wenn sie hier sind, freue ich mich schon. So ist es etwas weiter weg jetzt, aber ich bin immer noch mit ihr verbunden. Das weiß sie, dazu braucht sie dich nicht.

Das glaube ich dir gern. Magst du noch was dazu sagen, warum du bei ihnen warst?

Um mich in der unglaublichen Liebe ihres Seins zu erfahren. Das klingt irgendwie komisch. Die Menschen und die Tiere haben alle unterschiedliche Aufgaben, manche fast unlösbare, manche ganz viele Aufgaben, manche nur eine. Ich brauchte kein Vertrauen, keinen Abstand, sonst nichts zu lernen, nur die Liebe geben und auch bekommen. Das klingt wenig an Aufgaben, hat mich aber mein ganzes

Leben lang beschäftigt in meiner lieben Familie. Bis zum Schluss hat es mich beschäftigt und sie haben ihre und damit auch meine Aufgaben gemeistert und bestanden. Sage ihnen ein ganz herzliches Dankeschön für alles. Nur in dieser so liebevollen Zusammensetzung an Familie konnte ich meine so schwierige Aufgabe leben und lernen.

Ich sage es ihnen gerne so weiter. Danke dir. Hast du noch eine Botschaft an die Sophia oder an den Johann?

An den Johann habe ich eine, für die Sophia habe ich schon alles gesagt. Er ist ein Guter, ein sehr guter Mensch und viele schlecken sich alle 10 Finger ab, ihn zu kennen und in ihren Bekanntenkreis aufzunehmen. Er wirkt so klug, so anders, dabei ist er nur in seiner eigenen Mitte gelandet, was ihn so zufrieden und glücklich ausschauen lässt. Deshalb ist er so eins mit sich selber und ist sehr zufrieden mit seiner Umwelt. So ist es gut, so fühle ich mich wohl, denkt er oft. Dabei sendet er nur viele zufriedene Gedanken aus, deshalb ist er auch so zufrieden mit sich selbst, innerlich und äußerlich. Ich habe ihn auch sehr gern gehabt, aber meine volle Liebe galt der Sophia. Nur mit ihr konnte ich meine ganzen Lebensaufgaben erfüllen, sag es ihr bitte.

Das sage ich ihr. Sie sagt dir noch, dass sie dich schrecklich vermisst und sie wird dich immer lieben, du bist ihr Mäusekind.

Ich weiß, das spüre ich alles. Soll mich aber loslassen als Katze, die noch da ist und mich nur in guter Erinnerung behalten, die ihr auch die Kraft gibt, mich noch in meinen Schwingungen zu spüren. Das geht nur, wenn sie die Trauer um mich loslässt und mir da, wo ich bin, alles Gute wünscht, ohne daran zu denken, dass ich noch lieber bei ihr sein sollte. Dann kann ich ihr noch mehr schicken von meiner Energie und darf sie noch mehr begleiten in ihrem weiteren Leben. Will ich auch tun, aber die Trauer muss sie dafür loslassen. Soll sich kümmern um Dora, sie ist auch eine Gute, wenn auch völlig anders als ich, aber das ist auch geplant, dass wir so verschieden in ihr Leben reingeschneit kamen. Nur so konnten wir alle Aufgaben lernen und erfüllen, sag ihr auch danke für alles.

Sag ich ihr gerne. Kann sie noch was tun für dich, ein Ritual für dich machen oder was Anderes?

Ich vermisse nichts, sie hat alles getan und genau das Richtige, ich fühle mich hier sehr wohl und freue mich schon, dass ich sie wieder begleiten darf. Dauert aber noch ein bisschen, dann kommen wir beide wieder zusammen. Das kannst du ihr auch gerne sagen, sie wird es wie einen kleinen, liebevollen Stein erleben, der von ihrem Herzen fällt.

Danke dir, dass du so lange mit mir geredet hast, alles Liebe und Gute wünscht dir noch mal die Sophia, da, wo du gerade bist.

Ich weiß, sag ihr das, ich spüre noch ihre Gedanken und ihre Sehnsucht nach mir. Soll sie loslassen, dann kommt noch was Schöneres von mir zu ihr.

Ein Gespräch mit der Katze Dora:

Hallo, Dora, ich bin die Barbara, magst du mit mir reden?

Ja, was willst denn du von mir? Ich kenne dich ja gar nicht.

Ist es denn schlimm für dich, wenn ich mit dir reden möchte und du mich gar nicht kennst?

Ja, das ist es. Geh weg, ich will nichts von dir.

Das verstehe ich, aber ich wurde von der Sophia und vom Johann gebeten, mit dir zu reden, magst du dann mit mir sprechen?

Ja, das mag ich dann, das ist ja was komplett Anderes.

Gut, das finde ich schön. Die Sophia und der Johann sind sehr daran interessiert, wie es dir geht und ob du ihnen was erzählen willst. Würdest du das tun?

Ja, für die beiden mache ich es sehr gern [ich sehe ein Herz aufsteigen].

Danke, dann beschreib dich doch mal, was bist du denn für eine Katze?

Ja, wissen die beiden das denn so gar nicht? Ich lebe doch bei ihnen.

Die beiden haben mir schon etwas über dich erzählt. Vielleicht siehst du dich aber auch ganz anders und du möchtest einfach was darüber erzählen.

Nein, nicht wirklich. Ich muss nicht was tun, was nicht unbedingt sein muss, so bin ich. Alles, was wichtig ist, mache ich, aber andere Sachen, die mir so ganz und gar nicht wichtig sind, lasse ich einfach links liegen, so eine Katze bin ich.

Danke für deine Beschreibung. Magst du noch erzählen, wie es dir so geht bei Johann?

Ja, gerne – bei Johann – du hast da recht, ich bin eher bei ihm als bei ihr, aber nur, weil Luciel immer bei ihr war, so war ich halt eher bei ihm. So einfach ist das, sonst habe ich gar nichts gegen Sophia, bin halt öfters bei ihm, das ist alles. Mir geht es so ganz gut.

Gut, ich denke, das weiß auch alles die Sophia, dass das so ist. Sie möchten gerne wissen, ob du Luciel sehr vermisst und wie es dir so geht, dass sie nicht mehr da ist.

Das ist nur für Menschen so. Ich weiß doch, wo sie ist und wo sie hingegangen ist und das ist völlig in Ordnung so für mich. Menschen trauern da meistens ganz anders. So, als ob ein Tier ganz und gar weg wäre und nicht mehr käme, aber ich spüre ja, dass es ganz anders ist. Es ist ja irgendwie immer noch da und das spüre ich, aber als gut spüre ich es. Es nimmt mich auch nicht so in Beschlag wie sie, die Sophia ist noch sehr in der Trauer, aber mir geht es gut damit. Kann mich ja mit ihr verbinden und sie spüren in ihren Schwingungen. Das wird auch immer so sein, so lange ich hier auf dieser Welt in diesem Leben bin. Mehr brauche ich ja nicht, ich weiß ja, dass sie noch da ist. Ich spüre es ja, da habe ich keine Probleme damit.

Vermisst du sie denn gar nicht?

Nun, das ist anders als du denkst. Klar, spielen wollte ich gerne mit ihr, da geht mir schon die Luciel ab, aber ich weiß ja, dass ich mich mit ihr verbinden kann. Das tue ich auch manchmal und da geht es mir wieder ganz gut, ich weiß ja, dass ihre Schwingungen noch da sind.

Kannst du denn Luciel noch riechen, so z. B. am Kratzbaum?

Nein, ich spüre sie noch, das ist viel intensiver als riechen, wobei ich gerne rieche, aber für mich ist sie noch für einen großen Teil da. Dauert noch, dann wird meine Wahrnehmung weniger und dann muss ich mich wirklich immer mit ihr verbinden, damit ich sie noch wahrnehmen kann. Sie steckt in vielen Schwingungen noch in unserem Haus drin, das spüre ich, genieße ich aber auch noch, da bin ich ihr dann näher, das mag ich.

Kann ich dann sagen, dass du sie doch vermisst?

Nun, das ist anders als du dir das vorstellst. Ich vermisse sie – und vermisse sie nicht, so würde ich das nennen, aber mir geht es gut, auch, wenn sie nicht mehr da ist auf dieser Welt. Ich spüre sie noch und habe dadurch noch einen großen Bezug zu ihr, also ist sie noch da für mich, für Menschen ist das etwas anders. Sie trauern anders und vermissen sie. Ich auch, weiß aber, dass sie nicht ganz weg ist, nur ihr Körper ist weg, das ist was Anderes.

Ich sage es so weiter. Magst du mal was erzählen, warum du in deiner Familie bist, bei Sophia und bei Johann?

Ja, vor allem brauchen beide Vertrauen, das kann ich ihnen nicht geben. Ich habe es auch nicht von Anfang an mitbekommen, aber sie brauchen es und ich auch und wir haben es zusammen ganz schön lernen dürfen und gelernt. Es sind nicht alle Menschen so liebevoll und machen so viele gute Dinge für uns Katzen und ich hatte das Gefühl in mir, seit meiner Geburt, dass ich Menschen nicht unbedingt trauen kann, manche wollen uns auch was Böses. Das ist meine Aufgabe im Leben, Vertrauen zu lernen und zu leben. Ihre Aufgabe ist es auch, wieder Vertauen in sich und in die Menschheit zu bekommen und mit mir zusammen zu leben. Das ist meine Hauptaufgabe im Leben, bin aber auch sehr zufrieden mit der Erfüllung unserer Aufgabe. Mir geht es gut damit, habe sie schon gut in meiner Familie umgesetzt.

Gut. Ich werde es so ausrichten. Hast du noch eine Botschaft an die Sophia?

Ja, soll unbedingt mehr an sich selbst denken. Ihr sind andere immer sehr wichtig im Leben. Klar, ist ja auch schön für andere, immer so liebevoll umsorgt zu werden, aber sie selbst muss sich auch sehr wichtig sein und sich auch umsorgen. Das ist auch eine Aufgabe für sie im Leben. Sie muss suchen, dass sie sich selber sehr wichtig nimmt, ihre Bedürfnisse vor allem, die muss sie suchen. Die erkennt sie oft noch nicht so richtig und geht darüber weg, Hauptsache, den anderen, meinen Lieben, geht es gut, denkt sie oft. Nun, sei einmal etwas egoistischer, das darfst du ruhig und darfst auch kein schlechtes Gewissen dabei haben. Brauchst du nicht, ich mag dich, auch, wenn ich öfters den Johann aufsuche, weiß ich es sehr zu schätzen, was du für mich alles tust.

Danke dir. Hast du noch eine Botschaft an den Johann?

Ja, er ist manchmal so nett und außergewöhnlich, was auch andere Menschen in ihm erkennen, dass sie schon sagen, der ist ja gar nicht von dieser Welt. Davon darf er sich aber nicht beirren lassen. Er hat schon einen guten Weg eingeschlagen und der führt ihn genau in seine Mitte, das ist ganz wichtig für ihn, dass er ein Gefühl für sich entwickelt, um sich wohl zu fühlen. Ich mag ihn sehr gern und spüre seine Fürsorge und seine Liebe, das tut mir sehr gut im Leben, das darfst du ihm gerne ausrichten.

Werde ich machen. Danke dir für alles. Hast du noch einen Wunsch oder kann deine Familie noch irgendwas für dich tun?

Mir Zeit lassen mit allem, was ich tue. Sie denken oft, ich steh nur rum oder schau immer in die gleiche Richtung, was soll das? Aber das ist meine Art, auch nachzudenken und um zu spüren, was um mich herum geschieht. Sollen es einfach so hinnehmen und nicht groß darüber nachdenken.

Ich sage es ihnen so, wie du es mir gesagt hast. Danke dir für das Gespräch.

War schön, ich bin froh, dass ich mich doch entschlossen habe, mit dir zu reden, wollte zuerst nicht, war dann doch gut.

Ein weiteres Gespräch mit dieser Katze:

Hallo, Dora, magst du wieder mit mir reden?

Ja, das mag ich sehr, sehr gern. Mir geht es schon fast wieder gut, ich hinke nicht, ich schlafe wieder und weh tut mir auch nichts mehr.

Was meinst du denn mit „hinken"?

Na, das ist mein Spruch, wenn wieder alles so in Ordnung ist mit mir.

Das freut mich sehr, also hat dir die Spritze geholfen und auch das Medikament gegen die Ohrenschmerzen?

Was es nun wirklich war, das weiß ich nicht, aber mir geht es wieder gut. Ich kann wieder schlafen, ohne dass mir was sehr weh tut. Das ist bei mir die Hauptsache. Sage ihnen bitte allen danke, dass sie mich so ernst genommen haben und mit mir zum Tierarzt gegangen sind. Ich mag ihn ja eigentlich nicht, aber es war ja so notwendig, das glaubst du gar nicht. Ich bin so froh und hätte mir auch einen Zahn ziehen lassen, damit der Schmerz in der Backe, da unten links, endlich aufhört.

Das glaube ich dir gerne, aber es war ja wohl nicht der Zahn, sondern das Ohr und du sagst, es geht wieder ganz gut damit, hat der Schmerz ganz aufgehört?

Nein, das noch nicht, ich spüre immer noch ein Ziehen und das auch noch im Zahn, da, wo es mir vorher schon wehgetan hat, aber es ist kein Vergleich mehr zu vorher. Das war aber wohl die Spritze, die macht etwas in mir so richtig taub, da fühle ich nicht mehr so den Schmerz. Das ist gut, da geht es mir wieder richtig gut, obwohl noch was da ist vom Schmerz, aber das kann ich ganz gut ertragen.

Schön, das wird die Sophia und den Johann sehr freuen.

Ja, sag ihnen bitte ein ganz großes Danke von mir. Sie sind so lieb, sie sind einzigartig, vor allem, dass sie da so schnell reagiert haben und mich mit zum Tierarzt genommen haben, das freut mich sehr. Ich will ja nicht, aber da wollte ich auch, denn nur er konnte die Schmerzen wegnehmen, sage ihnen danke dafür.

Das sage ich ihnen gerne. Können sie sonst noch was tun für dich oder hast du einen Wunsch? Vielleicht auch, ob du was Anderes fressen willst oder so was?

Ich wüsste nicht was, es ist alles so richtig prima mit mir. Bald bin ich wieder richtig gesund. Ich spüre schon hin, dass es bald wieder ist wie früher, das freut mich jetzt schon sehr.

Das ist schön, ich richte es deiner Familie auch so aus, was du mir gesagt hast. Danke, dass du mit mir geredet hast.

Ja, ja schon gut, aber du musst ihnen auch meinen Dank ausrichten, denn das ist mir sehr wichtig. Sie nehmen mich ja so wichtig, da freue ich mich sehr darüber, dass sie gleich was tun wollten, um meine Schmerzen wegzunehmen.

Ich sage es deiner Familie gerne so weiter.

Ja, bitte, unbedingt, ich habe sie ja so lieb.

Seelengespräche

Hund Wala: „ich sterbe, ganz einfach"
Zwei Gespräche mit einem Hund, der sich auf sein Sterben vorbereitet.

Hallo, Wala, magst du wieder mit mir reden?

Ja, sehr gerne, habe schon darauf gewartet, dass du kommst.

Warum hast du darauf gewartet, dass ich komme?

Gisela sagte dir doch, du sollst mit mir reden, hast du bis jetzt noch nicht getan.

Verzeih mir bitte, jetzt bin ich da. Gisela macht sich große Sorgen um dich. Sie sieht, es geht dir nicht gut. Magst du ihr erzählen, was los ist?

Ich sterbe, ganz einfach. Es hört sich für Menschen immer sehr schlimm an, ich sehe und fühle das, wenn jemand aus der Menschengilde stirbt. Das ist aber nicht schlimm, sag ihnen das, ich fühle und weiß das. Es dauert nicht mehr lange, ich bin müde. Habe meine Familie sehr beschützt, sie durch viele Durststrecken getragen und habe es auf mich genommen, sonst wäre es ihnen noch viel schlimmer ergangen. Ich habe gerne getragen. ... Ich kann nicht mehr, muss mich nun um meine Seele kümmern, geht bald zu Ende. Ich war gern in dieser Familie, sag es ihnen, es war schön. Hab viel gelernt und auch viel geholfen, kann aber nicht mehr. Sollen mich in Ruhe sterben lassen, ich will nicht mehr zum Tierarzt. Er verlängert meine Qualen immer nur, das ist schlimm. Er kann es nicht akzeptieren, dass ich sterben will und macht ganz viele Sachen, die ich aber alle nicht mehr brauche. Es stört nur, in Ruhe rüberzugehen, da, wo mir nichts mehr wehtut. Verabschiede dich für mich von allen, sag ihnen, dass ich sie gern habe, alle, auch das Findelkind. Sie tut mir leid, kann nicht anders, sie ist lieb.

Hast du noch eine Botschaft an jemanden?

Nein, es ist alles gesagt, es dauert nicht mehr lange, bis ich gehen darf. Sie sollen es mir nicht schwer machen, indem ich noch zum Arzt muss. Sollen es sein lassen, möchte ich nicht mehr. Mein Leben geht zu Ende, das ist gut so. Habe lange alle begleiten dürfen und bin glücklich.

Gisela wollte es auch lernen, mit dir zu reden. Soll ich es ihr noch bald zeigen, damit sie mit dir reden kann?

Nein, hat keinen Sinn mehr, so schnell lernt man das nicht mehr. Soll mich streicheln, es tut mir gut. Gisela ist etwas Besonderes, sie fühlt sich ein in mich, ich mag sie sehr. Sie ist herzensgut, sag ihr das. Soll sich von mir verabschieden, halte nicht mehr lange durch, es geht zu Ende. Aber das ist gut so, sag ihr das, sie versteht. Die anderen wollen helfen, verlängern mein Leiden aber nur. Ich hab mich ent-

schieden, brauche nichts mehr lernen in dieser Familie, war gut so, habe mich sehr wohl gefühlt, war gut so, sag ihnen das.

In Ordnung, ich sag es ihnen gerne. Ich wünsche dir alles Gute auf deiner Reise und werde es allen sagen, dass du gerne in dieser Familie warst und sie alle sehr gern hast, sie werden sich sehr freuen und dich in liebevoller Erinnerung behalten.

Nein, das sollen sie nicht, sonst kann ich nicht so gut gehen. Sie sollen mich einfach gehen lassen und mir dafür alles Gute wünschen, mehr nicht, mehr hindert mich nur daran, zurückzugehen. Sag ihnen das, bitte.

Ja, Wala, das sag ich ihnen gerne, alles Liebe für dich, ich sag der Gisela gleich Bescheid, dass sie es weiß.

Gut, es dauert nicht mehr lange, aber du hast noch Zeit, es allen zu sagen. Bitte tu es, verabschieden ist schön, aber festhalten nicht, sag ihnen das auch. Ich muss gehen und ich will auch gehen. Sie sollen nicht traurig sein, das verstehe ich nicht, weil ich gerne gehe.

Ich werde es ihnen sagen, du bist ein ganz wunderbarer Hund, alle haben dich auch sehr lieb, ich sag es ihnen, dass sie es wissen. Gute Reise...

Danke, es ist nicht so schlimm, wie Menschen meinen, das ist anders, sag ihnen das. Vor allem Quirin muss noch viel lernen auf der Welt. Sag ihnen das, dass alle vorankommen.

Ich sag es ihnen, war schön, dass ich mit dir sprechen konnte und du mir alles gesagt hast, danke.

.... War schön. Es ist in Ordnung so, es ist gut so, ich gehe gerne.

Weiteres Gespräch mit Wala:

Hallo, Wala, magst du wieder mit mir reden?

Ja, gerne.

Alle machen sich große Sorgen um dich – wie geht es dir denn jetzt?

Gut, hab es bald überstanden, dann kann ich gehen.

Hast du denn irgendwo Schmerzen?

Nein, bin bald durch. Dann geht es mir besser.

Du meinst, dass du bald sterben wirst.

Ja, das mein ich, dauert nicht mehr lang. Ich kann nichts mehr tun für meine Familie, sie gehen alle ihre Wege, ich kann nichts mehr ändern daran, aber es ist gut so und so kann ich gehen.

Kann deine Familie irgendwas für dich tun?

Was sollen sie denn tun? Ich hab sie begleitet mein ganzes Leben lang, war schön bei ihnen, mehr können sie nicht mehr tun.

Die Tierärztin sagte, dass sie dir, wenn du nicht von alleine sterben kannst, eine Spritze geben will, damit du leichter gehen kannst.

Ich brauche sie nicht, will lieber alleine gehen. Aber meine Familie schafft das nicht, sie sieht nur meinen Körper und meint, der leidet. Aber mir geht es sehr gut, da leide ich nicht. Ich freue mich auf das, was kommt. Kannst du ihnen das sagen?

Ja, ich sag's ihnen.

Schön, das freut mich, sie leiden ja mehr als ich, muss nicht so sein. Es ist bald vorbei.

Soll jemand dabei sein, wenn du gehst?

Ich bin nie allein, fühle mich beschützt und begleitet, mir geht's gut.

Das freut sie sicher, wenn sie das hören.

Ich versuche, alleine zu gehen, noch vor der Spritze, wäre mir am liebsten, kannst du ihnen das sagen?

Ja, das sage ich. Hast du noch eine Botschaft an deine Familie?

Nein, nicht an meine Familie, sie sind so unterschiedlich, da muss es eine Botschaft an jeden einzelnen sein.

...

Danke dir für alles. Kann deine Familie sonst noch was für dich tun?

...

Mich in Frieden sterben zu lassen. Es hat Spaß gemacht, zu leben. Danke.

Anmerkung:

Wala ist am nächsten Tag in den Armen seines Frauchens friedlich hinübergeschlafen – ohne Spritze.

Seelengespräche

Katze Gina: „beide sind grundverschieden"
Aus einem Gespräch für Manuela und Simon.

...

Hast du noch einen anderen Wunsch oder könnte sich was verändern für dich in deiner Familie?

Ja, der Streit zwischen beiden darf mal wieder aufhören, sie streiten sich, nicht gern, aber schon öfters, einfach, weil keiner den anderen so richtig versteht. Sie haben das Zuhören verlernt. Klar, beide sind grundverschieden, so als wenn man einen Kartoffelsalat machen möchte und als Zutaten einige rohe und auch gekochte Kartoffeln verwendet. Klar, es sind Kartoffeln und sollen auch beide zu einem Kartoffelsalat verarbeitet werden, aber das ist sehr schwer, weil sie unterschiedliche Einstellungen und auch Vorstellungen und Wünsche haben. Sollen sich mal hinsetzen und über ihre Ziele, Vorstellungen und vor allem Wünsche und auch Gemeinsamkeiten reden, das täte beiden so gut, da mal was zu klären. Können es sich ja mal sehr bequem auf der Couch machen, mit Kartoffelchips und so und an mich denken. Kartoffelchips sind kein Kartoffelsalat, da sind alle Kartoffeln gleich drin gebraten, das sag ihnen, das könnte ihnen dabei helfen.

Ich werde es so ausrichten. Magst du mir noch eine Botschaft an die Manuela geben?

Sie ist so eine Gute, ich liebe sie ja so sehr. Sie hatte es überhaupt nicht gut im Leben und zweifelt erst einmal daran, ob ihr irgendwas gut tut, wenn ihr was oder wer begegnet. Das ist ihre Hauptsorge im Leben. Sie ist aber sehr offen für Dinge, die sie so umgeben in ihrem Haus. Nur was ihr vor dem Haus vor die Füße läuft, da kann sie nur ein verkrampftes Lächeln hervorbringen und mehr geht dann nicht. Sie muss mehr lächeln in ihrem Leben und zwar wirklich, echt und ehrlich, das fehlt ihr ja so in ihrem Leben und dann meint sie immer, sie muss Kämpfe ausfechten, aber die Kämpfe gehen eigentlich in eine ganz andere Richtung. Das weiß sie nur noch nicht, es betrifft sie immer nur selber. Sie regt etwas so auf, einfach weil sie manche Dinge immer an anderen ändern will und nicht sieht, dass eigentlich sie selber der Stein des Anstoßes ist. Das kannst du ihr mal sagen. Sie soll mit ihren Vermutungen, wer wieder mal Schuld an irgendetwas ist, nicht so weit vor die Türe gehen, sondern sich nur umdrehen und in den großen Spiegel schauen, da wird sie sich selber entdecken. Und da wird es ja nun mal Zeit, dass sie sich wirklich selbst entdeckt, so als ob wunderschöne Schichten ihres innerlichen Seins unter ihrer Schminke verborgen liegen. Ich liebe sie, aber sie muss sich mal selbst an der Nase fassen und nicht nur die Schuld bei anderen suchen. Sonst habe ich ihr eigentlich nichts mitzuteilen. Als Frauchen liebe ich sie total, aber als suchende Seele fällt sie mir immer wieder auf. Sag es ihr bitte, damit sie sich mal über Schuld bei anderen und Schuld bei sich selbst bewusst wird, sonst ist ihr Leben sehr in Ordnung so.

Danke dir für die Botschaft. Hast du noch eine Botschaft an den Simon?

Ja, die habe ich. Unterschiedlicher können beide gar nicht sein und doch lernen sie unwahrscheinlich viel voneinander. Sie würden aber noch viel mehr lernen können und auch das Gelernte in innige Harmonie umsetzen können, wenn sie sich mal aussprechen würden. Er schaut oft wie ein Egoist für sie aus, aber das ist Simon so ganz und gar nicht. Er kümmert sich halt nur um sich, weil ihm noch nicht bewusst ist, dass Manuela meint, ihr ginge es nur so richtig gut, wenn er ihr was Gutes tut, er sie danach fragt und sie beachtet. Mensch, dann tu ihr doch mal den Gefallen, dann geht vieles leichter und besser in eurer Partnerschaft. Andererseits liegt auch viel an ihr, weil sie endlich den Gedanken in ihr aufgeben muss, erst, wenn er sich um sie kümmert, dann fühlt sie sich so richtig wahrgenommen. Mensch, Manuela, das brauchst du doch gar nicht, du kannst dich doch selber wahrnehmen. Ich bin auch für euch beide da, euch meine Energie zu geben, aber ich muss auch sagen, an euch beiden beiß ich mir noch die Zähne aus. Kein Wunder, dass ich mein Zahnfleisch so spüre, an euch beide komm ich einfach nicht so richtig hin. Dabei muss Simon nur seine Haltung: „Erst komm ich, dann sehe ich mich mal um, ob noch wer hinter mir steht und mich vielleicht wegen etwas anspricht", aufgibt. Die braucht er nicht mehr und diese Einstellung hat in einer wahren Partnerschaft eh nichts zu suchen, das ist ihm aber so völlig unklar. Wenn er erst mal sieht, dass Kartoffeln immer gekocht werden müssen, also ein bisschen bearbeitet gehören, bevor sie verarbeitet werden können, dann kann auch seine Partnerschaft wachsen, blühen und wie ein einheitlicher Kartoffelsalat schmecken. So schmeckt man im Moment nur raus, dass da gekochte und ungekochte Kartoffeln miteinander in einem Salat vermischt wurden, die aber nichts mit einer Einheit zu tun haben und nicht so richtig schmecken. Partnerschaft muss nicht aus purer Harmonie bestehen, aber um so mehr aus Offenheit und auch der Aussprache von offenen Wünschen, damit man weiß, was der andere denkt und danach auch handeln kann. Bitte sprecht miteinander, dann brauche ich auch keine Zahnschmerzen mehr zu fürchten.

Danke dir, Gina, du hast ja sehr viel erzählt. Kann deine Familie sonst noch was tun für dich?

Nein, ich habe sehr viel gesagt, es wird sehr bitter für sie werden und sie werden auch nicht glauben können, dass ich soviel über sie erzählt habe, aber ich empfinde beide so als die allerliebsten Menschen der Welt. Aber sie müssen sich nur entscheiden, ob sie ein einheitlicher Kartoffelsalat werden wollen – sonst schmeckt ihre Partnerschaft einfach nicht so gut. Aber aus ihnen kann ganz viel zusammenerwachsen. Ich freue mich auch schon darauf, wenn sie endlich mit Kartoffelchips auf der Couch so ein gutes Gespräch führen werden, ich freue mich darauf.

Seelengespräche

Kater Yeti: „ich bin wie ein saurer Apfel"
Zwei Gespräche für Viktoria und Bernd.

...

Sie hat eine Frage und eine Bitte an dich. Viktoria versteht nicht so recht, warum du so wenig Kontakt zu ihr haben möchtest. Sie würde sich so freuen, wenn du etwas kommunikativer wärst, öfters, nicht nur nachts, zu ihr kommen würdest und auch eine Weile bleiben könntest.

Ja, wo will sie denn so eine Katze in mir finden? Ich bin es nicht, so was habe ich nicht in mir versteckt.

Das heißt, du bist einfach so, dass du nur einmal nachts zu ihr kommen willst und etwas zum Fressen abholen kommst, aber sonst keine Streicheleinheiten haben willst.

Genau. Warum will sie mich denn anders haben? Ich bin wie ein saurer Apfel, wenn sie mal reinbeißt und feststellt, er ist sauer, kann sie den gleichen Apfel 100 x um sich selber drehen, sie findet keine andere Stelle, wo er auf einmal süß wäre. So bin ich nicht.

Weißt du, ihr wurde in Spanien gesagt, dass du so eine Katze wärst. Dort sollst du eher ein richtiger Schmusekater gewesen sein und sehr kommunikativ, außerdem eher der Anführer von vielen Katzen und sie wünscht sich deshalb einfach so einen Kater, wie er ihr beschrieben wurde.

Papier ist geduldig, das ist doch ein Sprichwort aus deiner Zeit, oder? Ich weiß nicht, was alles auf einem Papier über mich steht, ich kann nur so sein, wie ich bin. Mehr nicht.

Das bedeutet, dass du noch nie so warst, oder?

Nein, das stimmt auch nicht, ich war so, ganz am Anfang meines Katzendaseins, aber ich bin da in so viele Dinge hineingestolpert, dass ich nun nicht mehr so sein kann, das ist alles.

Warst du denn in Spanien noch so, wie du beschrieben wurdest, in diesem Tierheim?

Nein, noch nie.

Dann denke ich, dass du nur so beschrieben wurdest, damit dich jemand, der so einen Kater sucht, mitnimmt.

Ich bin aber nicht unglücklich, dass ich so bin und auch nicht, wo ich gerade bin, mir gefällt es im Moment sehr gut, ich habe viele Freiheiten, die ich auch sehr, sehr genieße.

Gut, das finde ich schon mal gut. Dann muss ich der Viktoria sagen, dass du nie dieser Kater warst, der ihr beschrieben wurde.

Richtig, was Anderes kann ich ihr leider nicht sagen.

Würde es dir denn sehr schwer fallen, ein wenig auf sie zuzugehen und ein wenig mit ihr zu schmusen? Sie wünscht sich einfach mehr Kontakt und vermisst diesen zu dir, wenn du einmal nachts kurz zum Fressen auftauchst.

Mh, da muss ich überlegen, so schnell kann ich mich ja nicht ändern. Bin doch kein Osterei, das nur mal schnell mit ein paar Pinselstrichen verziert und angemalt wird. Nein, darauf warte ich nicht.

Verstehe. Aber würde es dir sehr schwer fallen, zu ihr zum Schmusen zu kommen? Oder auch mal tagsüber, wenn sie da ist, einfach mal vorbeizukommen, dich streicheln lassen und dann wieder zu gehen.

Na, schlimm klingt es ja nicht, vielleicht kann ich es auch tun.

Vielleicht gefällt es nicht nur der Viktoria, sondern auch dir, dass du gestreichelt wirst. Sie würde sich so gerne einen Schmusekater wünschen.

Ich bin es aber nicht, das ist schwer, einer zu werden.

Was hält dich denn davon ab?

Vieles. So vieles.

Sag es doch bitte. Ist es deine Vergangenheit?

Oh ja, ich wurde nie geliebt, was hatte ich schon vom Leben? Auch in diesem Haus mit den anderen Katzen musste ich mich nur durchsetzen. Ich konnte kaum zu ihr gehen, weil ich von vielen andern Katzen umzingelt wurde, die auch zu ihr wollten. Ich wurde etwas zurückhaltender. Vielleicht wollte sie mich auch so sehen, wie du mich beschrieben hast, aber so bin ich halt nicht.

Danke dir. Hast du noch eine Botschaft an den Bernd?

Ja, er ist ein armer Wurm, so spüre ich seine innere Zerrissenheit in sich. Seine Masse ist groß, er kommt mir oft vor wie ein großer grummelnder Bär, aber ich habe keine Angst vor ihm, nur seine Masse ist groß und seine Seele schreit sehr laut nach draußen. Doch er unterdrückt sie ganz gewaltig und denkt: draufsetzen mit dem ganzen großen Po auf all meine Probleme und festsetzen, dass sie niemals wieder an die Oberfläche kommen. Das ist aber so schade, denn so kann man keine Probleme lösen, so kann man sie nur aussitzen. Aber da ändert sich nichts dran, sie sind immer noch da und erreichen irgendwann auch mal alle Körperteile, wenn sie in der Seele nicht bereinigt werden. Soll seine Angst nicht länger mit sich spazierentragen, sondern genau anschauen, vor was er genau Angst hat und sie ablegen wie einen alten Regenschirm an einem heißen Sommertag – er braucht ihn einfach nicht mehr. Außerdem hat er so viele Löcher in sich, dass er ihn nicht mehr schützen würde, selbst, wenn es mal regnet. Er braucht ihn nicht mehr. Sonst kümmert er sich gerne um alle Leute und hat ein großes Gespür dafür, was andere Menschen so wollen in ihrem Leben, wo sie gerade stehen und wo sie gerade hinwollen. Das ist gut, soll dieses Gespür aber mal bei sich selber anwenden. Das täte ihm sehr gut, dann kann er auch an Gewicht verlieren, wenn er dieses innere Gewicht nicht mehr so mit sich rumschleppen muss. Ich liebe ihn auch, aber mit der Viktoria verbindet mich noch mehr.

Danke dir, Yeti, dass du soviel erzählt hast und auch, dass du dir so viele Gedanken gemacht hast. Kann die Viktoria noch was für dich tun?

Mich ziehen lassen, wenn ich will, ich komme auch immer wieder. Das ist auch so mit Kindern, wenn man sie gehen lässt, kommen sie auch aus reiner Liebe und Freiwilligkeit wieder zurück.

Danke dir. Ich richte auch alles so aus, was du mir erzählt hast.

Auszug aus einem weiteren Gespräch:

Hallo, Yeti, darf ich wieder mit dir reden?

Ja? Was magst du wieder von mir?[klingt vorsichtig, aber sehr neugierig]

Ich wollte mich im Namen von der Viktoria und vom Bernd bedanken für das letzte Gespräch. Sie haben sich sehr gefreut, von dir so einiges zu erfahren und vor allem hat mir die Viktoria gesagt, dass sie so glücklich und begeistert ist, dass du nachts nun früher kommst und länger bleibst. Sie bedanken sich beide dafür, dass du so darüber nachgedacht hast und es gleich umsetzt.

Das freut mich sehr, dass es ihnen gefällt. Dafür danke ich dir, dass du es sagst. Ich habe nur die überwältigende Überraschung gefühlt, mehr nicht, dann komm ich nun öfters, macht mir nichts aus, ich liebe sie ja.

Das wird sie sehr freuen. Danke dir schon mal. Die Viktoria meinte auch, wegen ihr müsstest du nun nicht zum Schmusekater werden, wenn du eigentlich keiner bist, aber sie freut sich sehr, wenn du einfach öfters auftauchst.

Das meint sie aber nur für den Anfang, sonst würde sie sich schon freuen, wenn ich öfters komme und länger bleibe und mich auch noch streicheln lasse, oder?

Spüre mal hin, ob du das auch magst. Das ist nur ein Angebot für dich.

Ja, ich mag es, muss mich aber noch etwas überwinden, obwohl sie so lieb sind und mir nichts Unrechtes tun. Ich kann es – das ist auch meine Aufgabe in meinem Leben, wieder Vertrauen zu fassen. Da kann ich gleich mal bei beiden anfangen, denn auch sie sind ja so oft von ihren Liebsten im Leben so bitter enttäuscht worden. Vor allem mit den Erwartungen, die an sie herangetragen wurden. Nun bin ich bei ihnen gelandet, weil wir alle drei die gleiche Energie haben, es uns wieder zuzutrauen, dass das Leben nicht nur aus Misstrauen besteht, sondern fest in beide offene Arme geschlossen werden kann.

Danke dir für die Erklärung. Können sie sonst noch was tun für dich?

Nein, ich komme weiterhin, wenn sie mich so lieb haben. Ich liebe sie und wir brauchen uns.

Alles Gute für dich.

Seelengespräche

Hund Gregor: „...dass es da ganz arme Hunde gibt“
Ein Gespräch für Katrin, Moritz und Dieter.

Hallo, Gregor, ich bin die Barbara, magst du mit mir reden?

Ja, mag ich gerne, was gibt es denn? [ich „sehe“ ihn ganz offen auf mich zukommen].

Nun, erst mal muss ich dir gleich sagen, dass es selten einen Hund gibt, der so offen reagiert wie du. Das freut mich. Die Katrin hat mich gebeten, mit dir zu reden, sie möchte einfach nur wissen, wie es dir so geht und ob du ihr dazu was erzählen magst. Ich richte es ihr dann auch so aus.

Ja, das mag ich gerne, ich habe ein herrliches Hundeleben, das kannst du schon mal ausrichten, mir geht es sehr, sehr gut. Ist doch nichts, was meine Familie an mir verwirrend findet, oder?

Nein, ganz und gar nicht. Sie haben eher das Gefühl, dass es dir ganz gut geht, möchten aber einfach nur mal nachfragen, weil ich dich etwas anders verstehen kann als sie.

Ich glaube dir. Mir geht es gut, sonst gibt es auch nichts zu sagen zu meiner Familie, ich fühle mich hier sehr wohl und darf sie auch immer begleiten mit meiner Energie. Sie nehmen sie gerne an und ich denke, sie wissen es auch, dass ich sie immer begleite mit meiner Energie. Was willst du denn noch so wissen?

Schön, dass du da nachfragst. Die Katrin sagte mir, sie denkt, dass es dir sehr gut geht, andererseits müssen beide sehr viel arbeiten, da ist sie sich nicht ganz sicher, ob du da noch mehr Zuwendung benötigst oder dir wünschen würdest.

Nein, ganz und gar nicht. Es ist bei mir so, dass ich sehr glücklich bin, dass ich sie überhaupt begleiten darf. Das ist doch schön, oder? Viele dürfen das nicht. Warum sie in einer Familie sind, das weiß ich dann nicht. Sie vielleicht auch nicht, das merke ich ja immer wieder beim Spazierengehen, dass es da ganz arme Hunde gibt, für die sich niemand so richtig interessiert und denen es dadurch einfach nicht so gut geht. Ich darf aber dabeibleiben, auch noch den ganzen Tag bin ich mit ihnen zusammen, ja – da muss es mir doch gut gehen, oder?

Schön, dass du es so siehst, es wird sie sicher sehr freuen. Noch eine Frage hat die Katrin, sie möchte gerne wissen, warum du manchmal humpeln musst, weißt du selber warum?

Ja, hängt mit meiner Knorpelmasse zusammen, da stimmt was nicht am Kniegelenk, das kann sie sich gerne mal anschauen lassen, das stört mich ja selber. Von alleine wird es auch nicht mehr weggehen, das merke ich, aber es ist nicht ganz so schlimm, wie es nach außen hin ausschaut, nur, wenn es mir zuviel wurde mit dem Gehen spüre ich es, aber wann ist das mal schon der Fall? Selten. Aber wenn ich doch zuviel gegangen bin, dann spüre ich einfach so sehr meine Knorpelmasse. Die tut mir dann richtig weh, aber nur am Kniegelenk, vielleicht gibt es dagegen was, was ich tun könnte. Richtest du es aus, was ich dir gesagt habe?

Ja, ich sage alles so weiter, wie du es mir gesagt hast. Die Katrin fragt noch, warum du manchmal dein Wasser nicht halten kannst, weißt du, wovon es kommt?

Ja und nein, es war keine schöne Sache, was da mit mir gemacht wurde. Darüber will ich lieber nicht reden, war nicht schön für mich.

Ich glaube, ich weiß, was du meinst. Die Katrin hat mir geschrieben, sie sagte, dass du kastriert wurdest, kommt es vielleicht daher?

Das Wort schlägt mit einer vollen Wucht gegen mich – das Wort ist gemein. Ich will das nicht haben, damit musst du aufhören. Ja, es kommt von diesem Wort, es ist nicht schön für mich, was da geschehen ist. Ich weiß auch nicht warum.

Weißt du, ein Hund, ein jedes Tier und auch ein Mensch können Kinder zeugen, aber wenn das die Familie nicht möchte, weil sie keine Zeit für den Nachwuchs hat oder aus sonstigen Gründen, dann kann der Arzt oder der Tierarzt was dagegen tun, dass du keinen Nachwuchs zeugen kannst und deine Familie hat sich bei dir dafür entschlossen. Deshalb warst du damals beim Tierarzt.

Aber warum hat mir das keiner so richtig gesagt? Ich wusste nicht, was mich da erwartet. Ich habe dadurch einen Teil meiner Kraft verloren und auch ein bisschen von meinem Vertrauen in meine Familie. Nein, sag es ihnen lieber nicht, ich liebe sie ja so, aber das fand ich nicht in Ordnung. Ich spüre doch sonst so viele ihrer Gedanken, aber das fand ich gar nicht gut von ihnen, das war nicht gut für mich, ich wollte das nicht. Hatten sie da jemals Probleme mit mir, dass sie da so was tun mussten?

Ich weiß es nicht, das hat mir die Katrin nicht gesagt. Bei vielen Hunden wird das gemacht, bei vielen anderen Tieren oder Menschen auch. Nur Menschen entschließen sich selber dafür – und so hat sich deine Familie für dich dafür entschlossen. Hast du denn noch Schmerzen damit?

Nein, es ist eher ein innerlicher Schmerz, dass sie mir das angetan haben und mir nicht sagten, was sie da tun lassen mit mir. Das fand ich nicht gut, eben, weil ich so viel Vertrauen habe und auch immer hatte in sie – sie haben mich auch noch nie enttäuscht damit. So versuche ich es immer wieder zu vergessen. Es ist aber der innere Schmerz, den ich noch damit habe, sonst tut mir nichts mehr weh. Das kannst du ihnen gerne sagen und auch danke dir, dass du es mir nun erklärt hast, ich wusste es nicht.

Gut, ich sage es auch so weiter, dass sie da nichts tun können. Vielleicht hilft aber auch eine Behandlung bei einem Tierheilpraktiker, der dir z. B. Bachblüten geben kann.

Ja, das fühlt sich sehr gut an. Das kann helfen, ich will es ja auch ablegen meine alten Gedanken. Sind doch schon vergangen, da muss ich sie doch nicht noch so rumschleppen und vergeben habe ich ihnen ja auch schon längst. Hätten es mir nur sagen sollen.

Die Katrin fragt, ob du sonst mit deiner Familie zufrieden bist oder ob es da was gibt, was sie ändern können?

Was heißt hier verändern? Ich würde es ihnen schon zeigen, wenn was nicht in Ordnung ist. Da spüren wir alle ganz gut zusammen, was ich will und was nicht, es gibt aber nicht viel, was ich nicht mag, es ist alles so in Ordnung, wie es ist.

Wenn du sagst, es gibt nicht viel, dann wäre doch nun eine Gelegenheit, darüber zu reden, wenn du doch etwas verändern willst.

Mehr Spaziergänge bitte, wenn es geht, nur nicht so lange, aber etwas öfters. Das wäre ganz wundervoll, kannst du ihnen das ausrichten, ohne, dass sie von mir enttäuscht sind?

Ich glaube, wenn sie dich schon fragen, wollen sie auch gerne eine ehrliche Antwort und sie freuen sich, wenn sie was tun können, sonst hätten sie ja nicht über mich gefragt.

Ja, du hast recht, will halt keine Umstände machen, verstehst du das?

Ja, das verstehe ich. Die Katrin fragt noch, ob du gerne mit Moritz zusammen bist, wenn deine Familie auf einer Messe ist.

Ja, sehr gerne, das ist ganz anders mit Moritz. So viel mehr Zeit steht mir dann zur Verfügung mit ihm, ich mag ihn sehr und es ist so gut, dass sie ihn dafür ausgesucht haben, wenn sie wegfahren. Ich fühle mich sehr wohl bei ihm. Er ist so ungestüm, vor allem mit seinen Gedanken, da muss ich mich vollkommen neu einleben bei ihm. Das tut mir dann ganz gut, da er so ganz anders denkt und ich gewöhne mich immer schnell an ihn.

Danke dir, das wird sie sicherlich sehr freuen. Hast du noch eine Botschaft an die Katrin?

Meine Katrin möchte eine Botschaft von mir? Das ist eher außergewöhnlich, ich denke und fühle immer, sie kann alles. Sie wirkt so souverän, aber in Wirklichkeit will sie so gerne mal in den Arm ge-

nommen werden, ganz fest und ganz lange und sich dann einfach mal fallenlassen können, das wünscht sie sich in ihrem tiefsten Herzen sehr. Das ist schwer für sie. Sie hat wirklich viel und gute Arbeit, es macht ihr sogar sehr viel Spaß, aber sie würde sich sehr freuen, wenn sie es schafft, auch mal ganz viel Kraft von einer Seite her zu bekommen, die ihr sehr gut tun würde. Ihren Mann meine ich nicht, er ist auch ein Herz und eine Seele, nein, aber sie braucht jemanden, der ihr eine innere Kraft geben kann, damit sie den Alltag mit einer Leichtigkeit überstehen kann, die ihr im Moment sehr fehlt. Da hat sie ein Problem. Sonst geht es ihr aber gut, so ist das nicht, sie verbirgt es auch sehr gerne, da sie es gewohnt ist, nicht zu zeigen, wie es innerlich in ihr ausschaut. So ist das mit ihr, sie ist eine gute Frau, die immer will, dass es anderen auch gut geht und macht auch einiges dafür, aber so einfach ist es dann nicht, dass es ihr dafür automatisch auch gut geht, das passt nicht zusammen. Sie darf nicht denken, nur weil sie was Gutes tut, geht es ihr automatisch auch gleich gut. Braucht auch mal eine Pause, aber nicht eine, wo sie die Füße hochlegt, nein, das ist nichts von Bedeutung für meine Katrin, sondern eher eine, wo sie eine innere Schaffenspause machen kann und was tut, um zu entspannen, so ist die Katrin eher. Ich liebe sie, aber sie muss mal an ihr Innerstes herangeführt werden, da ist sie ein bisschen auf der Suche, weiß es aber noch gar nicht, dass es ihr gut tun würde. Muss sie aber unbedingt, das geht ihr sehr ab in ihrem Leben.

Danke dir für die Botschaft. Hast du noch eine an den Dieter?

Ja, er ist auf den ersten Blick so völlig anders. Das ist aber egal für sie, sie passen gut zusammen. Es gehen ihnen aber beiden, jedem für sich, ein paar Dinge ab im Leben. Er ist jemand, der sehr viel im Äußern sucht und nicht genau weiß, was er machen soll, wenn jemand ihm seine Gefühle zeigt. Ja, so ist er. Aber ein herzenslieber, der mit seiner lockeren, entspannten Art auch gut Leute um den Finger wickeln kann, das macht er gerne und die Leute genießen seine liebevolle Art und kommen gerne zu ihm. Er hat auch immer einen Witz auf den Lippen. Manche verstehen ihn [den Witz] nicht so richtig und freuen sich aber doch, mit ihm gemeinsam zu lachen, so ist er, ein ganz lieber Freund. Ich freue mich immer auf ihn, wenn wir zusammen sind. Vor allem unsere Spaziergänge genieße ich. Er ist ein Klardenker, ich weiß also immer, woran ich bin, wenn ich seine Gedanken spüre, das tut mir sehr gut. So geht er auch mit anderen Menschen um. Das tut ihnen gut und sie wissen immer, woran man mit ihm ist, wenn er mit ihnen verhandelt – so ist der Dieter. Ich mag ihn sehr gerne, sonst gibt es aber nichts, was ich über ihn sagen könnte. Er kann auch Menschen zum Weinen bringen, weil er manchmal eine sehr theatralische Ader hat, aber die kommt nur selten raus. Das ist auch ganz gut, da er sonst alle eher damit verwirren würde, aber sie ist auch da. Das nervt eher seine Frau, wenn sie die Ader wieder spürt und sie hofft, dass sie nicht so oft rauskommt in seinem Menschsein. Sonst ist er im Moment auch sehr zufrieden mit sich und der Welt. Es läuft ihm gerade keine Laus über die Leber, das spüren dann auch seine Mitmenschen und können sich auch mit ihm herzlich freuen, eben so, wie er auf andere zugeht. Da kann er auch mal wie ein Spiegelbild sein für andere, die es aber erst viel später entdecken, was er ihnen damit eigentlich sagen wollte. Ich mag ihn, das ist gut so, dass er so viele Talente hat.

Danke dir, dass du soviel erzählt hast. Kann deine Familie sonst noch was tun oder hast du noch einen Wunsch an sie?

Nein, ich habe alles gesagt. Mir geht es ja sonst ganz gut, bitte aber in Zukunft darum, wenn wieder was Schlimmes mit mir passieren soll, dann müssen sie es mir mitteilen, vorher, darum bitte ich, denn ich spüre viele von ihren Gedanken, also verstehe ich auch, was sie mit mir vorhaben. Sonst ist aber alles in völliger Ordnung, wirklich in einer sehr schönen Ordnung drin, die mir in der Familie sehr gut tut.

Ich danke dir für das Gespräch und richte es auch so aus, was du gesagt hast.

Schon gut, war schön, dass ich mich so mitteilen konnte.

Anmerkung

... und hoffen sehr, dass es Mensch und Tier und Pflanzen im Verständnis miteinander näher bringt.

Seelengespräche

Kater Tom: „habe eine sehr gute Familie erwischt“
Drei Gespräche mit den drei Katern Tom, Mäxchen und Freddy für ihre Familie mit Doris, Günther, Agnes und Martin.
Zunächst Tom:

Hallo Tom, magst du mit mir reden?

Ja, was willst denn du von mir? Ich kenn dich nicht, hau ab, verschwinde.

Nun, wir kennen uns zwar nicht, aber die Doris hat mich gebeten, mit dir zu reden. Sie möchte gerne wissen, wie es dir so geht.

Warum will sie es wissen? [klingt sehr misstrauisch].

Sie sieht dich und sie spürt dich, weiß bestimmt, wie es dir so geht, aber ich kann etwas anders mit dir reden und da möchte sie gerne wissen, ob du mir etwas erzählen willst, was ich ihr dann weitersage.

Es gibt nichts zu erzählen, verschwinde, ich brauche dich nicht.

Du mich bestimmt nicht, das glaube ich dir, aber die Doris, der Günther, die Agnes und der Martin würden sich sicher sehr freuen, wenn du ihnen was sagen willst. Du kannst es auch als Möglichkeit ansehen, zu erzählen, was dir vielleicht nicht so passt in deiner Familie und du kannst es jetzt sagen, vielleicht ändert sich dadurch was. Und ich richte es auch so aus, wie du es mir erzählt hast.

Mh, das hört sich anders an. Ich bin kein Kater, der sehr zutraulich ist, zumindest überhaupt nicht bei Fremden. Das nervt mich total, wenn da fremde Leute herkommen und meinen, sie können mich gleich streicheln, da muss ich mich schon wehren oder am liebsten gleich weglaufen, so ist das dann bei uns. Aber was soll ich erzählen? Mir geht's gut, habe eine sehr gute Familie erwischt. Jeder kümmert sich um sich und ich um mich, so ist das bei uns und es ist völlig in Ordnung so.

Gut, danke, dass du mir das erzählst. Gibt es was, das du auch ausrichten möchtest an deine Familie?

Sie streiten öfters, das müssen sie nicht. Es geht dabei um ganz einfache Dinge, die nicht der Rede wert sind, das sollte aber eher sie stören, für mich ist das nicht so schlimm. Sonst gibt es nichts, was ich sagen könnte.

In Ordnung, hast du dann vielleicht eine Botschaft an die Doris?

Ja, sie ist eine Liebe, ich liebe sie einfach. Sie kümmert sich um alle, auch um mich und das immer sehr, sehr herzlich. Das finde ich sehr schön. Alles, was sie macht, entstammt aus einer gewissen Achtung und auch Ordnung. So durcheinander mag sie es gar nicht, da gibt sie sehr viel Energie drauf, dass alles immer stimmt. Das müsste sie aber eigentlich nicht. Ist es denn so wichtig, dass immer alles so ordentlich ist? So frisch gebügelt und alles akkurat sauber? Es gibt doch Wichtigeres im Leben, das wollte ich ihr schon immer mal sagen. So sehe ich das, dass sie auch mal mehr Zeit für sich verdient hat, das sieht sie so gar nicht, erst muss alles in der Wohnung stimmen, dann geht's an sie und ihre Bedürfnisse, die dürften aber ruhig mal früher drankommen als so. Sonst mag ich sie gerne, sie spielt auch gern mit mir, aber ich habe nicht immer Lust dazu. Das liegt aber nicht an ihr, soll ruhig so weitermachen, ich habe nichts auszusetzen an dem, was sie mit mir macht. Sie liebt ihre Kinder sehr, auch, wenn sie ihr manchmal den letzten Nerv rauben. Das ist die Spezialität von beiden, aber das ist auch was, was sie und auch meine Doris lernen müssen, sich abzugrenzen und bitte nichts immer so persönlich nehmen – das können sie sehr gut, sollen sie aber lassen. Keiner will den anderen wirklich verletzen in der Art und Weise, wie was gesagt wird; das stimmt so nicht, auch, wenn es den Anschein hat. Müssen ruhiger werden in ihrer Art und tief durchschnaufen, erst dann sollen sie sich aufregen, dann ist die meiste Wut schon weg, so geht's dann auch, sollen es mal versuchen.

Danke dir, hast du noch eine Botschaft an den Günther?

Ja und nein, er meint immer, er weiß schon alles. Aber er hat doch das Wissen nicht gepachtet in dieser

Welt. Es gibt noch so viele Dinge, die er nicht weiß und es geht so nicht, dass er immer meint, er müsste alle aufklären über Dinge, die die anderen wie selbstverständlichst nicht wissen können. Er kann was ergänzen, ja, das kann er, aber er soll seinen Mund nicht immer aufmachen und sagen: „So, Leute, ihr wisst ja gar nichts, ich weiß es aber, es ist so..." Das tut er sehr gerne und merkt dabei gar nicht, wie er andere dabei tief verletzen kann. So sehe ich ihn, aber ich mag ihn, sogar gerne. Das fällt mir zu ihm ein, aber er ist auch sehr, sehr hilfsbereit, nur soll er nicht immer seine Meinung und sein Wissen aufdrängen. Das mögen ganz viele Leute nicht, die sich nur vornehm zurückhalten und nichts erwidern, obwohl sie am liebsten wegrennen würden. Na ja, es hört sich vielleicht sehr schlimm an, was ich über ihn erzähle, aber ihm fehlt das Gefühl in einer Situation zu spüren, ob er nun was sagen darf oder nicht, er poltert da immer gleich rein und meint es auch noch gut. Das verstehe ich ja und seine gut gemeinten Ratschläge sind ja auch wirklich nett gemeint, aber nicht immer verlangt. Da soll er zukünftig etwas mehr hinspüren, dann wird er ja auch gefragt werden zu seiner Meinung. Die ist auch sehr wichtig, er hat ja auch ein großes Wissen, aber bitte nicht immer aufdrängen, das sollte er lernen, sich zurückzuhalten, dann ist allen geholfen, auch ihm. Seiner Frau ist es oft genug peinlich, wenn er sich nicht zurückhält, eben, weil er kein so richtiges Gespür entwickelt hat, wann es wichtig ist zu reden oder lieber seinen Mund zu halten. Das soll er mal ausprobieren, er muss ja nicht gleich platzen, aber etwas mehr Zurückhaltung mit seinen Ratschlägen wäre eine sehr wichtige Erfahrung für ihn, da dann Gespräche in eine ganz andere Richtung gehen können. Soll er einfach mal miterleben und sich dann seine Gedanken dazu machen.

Danke dir, hast du noch eine Botschaft an die Agnes?

Ja, die Agnes, sie ist lieb und gleichzeitig eine richtige Kratzbürste, so sehe ich sie. Aber ich liebe sie. Weiß im Moment noch nicht so richtig, wo sie sich zuordnen soll, ist aber noch eher Kind als groß, so fühlt sie sich auch. Sie hat sehr viele, sehr starke Qualitäten und freut sich schon darauf, alles auszuprobieren, was ihr in den Weg gelegt wird. Sie ist nicht traurig, wenn Schwierigkeiten oder neue Dinge auf sie zukommen, sie schreit zwar nicht gerade: „her damit", aber sie ist glücklich, sich beweisen zu können. Das ist ein ganz wichtiges Thema in ihrem Leben, wird es auch immer sein. Sie muss sich über Leistung erfahren: „Kann ich was, dann bin ich was", so denkt sie. Das muss sie aber noch mal überdenken, weil es auch schwer ist, so immer für oder vor anderen aufzutreten und immer stark sein zu müssen. Will sich gerne mal einfach nur fallen lassen. Lasst ihr doch den Spaß und sie wird mal merken, wie schön es ist, Dinge einfach so auf sich zukommen zu lassen und nicht sich schon aufzustellen wie eine Mauer, wo nichts durchkommt. Sie fängt da alles ab und will gleich immer alles nehmen, um, ja – nicht gerade anzuecken, aber mit dem, was da so kommt an Anforderungen, zu ringen und zu kämpfen. Auch im positiven Sinne – sie stellt sich allem, was da so kommt. Das Leben ist aber auch Spaß und Spiel, das soll in ihren Augen nicht zu kurz kommen. Sonst macht sie ihren Weg, das ist schön, das sehe ich schon vor mir, wie sie sich auseinandersetzt mit ihrem wilden Leben und alles sehr spannend und aufregend sieht. Das ist schön, aber nicht nur Aufregung und Spannung soll in ihr Leben Einzug halten, sondern auch viel Lockerheit und Freude, das sag bitte weiter.

Ich sage es weiter. Danke dir. Hast du noch eine Botschaft an den Martin?

Ja, er erinnert mich an ein gutmütiges Pferd, das alles rauszieht, was in den Graben gefallen ist. Er ist sehr lieb, immer, zu jedem, ... Das ist er. Ich mag ihn, aber er weiß ja noch so gar nicht, was das Leben alles zu bieten hat und bleibt lieber zu Hause, um nicht draußen in der Welt umherzuirren. Das soll er aber nicht. Er muss rausgehen und muss schauen, was alles möglich ist, was alles auch zu ihm kommen kann. Sonst kommt nichts und er bleibt wirklich allein zu Hause und wartet und wartet. Auf was eigentlich? Das weiß er selber noch nicht so richtig. Er hat Hobbys, aber keine so richtigen, er steht nicht dahinter, was er alles in diesem Leben machen und erreichen soll. Klar, er ist ja noch nicht so alt. Aber die Tendenzen, in welche Richtung er gehen könnte, die fehlen noch, die sehe ich noch nicht für ihn. Schade. Oft spiegelt sich ja schon was raus im Leben, aber bei ihm noch nicht, er macht oft was so halb. Hauptsache, es ist erledigt, aber er muss da mehr Stärke und Gefühl reinschicken und sich fragen, was will ich denn so überhaupt im Leben? Klar, er ist noch jung, aber darum geht es nicht, er muss wissen, dass es viele Dinge im Leben gibt, die auch ihn berühren können und dafür soll er mal offen durch die Welt gehen und schauen, was ihn dann berührt und es dann einfach mitnehmen und ausprobieren. Ohne lange Entscheidung, einfach ausprobieren und schauen, ob es ihm taugt. Das können Sportsachen sein oder auch ganz andere Dinge im Leben, einfach hinschauen und anfangen, nicht so rumstehen und groß überlegen, soll ich oder soll ich nicht? Was gibt es mir, wenn ich... Solche Überlegungen halten ihn nur davon ab, anzufangen, aber das ist auch ein Teil seiner Lebensaufgabe, sich entscheiden und was beginnen.

Danke dir, für alle Botschaften. Kann deine Familie sonst noch was für dich tun oder hast du irgendwelche Wünsche?

Nein, habe ich nicht, sollen alle viel mit mir spielen, aber bloß keine Fremden. Das mag ich nicht, sonst bin ich glücklich.

Danke dir, dass du doch mit mir geredet hast, am Anfang wolltest du ja so gar nicht. Ich richte es auch so aus an deine Familie, wie du es mir erzählst hat.

Ja, das ist gut, mehr will ich nicht, ich bin sehr zufrieden in meiner Familie, muss sich nichts für mich ändern.

Gespräch mit Kater Mäxchen für die selben Personen:

Hallo, Mäxchen, magst du mit mir reden?

Ja, das will ich, was willst du denn? Fühlt sich spannend an, wenn du mit mir reden willst.

Das freut mich, deine Familie fragt einfach, wie es dir so geht und ob du mir was erzählen willst.

Mh, was wollen sie denn gerne wissen? Ich habe die beste Familie der Welt, die für mich passt, erwischt. Hier kann ich alle Erfahrungen der Welt machen, ich bin glücklich. Langt das oder wollen sie noch mehr wissen?

Nun, du kannst es einfach als Gelegenheit sehen, auch was zu erzählen, was dir vielleicht nicht so passt, dann kann ich es sagen und deine Familie könnte versuchen, es zu verändern.

Was soll ich da erzählen? Mir geht es gut. Ich weiß es auch von Tom, mir geht es sehr, sehr gut, also, was willst du noch?

Du klingst so liebevoll, so zufrieden, bist du es auch?

Soll ich nein sagen? Nein, das sag ich nicht, ich bin sehr zufrieden – mit meinem Leben, mit meinen Aufgaben, die sich so langsam auflösen – und mit meiner Familie. Was Besseres kann ich mir nicht wünschen, mir geht es einfach gut.

Was hast du denn für Aufgaben in deinem Leben?

Liebe und Verbindung bringen und mit meiner Energie unterstützen, das kann ich alles hervorragend in meiner Familie.

Das freut mich. Magst du mir dann ein paar Botschaften an deine Familie geben?

Ja, mehr Zusammenhalt ist wichtig. Sie lieben einander, aber zur Zeit ist jeder eher für sich beschäftigt. Sie sollten wieder was finden, was alle beschäftigt und alle ausfüllt, sollen etwas suchen, wo sie alle dranhängen können, das tut ihnen gut.

Gut, das sage ich weiter. Hast du noch eine Botschaft an die Doris?

Ja, eine Liebere gibt es nicht. Vor allem ihre Stimme liebe ich, wenn sie mich ruft, da muss ich dann immer gleich kommen. Das liebe ich, wenn sie mich ruft und Zeit für mich hat. Die nutze ich dann auch, kriege ja dann auch Streicheleinheiten von ihr, die liebe ich. Sonst ist sie eine sehr patente Frau, d.h. sie weiß, was sie will und was sie nicht will und das, was sie so alles nicht will in ihrem Leben, in ihrer Familie, sagt sie auch und versucht es – auch manchmal sehr streng – durchzusetzen. Das muss sie aber nicht, sie wird auch ernstgenommen, wenn sie es nicht so harsch sagt, sonst passt alles mit ihr. Sie liebt es, wenn alles so ordentlich hinterlegt ist in ihrer Familie, aber da kommt sie so gar nicht weiter in ihrer, in unserer Familie. Das ist ein Familienthema, das sich aber auch erledigt hat, wenn ihre Kinder erst groß sind. Klar, dauert noch ewig, denkt sie, aber so ewig auch wieder nicht, das muss sie sich vorstellen und daran denken, dann ist alles nicht mehr so schlimm, was jetzt in der Familie alles so passiert. Es ist gut so, wie es ist. Ich versorge auch alle mit meiner Energie und mache es herzlich gern. Sie ist so lieb, so gut, sie hat es sich so verdient. Ihre Kindheit war nicht richtig leicht und sie will ja so viele Dinge anders machen in ihrem Leben, in ihrer Familie, soll aber nicht denken, dass das „anders machen" der einzige Beweggrund sein soll, sondern sie muss auch dahinterstehen, was sie alles anders haben will und was sie alles verändert haben will. Dann erst soll sie es tun und nicht aus dem Gedanken heraus handeln, so, ich hatte es nicht so, deshalb müsst ihr das jetzt machen. Das geht so nicht, das muss ihr klar werden. Sonst läuft alles prima in meiner Familie, ich bin sehr zufrieden mit allen, auch mit allen Energien, die meine Familie ausstrahlt, sie fühlt sich gut an für mich.

Danke dir, hast du noch eine Botschaft an den Günther?

Ja, ich mag ihn und mag ihn manchmal nicht. Er sieht oft nur sich und seine Bedürfnisse. Er ist lieb, sehr lieb und kümmert sich auch herzlichst um seine Familie, aber so aus dem Bedürfnis heraus, es muss alles ganz einfach funktionieren und er sieht die komplizierten Vorgänge nicht so richtig, die auch dahinter stehen, so etwa die Gefühle und das Wissen, etwas zu tun, was man nicht erklären kann. Damit kann er so gar nichts anfangen, das ist schade, soll sich mal etwas mehr reinspüren in die anderen, bevor er sie verurteilt oder ihnen etwas sagt, was sie unbedingt aus seiner Sicht heraus machen sollen. Erst mal fühlen und spüren, warum jemand so denkt und handelt, dann erst soll er seine Meinung dazugeben, das würde seiner Familie und seinen Freunden ganz gut tun. Er ist lieb und nett, sehr gerecht, aber auch sehr hart, aber nicht zu anderen, das wirkt oft nur so, er ist sehr hart mit sich selbst, das finde ich schade. Erst mal spüren, dann handeln, das soll er zukünftig in seinem Leben, in vielen Situationen, die auf ihn zukommen, ausprobieren. Es wird ihm eine völlig neue Sichtweise des Lebens und der anderen eröffnen, das würde ihm sehr gut tun.

Danke dir. Hast du noch eine Botschaft an die Agnes?

Ja, ich mag sie und mag sie nicht, so ist sie zur Zeit. Klar, sie ist lieb, beachtet mich und will mich streicheln, aber nur, wenn sie will und nicht unbedingt, wenn ich will und so läuft ihr Leben gerade ab. Erst mal schauen, was sie will, die anderen übersieht sie im Moment einfach. Das ist auch nicht bös von ihr gemeint, aber die anderen sind auch noch da, das muss ihr bewusst werden. Sie ist nicht allein auf dieser Welt mit ihren Wünschen und Bedürfnissen, aber so fühlt sie sich für mich an. Ich sage es ihr auch nicht, um sie zu ärgern. Sie ist ja eine wundervolle Persönlichkeit, die auch keinem Streit und keiner Ungerechtigkeit aus dem Weg geht, nein, sie stellt sich allem, das muss man erst mal suchen. Aber sie muss sich auch etwas hineinspüren in die Bedürfnisse und Wünsche der anderen, da sieht sie sich im Moment nur selber. Das wird aber noch, dann steht ein wundervoller, sehr kraftvoller Mensch vor mir, das genieße ich schon jetzt, weil ich sehe, sie kann ihren Weg gehen und sie hat ihn schon schnurgerade eingeschlagen. Das gibt es noch nicht oft in ihrem Alter. Sie weiß schon sehr genau, was sie will und noch genauer, was sie alles nicht will. Soll nur bitte auch Rücksicht auf die Gefühle anderer nehmen, da hat sie noch Möglichkeiten, das lernen zu können, das sollte sie auf jeden Fall. Sonst sehe ich sie schon vor mir, wie einen Fels, den man nicht mit falschen Meinungen umhauen kann. Das hat sie sich auch erarbeitet, da sie sich verhält, so wie der Fels sich in der Brandung den Wellen stellt. Das ist schön, da sie nicht bei schwierigen Sachen einfach abhaut und alles im Stich lässt, nein, sie muss es selber lösen. Das gibt ihr auch die Kraft für ihr ganzes Leben, schwierige und knifflige Dinge zu lösen, kann sich schon darauf freuen.

Danke dir. Hast du noch eine Botschaft an den Martin?

Martin ist aber aus einem anderen Holz geschnitzt. Er ist lieb und irgendwie wirkt er für mich etwas zerbrechlich. Nicht auf den ersten Blick, da weicht er nicht aus und da geht es ihm gut, aber den Streitigkeiten, die die Agnes im Moment sucht, denen weicht er eher aus. Klar, streiten ist sogar auch schön, da kann er sich auch immer wieder erfahren, gerade durch seine Schwester, die gerne etwas lauter wird, aber sonst ist er nicht der Typ, der gerne aneckt, das ist nicht seine Art – lieber etwas abseits daneben stehen und schauen, wie eine Situation auch noch ausgehen kann, er muss ja nicht unbedingt handeln und das Geschehen durch sein Eingreifen verändern, so denkt er. Ich mag ihn, er bekommt auch viel von meiner Energie, die braucht er, da er weder Fisch noch Fleisch ist, d.h. er weiß noch nicht, was das Leben ihm so alles bringen wird und auf was er sich da so alles einstellen soll, also, denkt er, wartet er lieber ab und schaut, ob nicht jemand an der Tür klopft und ihm tolle Vorschläge, wie es weitergehen soll, vorbeibringt. So ist er, da sollte er aber mehr zupacken und einfach was in die Hand nehmen und schauen, wie sich das Neue anfühlt, das würde ihm ganz gut tun.

Danke dir für alle Botschaften. Kann deine Familie sonst noch was für dich tun?

Ja, was will sie denn noch für mich tun? Ich bin zufrieden, alles in bester Ordnung für mich, sag ihnen nur, ich habe alle sehr, sehr lieb.

Das sage ich ihnen gerne. Danke, dass du so lange mit mir gesprochen hast.

Danke dir, war schön, habe gerne erzählt.

Gespräch mit dem verstorbenen Kater Freddy für die selben Personen:

Hallo, Freddy, magst du mit mir reden?

Ja, das mag ich.

Schön. Wie geht es dir denn jetzt? Da, wo du bist?

Gut, ich bin angekommen, mir geht es gut dort, wo ich bin.

Magst du mir etwas über dein Leben in deiner alten Familie erzählen? Die Doris hat mich darum gebeten.

Ja, das kann ich gerne machen. Ich war lange da, habe viel gelernt, leider nicht meine gesamten Aufgaben, das war nicht möglich. Das macht aber nichts, ich darf wiederkommen, dann darf ich weiterlernen. Das ist schön, mein neues Leben wurde mir schon in Teilen gezeigt, darauf freue ich mich und warte schon.

Magst du mir erzählen, welche Aufgaben du im Leben bei deiner Familie hattest?

Zuhören und staunen. Das waren meine Aufgaben. Ich bin gerne zu jedem in meiner Familie hin, hatte aber trotzdem immer meinen eigenen Willen. Das würde ich jetzt nicht mehr so machen, ich würde lieber gleich und öfter zu ihnen hingehen und noch viel mehr zuhören. Das habe ich als Lebensaufgabe nicht alles bewältigen können. Ich sollte zuhören, wenn sie mir von ihren Sorgen und Problemen erzählt haben – aber immer, das konnte ich nicht. Wollte frei sein, frei mit mir selbst und wollte auch immer entscheiden, was ich tun und lassen wollte. Das war schön mein Leben, habe es auch gerne gelebt, aber immer zuhören und stauen, über sie und ihre Sorgen, ihre Gedanken und ihre Ideen und mich da hineinversetzen, das konnte ich nicht immer. Deshalb muss ich noch mal auf die Welt, aber da mache ich es noch besser. Das weiß ich schon, kannst du es ihnen sagen? Und auch, dass ich mich riesig glücklich schätze, bei ihnen gewesen zu sein? Ich hätte es nicht besser als bei ihnen lernen können. Sie hatten so gute Ideen, so viele interessante Gedanken und es lag an mir, dass ich es nicht immer aufnehmen wollte, weil ich so einen Dickkopf hatte. Aber nicht nur, ich war wie ein Zwilling und hatte und kannte beide Seiten – so würde ich mich jetzt sehen, als ich bei ihnen war. Meine Aufgaben habe ich nicht ganz erfüllen können, lag aber an mir, nicht an ihnen. Sie haben alles getan, damit ich täglichst an meine Aufgaben erinnert wurde. Nur wussten sie nichts davon und haben alles richtig gemacht, ich nicht, das ist aber meine Entscheidung gewesen.

Danke dir. Die Doris fragt, warum du sie verlassen hast?

Nun, das ist nicht so ganz leicht zu beantworten. Ich merkte, dass ich nichts mehr lernen konnte in der Familie, weil ich noch nicht bereit war, mich immer wieder aufs Neue auf das Zuhören einzulassen. Verstehst du das? Ich ging, machte es ihnen aber nicht schwer, ich musste nicht leiden, hatte keine lange, schwere Krankheit oder so was, ich ging und es war schnell vorbei. Das machte ich, weil ich raus wollte aus der Familie. Das dürfen sie aber bitte nicht falsch verstehen, sie waren genau die richtige Familie für mich und gaben mir täglichst die Möglichkeit, mich über sie erfahren zu dürfen, aber ich konnte es nicht mehr annehmen. Das lag nicht an ihnen, bitte, sag es ihnen, ich will nicht, dass sie denken, sie konnten mir nicht geben, was ich brauchte an Erfahrungen. Sie waren die ideale Familie für mich, an ihnen lag es nicht.

Weißt du, ob du in einem späteren Leben wieder mit ihnen zusammen sein wirst?

Nein, das weiß ich nicht.

Viele Tiere, die gestorben sind, wissen es bereits, wo sie wieder inkarnieren, weißt du es wirklich nicht oder willst du es noch nicht wissen?

Ich weiß es wirklich nicht, aber das Gefühl habe ich ganz dringend, dass ich sie wiedersehe. Nur mit ein wenig anderen Aufgaben vermischt sehe ich sie wieder und nicht mehr ganz so charakterstark werde ich sein, dann kann ich mich mehr auf meine Aufgaben einlassen, als das bisher möglich war. Sonst geht es mir hier sehr, sehr gut, das kannst du ihnen ausrichten.

Das sage ich auch sehr gerne weiter. Die Doris fragt noch, ob du einverstanden bist mit Mäxchen und mit Tom?

Ja, ist sie denn das nicht? Sie sind zwei wundervolle Kater, besser geht es doch gar nicht. Sie haben andere Aufgaben im Leben und in der Familie zu bestehen und zu lösen, haben nichts mit meinen Aufgaben zu tun. Darum geht es nicht. Ich gönne ihnen den Platz in der Familie, auch, wenn es zu Lebzeiten überhaupt nicht leicht war für mich, mit ihnen zusammen zu leben. Da gab es schon öfters Streit. Ich kann auch nicht sagen, dass es mir jetzt leid tut, es war so wie es war, ich hätte es nicht ändern können. Jetzt geht's mir gut, sie gönnen mir auch meinen Platz, da wo ich jetzt bin. Sie können sich ja mit mir verbinden, wenn sie wollen. Ich lasse sie spüren, dass ich bin, sonst habe ich ihnen nichts zu sagen.

Hast du noch eine Botschaft an deine Familie?

Ja, habe ich. Sie sollen zusammenhalten, das haben sie als Familie verdient. Haben schon so vieles erlebt, dass es ihnen sicherlich nichts ausmachen wird, festzuhalten an sich und ihren Familienwerten. Sie flabbern im Moment etwas auseinander, beruhigt sich aber bald wieder.

Danke dir. Hast du noch eine Botschaft an die Doris?

Ja, sie ist eine Gute, kümmert sich um alles in der Welt, aber sucht die Dinge des Lebens oft noch im Außen. D.h. wenn alles stimmt, so um sie herum, meint sie, geht es ihr gut. Das ist aber Quatsch. Soll mal in sich hineinfühlen und spüren, wenn es ihr da gut geht, sie wirklich zufrieden ist, dann erst geht es ihr gut und sie hat ein gutes Gefühl bei einer Sache, nicht, wenn alles herum z. B. aufgeräumt ist oder so, das ist völliger Quatsch. Sonst darf sie sich ruhig mal öfters mit sich allein beschäftigen und braucht nicht immer die ganze Horde ihrer Familie dabei, um mal tief innen zu spüren, wie es ihr geht und was sie selbst braucht. Das soll sie auch mal tun, sonst passt alles in ihrem Leben und sie ist sehr erfüllt, auch von Arbeit erfüllt. Soll mal hinspüren, ob das alles ist oder sie sich nicht noch etwas auf die Suche machen soll, ob es noch was Anderes gibt, was ihr Erfüllung bringen wird. Das hätte auch noch einen Platz in ihrem Leben verdient.

Danke, das werde ich ihr so ausrichten. Hast du noch eine Botschaft an den Günther?

Ja, Günther mochte ich immer ganz besonders. Er will sich nicht zähmen lassen. So wie ich war, ist er auch etwas. Zwar von außen bestimmen und dirigieren, das möchte er schon. Auch hofft er immer, nicht auf so großen Widerstand zu treffen innerhalb von seiner Familie, hat ja schon Stress genug in seiner Arbeit, aber sonst ist er ein sehr patenter Kerl und man kann sich immer ganz und gar auf ihn verlassen, egal, was er verspricht, er hat immer vor, es zu halten und es auch auszuüben. Soll sich nur nicht so ausnützen lassen, das sehe ich auch an ihm. Nicht von seiner Familie, die nutzt nur seine Fähigkeiten, das ist auch völlig in Ordnung so, aber andere in seinem Umfeld sind dabei, die versuchen, ihn immer wieder einzusetzen für ihre Ziele. Da muss er sich mal überlegen, was das Ganze soll und ob er da auch irgendwo wichtig ist oder nur das Produkt, das er liefert.

Danke dir. Magst du mir noch eine Botschaft an die Agnes geben?

Ja, Agnes ist eine Große. Sie weiß, wo es langgehen wird. Nicht jeden cm ihres Lebens, aber doch die

Richtung, wo sie hinwill, die weiß sie schon ganz gewiss. Nicht beruflich oder so, das mein ich jetzt nicht, aber sie hat ihre Art gefunden, mit Menschen umzugehen. Ist manchmal ganz schön hart, da sie mit anderen äußerlich so hart ins Gericht geht wie mit ihr selbst – und das innerlich. Gnade kennt sie dabei nicht. Anecken und sich dadurch erkennen und sich versuchen, das ist ihre Art und Weise im Moment. Aber das macht nichts. Sie kann damit später eine große Führungspersönlichkeit werden, das liegt ihr schon jetzt im Blut. Ich mag sie, hatte sie zu Lebzeiten sehr gern, ist manchmal so borstig wie ich gewesen bin, das verbindet uns.

Danke. Hast du noch eine Botschaft an den Martin?

Ja, er ist der Kleine, so verhält er sich auch. Weiß noch nicht so recht, was er will und was er machen soll. Nicht beruflich, das wäre ja noch zu weit weg, aber insgesamt im Leben, er hat seinen Stil und wie er mit Leuten umgehen soll oder kann, noch lange nicht gefunden. Er probiert einfach aus, so einfach vor sich hin und schaut dabei, wie reagiert der, und der, und der. Das ist schön, aber er muss sich auch mal für eine Art des Denkens und Handelns entscheiden, erst dann geht der Weg auch weiter für ihn und er kann andere Aufgaben in seinem Leben lösen, da muss er sich endlich entscheiden: Wie geht es nun weiter? Dann kann er auch mal was Neues anpacken und erstarrt nicht immer vor lauter Angst – was bringt mir das? – vor neuen Sachen, die auch unbedingt in sein Leben noch hineingenommen werden müssen. Das braucht er unbedingt, ich mag ihn sehr gerne. Spüre auch seine Energie sehr gerne hier, ich bin noch sehr mit ihm verbunden.

Danke dir. Kann deine Familie noch etwas für dich tun oder ein Abschiedsritual machen für dich?

Nicht mehr so trauern, das wäre schön. Ich genieße die Zeit immer noch, die ich bei ihnen war und sehe es als Lernzeit an, die ist nun einfach ausgelaufen. Da wartet aber wieder was Neues auf mich und auf ihrer Familienebene was Neues auf sie, so sollen sie das sehen.

Danke dir für alles. Danke, dass du so lange mit mir geredet hast.

War mir eine Ehre, ich wollte ihnen noch gerne sagen, dass es mir gut geht und sie nicht mehr so trauern sollen um mich, das müssen sie nicht. Ich bin auch weiterhin mit meinen Energien, so gut ich es kann, bei ihnen und begleite sie immer noch. Sie können es sogar spüren, aber trauern müssen sie deshalb nicht mehr um mich, ich bin zu Hause.

Seelengespräche

Hund Lasso: „ich bin so glücklich wie eine Orange"
Ein Gespräch für Tanja, Jakob, Manuela, Nina, Lara und Evi.

Hallo, Lasso, ich bin die Barbara, magst du mit mir reden? [ich „sehe" ihn etwas unruhig vor mir hin- und herlaufen]

Was willst du von mir? Ich kenn' dich nicht!

Das stimmt, ich kenne dich auch noch nicht. Die Tanja hat mich gebeten, mit dir zu reden, weil ich dich etwas anders verstehen kann als sie dich verstehen kann.

Und was will sie von mir?

Sie möchte einfach wissen, wie du dich fühlst, ob du gerne bei ihr in der Familie bist und fragt dich einfach, ob du noch was erzählen magst, was dich so beschäftigt.

Sag ihr, ich bin so glücklich wie eine Orange, die süß und saftig ist und noch vor dem Winter gepflückt worden ist. Nun kann ich mein ganzes Aroma verbreiten und muss nicht erfrieren. So komme ich mir vor in meiner Familie, ich bin wirklich sehr, sehr glücklich. Immer ist was los, ich bin fast nie mit meinen Gedanken allein. Es ist richtig schön bei mir.

Schön, das wird sie sehr freuen. Magst du dich mal beschreiben, was du für ein Hund bist?

Ja, das kann ich schon machen. Ich habe immer meinen eigenen Willen, das wissen bestimmt schon alle in meiner Familie, aber ich würde ihn nie über andere stellen. So sehe ich mich. Ich bin ein lieber Hund, mit dem man auch alles machen kann. Ich würde nie beißen, da müsste man mir schon die Nase umdrehen, das mag ich gar nicht, aber sonst bin ich ein sehr guter Hund und das zeige ich auch immer. Ich bin gut erzogen. Manchmal bin ich traurig, da werde ich an Tage erinnert, die nicht so schön waren, die es auch immer gibt. Aber das ist nun vorbei. Ich bin ein guter Hund.

Dann kannst du auch gleich die Frage beantworten, die die Tanja an dich hat. Sie erzählte mir davon, als ihr zwei beim ersten Spaziergang zusammen gegangen seid und du auf dem Rückweg einfach nicht mehr weiter wolltest. Weißt du, warum das so war?

Ja, natürlich weiß ich, warum das so war. Aber ich rede eigentlich nicht gerne darüber. Weißt du, die Menschen brauchen auch immer einen Anführer, der ihnen so sagt, wo es langgeht und ich bin eigentlich kein Anführerhund. Deshalb habe ich ja auch meine Familie, die schon weiß, wo es langgeht und die Tanja ist nur lieb, so lieb, aber ich sehe in erster Linie nicht, dass sie so lieb ist. Ich probiere als Hund einiges mit ihr aus und das kann ich sehr gut machen. Sie lässt ja alles mit sich machen, da gehe ich gerne hin, da darf ich dann immer ziemlich alles bestimmen. Das tut mir gut und nicht so gut. Ich meine damit, dass ich feste Regeln brauche, auch von ihr, sonst würde ich immer wieder ver-

suchen, sie so zu lenken, dass sie nicht merkt, dass eigentlich ich lenken will und das darf ich eigentlich gar nicht als Familienhund. Das macht mir dann aber Freude, wenn ich es bei Tanja ausprobieren darf. Sie schafft das, sich dann voll und ganz auf mich einzulassen, anstatt zu sagen: „So du alter Dickschädel, jetzt geht's aber weiter." Und in ihren Gedanken darf sie auch nicht denken: „Mal schauen, was er nun macht", sondern muss mich einfach nicht selber machen lassen. Das ist aber auch schade, wenn ich ihr verrate, was ich denke, denn ich mache es ja so gerne, dass ich so was mit ihr ausprobiere.

Gut, dann sag ich es auch so weiter.

Sie meinte, dass deine Familie sagt, du würdest das Autofahren nicht so gut vertragen, wie siehst du das denn?

Nur, wenn sie mir gar nicht sagen, wo es hingeht. Ich bin schon mal autogefahren, da wurde es mir nicht schlecht, nur, wenn ich nicht weiß, was gleich mit mir passiert oder wo ich hin muss, das ist alles.

Das sage ich so weiter. Vielleicht sagt es die Tanja der Manuela und dem Jakob, dass sie es dir vorher mitteilen sollen, wo es hingeht, dann kannst du dich besser drauf einstellen.

Ja, das würde ich mir sogar sehr wünschen. Sie müssen es mir nur sagen, sie weiß ja, dass ich sie dann verstehe.

Hast du noch eine Botschaft an die Tanja?

Oh ja, wenn jemand sein Leben genießen soll in den ganzen Tag hinein, dann die Tanja. Sie ist eine wunderbare Künstlerin, die alles schön und perfekt gestalten will und den Tag schön dazu gestalten will. Soll sich ein bisschen mehr auf eine gewisse Art von Spontaneität einlassen, dann bringt der Tag auch noch viel mehr, was sie nicht erwartet hat. Sonst ist sie eine so liebenswürdige Person, die ich gerne um mich hab', weil ich ihr übergroßes Herz spüre und mich gerne von ihr versorgen lasse. So geht es auch vielen anderen Menschen um sie herum, die sich auch gerne von ihr versorgen lassen, das ist auch ein Stück Lebensinhalt geworden. Sie ist sehr traurig manchmal, doch schafft sie es, diese Trauer immer wieder wie einen bösen Schleier um sie herum abzuwaschen und dann in die Welt rauszuschauen und zu gehen. Sie ist dann so positiv motiviert und freut sich so sehr an jeder Kleinigkeit, dass es auch ein wunderschöner Moment ist, mit dieser Frau quer durch die Felder zu ziehen. Sie sieht zwar andere Dinge als ich, die sie so schön findet, aber es ist ihre Frohnatur, die so schön ist. Ich mag sie sehr gern. Darf ruhig etwas strenger sein zu mir, dann würde ich mich nicht so als Familienmitglied bei ihr fühlen, sondern als Hundemitglied, das wäre besser für mich und für sie.

Das richte ich ihr auch so aus. Danke dir. Hast du noch eine Botschaft an ihren Sohn, den Jakob?

Oh ja, er ist ein großer Träumer und man könnte meinen, die Welt ist nur für ihn entstanden, damit er sich verspielen kann in ihr. Ich liebe ihn und seine immerwährende Fröhlichkeit, die auch super echt ist. Es gibt ja Menschen, die morgens aufwachen und meinen, es muss heute einfach ein schöner

Tag werden. So jemand ist er nicht, er weiß es einfach, dass heute ein ganz besonderer Tag wird, aber das Schöne daran ist, dass er jedem Tag so eine Zuordnung gibt. Er ist was ganz Besonderes. Soll noch mehr mit Menschen machen und seine Verdienste, seine Geduld und Offenheit nicht so vergraben in sich, das ist nicht gut, weil er sie in sich trägt. Ich mag ihn sehr gern. Er ist schon ein offenes Wesen, seine Familie weiß es, aber die anderen um ihn herum dürfen es ruhig auch wissen.

Danke dir. Hast du noch eine Botschaft an die Manuela?

Ja, gerne, sie ist manchmal wie ein Ziegenpeter [ich verstehe es so wie die Krankheit Mumps], wenn sie morgens aufwacht und alles noch ganz ruhig ist im Haus. Da geht sie dann am liebsten hinters Haus, weil sie ihre eigene Morgenschläfrigkeit noch nicht recht ertragen kann. So was. Ich komme dann so gerne zu ihr und helfe ihr, sich wieder Tag für Tag neu zurechtzufinden in dieser Welt, die ihr morgens immer so unfreundlich vorkommt. Das ist sie aber nicht, das sind nur die vielen und wirren Gedanken, die sie immer mit sich rumträgt. Sag ihr das, ich bin so gerne für sie da und danke ihr noch heute, dass ich in ihrer Familie sein darf, vor allem, um sie energetisch zu begleiten. Sie braucht meine Kraft von meiner ganzen Familie am allermeisten. Sonst kommt sie sehr gut mit ihrer Umwelt und ihrem Umfeld aus, macht aber viel zu viel und sucht ständig nach Anerkennung. Soll sich mal in den Liegestuhl setzen und dadurch ihrer Seele was Gutes tun, dann bekommt sie doch auch Anerkennung für ihre Seele. So läuft das ja nicht immer: wenn man viel tut, bekommt man auch viel, vor allem Anerkennung, zurück. Das muss sie sich abgewöhnen, sonst ist sie eine sehr patente Frau, die sich mehr Gedanken um die Umwelt macht als alle zusammen in ihrer Familie.

Danke dir. Hast du noch eine Botschaft an die Nina?

Oh ja, sie ist so wild, es ist so schön, mit ihr im Kreis herumzuspielen, ich liebe sie so sehr. Fühlt sich oft als Prinzessin in der Welt und in der Familie, aber sie weiß auch, dass sie keine echte Prinzessin ist. Das ist gut, dass sie es weiß, denn dann jagt sie ja nicht einfach so einem Traum hinterher, was andere tun, wo ich auch so eine Energie spüre. Sie müsste sich aber noch viel mehr trauen, da steckt sie ja so voller Angst, voller innerer Angst, vielleicht was falsch zu tun oder zu sagen, da sage ich ihr aber einfach: „Mach so viel du kannst, denn nur durch Übung kannst du deine Kräfte erkennen und sie leben.“ Ich mag sie sehr gerne und freue mich immer über ein Streicheln von ihr.

Danke dir. Hast du noch eine Botschaft an die Lara?

Ja, sie ist ein Zwerg und das will sie so gar nicht sein, sie will immer größer sein als sie im Moment ist und ganz viel zu sagen haben in der Familie. Aber sie regt sich dann so gerne auf wie ein kleiner Giftzwerg, der etwas nicht hören will, was man ihr ständig sagt. Zu ihr halte ich manchmal Abstand, nicht, weil ich sie nicht mag, oh nein, sie braucht mich ja auch, aber ihre Gedanken, die sehr machtvoll sind, halten mich davon ab, immer in ihrer Nähe so nah zu sein. Sie mag gerne allein sein, das macht ihr Spaß und sie liebt es, mal alleine zu spielen. Da komm auch ich nicht dazu, denn sonst mach' ich ihr Spiel kaputt. Ich mag sie sehr gerne und wünsche mir nicht, dass sie sich ändert. Sie hat eine ganz spezielle Art, die ihre Geschwister so nicht haben und auch nicht so an den Tag legen könnten, da hat sie eine spezielle Art und Weise zu reden und ihr Mund steht fast nie still, so empfinde ich sie.

Danke dir. Hast du noch eine Botschaft an die Evi?

Ja, sie ist wie ein Kreisel, den man anschubst und erst, wenn die Batterie oder das Zahnrad kaputt ist, fällt sie um. Sie ist ein Treibauf und wird es auch immer bleiben. So empfinde ich ihre Schwingungen. Sie passen auch so gut zu ihr, weil sie so eine Bewegungsmaus ist und sich so gerne bewegt. Es ist ihr aber auch schnell was langweilig und dann muss es ganz schnell gehen, dass sie was Neues finden kann, sonst geht sie ziemlich schnell den anderen auf die Nerven. Aber das macht nichts, mir gefällt sie so, wie sie ist. Bei ihrer Energie halte ich mich gerne auf, denn sie ist so anders und von einer Art feiner Energie. Ich mag sie so gerne und wünsche mir, dass sie das Verhalten, das sie so zeigt, nie ändern würde, weil sie so bunt und fröhlich durch die Welt zieht und alles so bunt und fröhlich in Farben sehen kann wie keiner aus meiner Familie. Das ist ihre Begabung, dass sie was sehen kann, was anderen noch verborgen ist, ich liebe sie.

Danke dir für alle Botschaften. Kann deine Familie oder die Tanja noch was tun für dich?

Ja, ich mag gerne einen Ball, mit dem ich spielen kann, einer, der quietscht, den mag ich so gerne.

Gut, das richte ich so aus. Dann wünsche ich dir alles Gute für dich.

Schon gut, ich mag meine Familie. Es soll sich so nichts an allem ändern, ich liebe alle so.

Anmerkung:

Lasso hat jedes Familienmitglied genau charakterisiert, ganz besonders die seelischen Eigenschaften erfasst und somit auf Entwicklungsmöglichkeiten hingewiesen. Interessant ist auch, dass Lasso Manuela dankt, dass er in der Familie ist, denn sie hat ihn aus dem Tierheim geholt.

Mir fiel es wie Schuppen von den Augen, als ich meine Beschreibung las. Alles stimmte! Nach kurzem Nachdenken beschloss ich einiges bei mir zu ändern. Nicht nur Lasso gegenüber, sondern auch meiner Familie gegenüber. Somit hat Lassos Mitteilung eine therapeutische Wirkung bei mir ausgelöst.

Er hat seinen Quietschball bekommen und rennt völlig närrisch damit herum. Vielen Dank für Ihren Bericht.

Seelengespräche

Katze Miri: „da gibt es nichts zu rütteln, fühl' mich felsenfest"
Zwei Gespräche für Svenja.

Hallo, Miri, magst du mit mir reden?

[Fauch] Was willst du?

Ich bin die Barbara, dein Frauchen, Svenja, hat mich gebeten, mit dir zu reden. Sie möchte wissen, wie es dir geht?

Svenja – das ist gut – habe was zu erzählen, kannst du ihr gerne weitersagen. Ist gut.

Wie geht es dir?

Gut, da gibt es nichts zu rütteln, fühl' mich felsenfest. Weiß sie das nicht? Ist eine Gute, meine Svenja, kümmert sich viel um mich, fragt mich auch immer, wie es mir geht. Ich zeig' es ihr aber doch, dass es mir gut geht, habe ein glückliches Leben. Weiß sie das wirklich nicht oder ist sie nur neugierig, weil du ihr das anders sagen kannst?

Sie hat von der Möglichkeit gehört, dass ich mit Tieren reden kann und will einfach gerne mehr wissen über dich. Ist das in Ordnung für dich?

Ja und nein. Sinu mag ich sehr, ich vermisse dann immer einen Katzenfreund, das weiß ich dann immer, wenn wir da sind.

Fährst du gerne mit zu Sinu?

Jaaah! Macht mächtig Spaß, mit ihm zu spielen, ist ganz lieb, raufen dann gerne, spielen, laufen und fangen uns. Macht mächtig Spaß. Das will sie wirklich wissen? Sieht sie doch aber an uns, hat doch Augen im Kopf, das süße Mädchen. Ich hab sie gern, sehr gern sogar, würde alles machen für sie.

Würdest du dich auch freuen, wenn du einen Spielkameraden bekommst, auch eine Katze, mit der du dich den ganzen Tag zu Haus beschäftigen kannst?

Nein, ganz und gar nicht. Hier bin ich der Herr! Ist mir wichtig. Wir Katzen sind meistens Einzelgänger. Ich spiel sehr, sehr gern mit Sinu, freu mich wirklich sehr auf die Besuche, aber eine Katze für immer bei mir zu Hause haben, das ist zuviel für mich. Da werde ich eifersüchtig, das weiß ich gleich. Das möchte ich gar nicht.

Weißt du, Svenja meint, sie ist den ganzen Tag in der Arbeit, ob es dir da nicht langweilig wird, immer allein zu Haus zu sein und zu warten, bis Svenja nach Hause kommt?

Nein, ich warte ja nicht direkt nur auf sie, so wie Menschen es tun. Ich bin immer in Gedanken mit ihr verbunden, und weiß, was sie gerade macht und ob sie meine Energien braucht. Aber da geht es ihr gerade sehr gut, sie kommt sehr gut ohne meine Energien zurecht. Aber ich freue mich sehr, wenn sie nach Hause kommt, da ist erst mal Spielen dran. Da darf auch nichts Anderes dazwischen kommen, sonst werde ich böse. Manchmal zeige ich es ihr aber nicht direkt, dass ich sie sofort brauche. Wir Katzen haben so unsere eigenen Gedanken, wenn sie da rein passt, habe ich auch Zeit für sie, kannst du das verstehen?

Ja, ich glaube schon, ich sag's ihr. Wie ging es dir vorher, bevor du ins Tierheim kamst?

Gut, habe ich immer geglaubt, aber die Familie gab mich einfach weg. Ich kann nicht verstehen, was ich falsch gemacht habe, versuche den Gedanken immer noch zu verdrängen. Warum durfte ich nicht mehr in der Familie sein? War immer da für alle, die kamen, habe mich streicheln lassen und dann brauchten sie mich nicht mehr.

Wie war für dich die Zeit im Tierheim?

Schlimm. War nicht schön, ich wusste ja nicht, warum ich jetzt hier sein musste und dann die vielen Menschen, die kamen, um uns anzuschauen. War schrecklich. Ich wollte mit ihnen mit, um hier raus zu kommen. Aber es waren viele merkwürdige Menschen mit merkwürdigen Gedanken dabei, wo ich froh war, doch nicht mit denen mitzukommen. Sie wollten eine Katze nur, um ihren eigenen Kummer loszuwerden und suchten jemanden, den sie streicheln und den Kummer erzählen konnten. Ich war froh, dass ich nicht zu denen in eine Familie kam. Mir geht es jetzt sehr gut, Svenja ist sehr, sehr nett, ich mag sie gern. Versucht es immer, mir recht zu machen, soviel Anteilnahme brauche ich manchmal gar nicht, aber sie macht es aus purer Liebe, das ist sehr schön, manchmal brauche ich es nicht, aber ich genieße es auch, da ich sie so lieb habe. Ist in Ordnung so, sag ihr das bitte, dass sie die richtige Familie für mich ist. Eine andere Katze brauche ich nicht.

Hast du noch eine Botschaft an sie?

Ja, ist eine ganz Liebe, muss sich aber auch um sich kümmern. Liebt es, sich Gedanken über andere zu machen, können sich aber oft selber helfen. Sie wird sehen, ist aber auch ihre Aufgabe im Leben, sich um andere zu kümmern, nur nicht zu viel, das wird sonst so viel, dass sie keine Zeit mehr hat für sich. Ich brauche sie aber auch. Aber nicht immer, ist ganz gut so, wie es ist. Sie ist in Ordnung, spinnt nicht und weiß, wo's langgeht im Leben. Ich kann mich auf sie total verlassen, das ist gut, sie würde mich nie mehr weggeben, das weiß ich, ich fühl es. Auch wenn sie mit mir spricht, tut mir das sehr gut, da ich ihre Gedanken dabei lesen und erspüren kann. Sie sind gut, sehr gut sogar, hab eine Liebe mir geangelt! Bin sehr stolz auf sie, sag ihr das. Mir geht's gut, das wollte sie doch wissen, bin aber auch etwas enttäuscht, dass sie nicht von alleine darauf kam und es von dir hören wollte. Zeige ihr doch immer, dass es mir gut geht. Langt das nicht? Menschen sind sehr spannend für mich, da ich mich zwar in sie hineinfühlen kann und weiß, was sie denken, aber trotzdem noch lange nicht weiß, wie sie handeln werden, ist bei Menschen was völlig Anderes. Eine Katze denkt und handelt danach, das ist eins, da gibt es kein Zwischendenken. So kompliziert läuft das bei uns nicht ab, ist ganz einfach.

Menschen sind da anders, das macht es aber auch nie langweilig mit ihnen, vor allem nicht mit meiner Svenja. Es ist alles so in Ordnung wie es ist, sag ihr das bitte, ist eine ganz Liebe, mag sie sehr. [Ich sehe ein großes Herz in die Luft steigen, das sie Ihnen schenkt.]

Anmerkung:

In dem Moment ist mir zum ersten Mal aufgefallen, dass ich mich tatsächlich viel mehr mit den Problemen anderer beschäftige, als mich um mich selbst zu kümmern.

Ich danke dir für das sehr schöne Gespräch. Wird die Svenja bestimmt sehr freuen, dass es dir so gut geht.

Bitte, war schön, mal mit einem Menschen zu reden. Fühlt sich anders an, als wenn meine Svenja was zu mir sagt. Das verstehe ich aber auch, aber eben anders, ist aber auch schön.

Kann sie dir sonst noch irgendwas Gutes tun?

Ein Leberwurstbrot möchte ich gern mal, hab ich mal wo gerochen und der Junge biss so herzhaft rein, ich möchte nur mal riechen und dann vielleicht schlecken, wenn es so gut riecht. Darf ich so eins? Kannst du ihr das sagen?

Gut, ich werde es ihr sagen, danke dir.

Danke. Freue mich schon auf ihr Gesicht, sie kann sich auch auf meins freuen, wenn es Leberwurstbrot gibt. Sag ihr das.

Anmerkung:

Am Tag danach war ich einkaufen gewesen und hab die beste Leberwurst aus dem Regal geholt. Ohne Brot, einfach auf einen Teller. So schnell kam sie lange nicht mehr angeflitzt und der Teller war am Ende so sauber, dass ich ihn direkt wieder in den Schrank hätte stellen können.

Gerne sag ich ihr das.

Aus einem späteren Gespräch:

...

Die Svenja hat mich nun wieder gebeten, mit dir zu reden, sie macht sich Sorgen um dich, weil du in der letzten Zeit krank warst. Weißt du, warum?

Ja, sie soll sich nicht so viele Sorgen um mich machen. Es ist ja mein Weg und nicht ihr Weg. Ich begleite sie, aber ich trage auch gerne Dinge für sie, die sie dann nicht tragen muss, das mache ich auch gerne aus Liebe zu ihr, ich mag sie ja so gerne. Kannst du ihr das auch so sagen?

Ich sage es ihr gerne und richte es ihr aus. Magst du noch mal genauer erzählen, was du nun hast?

Es fühlt sich an für mich wie eine Immunschwäche, ich kann gerade nicht so richtig. Ich brauche irgendwie etwas, was mich neu aufbaut, da bin ich dann auch so wie meine Svenja, solche Phasen kennt sie auch immer wieder. Soll mich ganz viel streicheln, dann spüre ich ihre Nähe, dann mag ich auch mal was von ihr annehmen, aber nur, wenn es ihre Seelenposition zulassen kann. Oft genug muss ich ja ihr meine Kraft geben, da kann sie mir dann gar nicht helfen, aber dann wird es mir auch zuviel, immer sie mit meiner Kraft zu versorgen, verstehst du mich?

Anmerkung:

Es ist mir schwergefallen, mich vernünftig um sie zu kümmern. Ich hab mir nur Sorgen gemacht und viel nachgedacht, was ich tun könnte, statt mir erst selbst zu helfen und dadurch auch ihr. Das war ein kleiner Meilenstein für mich, es zu verstehen und umzusetzen. Dank dir und Miri ist es geglückt.

Nun, ich weiß nicht genau, was du meinst, aber ich denke, die Svenja wird es wohl wissen. Sie sagte mir auch, du gehst natürlich nicht gerne zum Tierarzt, kann sie dir da irgendwie helfen, wenn ihr wieder zusammen hin müsst?

Ja, soll es mir vorher unbedingt sagen, dann kann ich mich darauf einstellen.

Heute geht es wieder zum Tierarzt, hat sie mir gesagt. Wann genau, das weiß ich nicht, aber heute ist es wieder soweit.

Gut, dass du es sagst, so weiß ich es jetzt. Danke dir, aber nächstes Mal bitte noch früher, sonst stehe ich ja schon dort auf der Matte und weiß von nichts.

Svenja möchte noch wissen, warum du dich so zurückgezogen hast und auch oft aggressiv zu anderen bist. Magst du darüber was erzählen?

Ja, das mag ich schon, ich brauche Ruhe und damit bekomme ich wieder die Kraft, die ich für meine Svenja brauche, die ich ihr dann geben kann.

Kann das auch etwas anders gehen, gerade, wenn jemand anderes da ist?

Na und? Ich habe dir schon mal erzählt, dass ich eine sehr abenteuerliche, eifersüchtige Katze bin und ich schau zwar immer für alle so niedlich aus, aber das mag ich ja so gar nicht und will schauen, dass ich meine Ruhe finde.

Gut, vielleicht hat da die Svenja noch eine Idee, wo und wie du besser wieder „durch Ruhe auftanken" kannst.

Ja, hört sich gut an für mich.

...

Hast du noch eine Botschaft an sie?

Nun, bis auf ihre Sorgenprobleme um mich steht es im Moment sehr gut um sie, so, als ob sie sich wieder in ihre eigene Mitte gebracht hätte. Das tut ihr sehr gut und das soll sie auch so stehen lassen und sich nicht mehr die alten Dinge von früher antun, die sie in Stress bringen, aber sich nicht positiv auf ihr Gefühlsleben auswirken können, so ist das mit ihr.

Danke dir. Wünscht du dir noch etwas von ihr oder kann ich ihr noch was ausrichten?

Sie soll mich weiter so lieben, wie ich bin und ich trage meine Krankheiten gerne, auch für sie, mehr kann ich nicht noch zusätzlich für sie tun.

Anmerkung:

Alles, was sie tut, ist goldrichtig für mich und ich habe es gelernt zu verstehen, was sie mir gibt. Dafür möchte ich mich revangieren und es ihr gleich tun.

Ich richte es ihr auch so aus, was du mir gesagt hast. Danke dir, dass du wieder mit mir geredet hast.

Schon gut, brauche nun wieder Pause.

Anmerkung:

Miri gehört zu mir wie meine linke Hand, sie ist mein Biest und mein kleines Mädchen, das mir nichts weiter außer gut tut.

Ein Satz noch zum Schluss, hinter dem ich [Frauchen von Miri] voll und ganz stehe: „Solange Menschen denken, dass Tiere nicht fühlen, müssen Tiere fühlen, dass Menschen nicht denken."

Seelengespräche

Katze Stupsi: „ich fühle mich nicht genug beschützt"
Gespräch für Daniela und Gisela.

Hallo, Stupsi, ich bin die Barbara, magst du mit mir sprechen?

Was willst du von mir, ich kenn' dich nicht! [klingt sehr misstrauisch]

Nun, die Daniela hat mich gebeten, mit dir zu reden, weil ich dich etwas anders verstehen kann als sie. Da möchte sie dich was fragen und ich sag ihr dann, was du mir erzählt hast.

Gut, das klingt gut, wollte ja nur wissen, was du willst von mir. Ich bin sonst eigentlich keine ängstliche Katze, aber so einfach drauflos auf jemanden Fremden gehe ich natürlich auch nicht. Deshalb wollte ich erstmal Abstand haben zu dir und habe dich gefragt, was du von mir willst. Aber es ist so in Ordnung, gerne helfe ich der Daniela weiter.

Das klingt ja ganz gut. Magst du mal ein bisschen erzählen, wie es dir denn so geht in deiner Familie, mit Daniela und Gisela zusammen?

Gut und nicht so gut, nein, ich spüre deinen Gedanken, was du mir sagen willst, so richtig langweilig ist mir nicht, das ist es nicht, aber was Anderes habe ich – ich fühle mich nicht genug beschützt. Ich weiß, das ist eigentlich verkehrt, denn ich bin doch da, um sie zu beschützen, aber ich kann es nicht und das dreht mir zur Zeit richtig den Magen um.

Das ist ja interessant. Eine Frage von der Daniela ist nämlich, warum du zur Zeit nicht richtig fressen kannst und der Tierarzt meinte schon, du hättest vielleicht eine Allergie auf bestimmtes Fleisch oder so was.

Nein, das ist es nicht, aber ich kann es nicht verdauen, wenn ich immer daran denken muss, dass ich eigentlich zum Beschützen in diese Familie gekommen bin und nun kann ich meine Aufgabe nicht mehr wahrnehmen.

Weißt du denn, warum du das nicht mehr kannst? Ist irgendwas passiert in letzter Zeit, dass du so was denken musst?

Ich fühle mich da überfordert, alle wollen was von mir und ich habe das Gefühl, ich brauche nur Ruhe, aber ich bin da so im Zwiespalt mit mir selber und möchte eigentlich immer gerne für sie da sein. Sie machen ja auch so viel mit mir, das ist wahr, aber ich kann nicht, das ist mir gerade alles zuviel im Moment.

[Ich frage nun nach Bachblüten, bitte aber ihre Menschen noch um Überprüfung der ausgewählten Bachblüten.] ...

Hast du noch eine Botschaft an die Daniela?

Ja, die habe ich. Soll sich ganz schnell um sich selbst kümmern. Sie geht ja noch ein wie eine Blume, die nicht gegossen wird, das fällt mir zu ihr ein. Sie ist eine großartige Persönlichkeit, ich mag sie sehr gern. Aber das geht so nicht, dass sie so viel tut im Leben, in ihrem Beruf, Freunde, Partnerschaft und immer meint, sie ist da aber nicht gut genug und muss noch viel mehr machen. Wenn ein Heuboden bei einem Bauern voll ist und er immer noch versucht, da Heu reinzustapeln, muss er sich dabei überlegen, ob es nicht doch langt oder ob er eine neue Scheune bauen muss. Sie aber denkt weder an das eine noch an das andere und versucht immer weiter, in die volle Scheune das Heu reinzupressen und wundert sich nur, dass da einfach nichts mehr reinpasst. So ist ihr Leben, komplett ausgefüllt mit Dingen und Dingen und Besuchen und Machen und Tun, aber sie denkt dabei nicht so an die Erfüllung, die es ihr so bringen kann, was sie schon alles macht, sondern nur, wie sie noch mehr Dinge in ihr Leben packen soll, das geht aber so nicht. Pass auf, Mensch, sonst wirst du noch krank, das wäre aber sehr schlecht, du hast es ja so gar nicht verdient, weil du ja so viel Gutes tun willst im Leben mit den Dingen, die du tust. Sie sind auch wichtig, aber eben viel zu viele auf einmal, das kann ich dir sagen. Sonst ist dein Leben nicht so ganz ausgeglichen, du bist auch noch auf der Suche, was bringt mir dies, was bringt mir das im Leben. Aber so ist das nicht gemeint im Leben. Mach nur mal eins und das gründlich und gut und nicht tausend Dinge und die am besten auch noch gleichzeitig. Das geht so nicht, das muss dir mal klar werden, weil du darin nicht deine Lebensaufgabe sehen kannst. Du musst achtsamer mit einzelnen, kleinen Dingen umgehen, das bringt dir viel mehr als deine pausenlosen Startversuche, wo du immer zu finden bist. Ansonsten mag ich dich sehr gern und freue mich, dass du ein Teil meiner Familie bist.

Danke dir für deine Botschaften. Daniela fragt nach, ob sie beide irgendwas anders machen können, damit du dich noch wohler fühlst oder hast du vielleicht einen Wunsch, den dir beide erfüllen können?

Sollen meine Botschaften durchlesen, dann ist auch ein Teil meiner Aufgabe im Leben damit erfüllt, wenn ihnen klar geworden ist, was ich damit sagen will. Ich hab sie beide sehr, sehr lieb. Sie sind zwei außergewöhnliche Frauen, jede für sich und wissen es nicht, was ihrer Seele so alles abgeht. Können mich ja noch mal darauf ansprechen, ansonsten will ich nichts von ihnen, nur meine Aufgabe in der Familie erfüllen.

...

Seelengespräche

Ein Hund: „dabei würden sie auch gern den Mut haben“
Drei Gespräche mit drei verschiedenen Hunden in der Familie für Katrin, Oliver und Sebastian.

...

Magst du was erzählen von deiner Familie?

Ja, ich bin gern hier, sehr gern hier, ich habe eine gute Familie erwischt. Aber sie wissen ja gar nicht, wie gut sie alle sind, das darfst du ihnen mal von mir ausrichten. Ich gehe gerne zu allen hin. Klar, sie meinen immer, ich hole mir Streicheleinheiten, aber in Wirklichkeit gebe ich ihnen meine Kraft, meine Energie und jetzt gerade merke ich ganz stark, dass sie etwas beunruhigt. Ich weiß vieles, merke vieles, aber ich weiß nicht, was es ist. Frag sie und sie sollen es mir sagen, was sie selbst so beunruhigt, es wird sich was ändern in unserer Familie, etwas sehr Wichtiges, so, als ob wir bald aus- oder umziehen werden. Irgendwie so was kommt zu mir als Schwingung rüber, das macht mich ganz nervös. Sag ihnen, sie sollen mit mir reden und es mir erklären, was sie vorhaben, dann muss ich nicht immer rätseln und kann mich wieder beruhigen.

Gut, ich sage es ihnen. Ich weiß nicht, was sie vorhaben, was sich ändern wird in deiner Familie, sie werden es schon wissen, dass du da irgendwas spürst und ich sage es ihnen, dass sie es dir erklären sollen.

Ja, darum bitte ich dich, wenn du schon mit mir redest, dann erzähle ich dir auch, was mich so beunruhigt. Ansonsten hab ich die beste Familie, die ich mir nur vorstellen kann, ich liebe sie alle.

Sie werden sich sehr freuen, wenn sie das hören, ich sage es ihnen sehr gerne so weiter. Sonst geht es dir gut in deiner Familie oder hast du irgendwelche Wünsche?

Nein, mir geht es wirklich gut, aber mein Schlafplatz gefällt mir nicht mehr. Es zieht hier so, das mag ich nicht, langsam werde ich verwöhnt, kann sie ihn woanders herrichten? Mit den gleichen Decken, die drin sind, aber woanders. Da zieht es von woher, da fühle ich mich nicht so wohl. Das ist auch ein Grund, warum ich immer wandern gehen muss, aber ich spüre es vor allem, wie sich in ihnen was ändert, das macht mich so nervös. Wenn sie es nicht abstellen können, sollen sie es mir wenigstens erklären.

Ich sage es ihnen so, wie du es mir gesagt hast. Hast du noch eine Botschaft an die Katrin?

Ja, sie ist eine Liebe und nicht so eine Liebe. Fängt gerne das Streiten an, sieht es aber nicht so, d.h. sie muss einfach was sagen, was ihr auffällt, was nicht so in Ordnung ist, ihrer Meinung nach. Da hat sie auch ein ganz sicheres Gefühl dafür, das ist klar, aber die anderen sehen das nicht immer so und denken, oh je, mit der ist nicht gut Kirschen essen. Dabei würden sie auch gern den Mut haben, so zu sein und ehrlich zu sagen, was sie empfindet und was sie denkt, darin ist sie spitze. Ich hab sie sehr gern, kann aber wirklich ein Gespräch auf die Spitze treiben, wo andere dabei denken, na, einfach ist es mit ihr wirklich nicht. Aber sie schneidet gerne Themen an, die sonst nur vernachlässigt werden und das sollte man nicht tun. Sie hat das Zeug dazu, etwas ehrlich nach draußen hin zu zeigen, nimmt dabei kein Blatt vor den Mund und traut es sich zu sagen und traut es sich auch zu, Dinge anzusprechen, vor denen andere großen Respekt haben und sie lieber nicht ansprechen. Das ist ihre große Stärke, kann sie auch gern weitermachen. Im Hintergrund wird sie nämlich auch sehr bewundert dafür, aber nur im Hintergrund. Niemand spricht sie daraufhin an, dass es jemand auch nur annähernd gut findet, wenn sie sich in alles einmischt und für jeden Partei ergreifen muss. Aber das ist ihre Stärke, sie muss es tun und es ist auch ein Teil ihrer Lebensaufgabe. Davon hat sie viele mitbekommen, die nicht ganz einfach zum Ausführen sind, da es ihr nicht klar genug ist, was sie denn eigentlich im Leben alles für Aufgaben hat. Ich mag sie und ihr selbst muss es auch nicht klar sein, sie macht es einfach. Sie ist eine Macherin – und was für eine. Wird von vielen auch bewundert, was sie alles auf die

Beine stellt und man meint, sie hat Kraft ohne Ende. Sie hat auch viel Kraft, aber ab und zu darf und soll sie auch mal neue Kraft schöpfen dürfen. Das macht sie wenigstens ohne ein schlechtes Gewissen. Das können nicht alle, die meisten schöpfen Kraft, wenn sie schon fast am Ende sind und denken dann auch noch, darf ich das überhaupt? Sie meint da eher, na klar, steht mir doch zu und außerdem braucht sie nicht viel neue Kraft von außen, sie hat immer welche. So wirkt es auf den ersten Blick, dass sie soviel kann und dazu auch noch nie ausgelaugt wirkt. Soll sich trotzdem einfach mal gehen lassen und nicht nur daran denken, was alles noch gemacht gehört, sondern mal alle Beine von sich strecken. Das täte ihrer Seele auch sehr gut, auch, wenn sie noch viel Kraft besitzt, muss sie ja nicht bis zum Umfallen arbeiten, sondern darf sich schon vorher mit gutem Gewissen vollpumpen [mit neuer Kraft], ohne ganz leer zu sein. Ich mag sie, sag ihr das bitte, auch die Art, wie sie mit mir umgeht, gefällt mir, hat so eine lebendige Art, weiß immer, was los ist, so wirkt sie wenigstens auf andere. Ich weiß, dass sie manchmal sogar etwas unsicher ist. Sie lässt sich das aber nie ansehen. Das gefällt mir. Sie ist wirklich stark wie 10 Ochsen, die die ganze Arbeit leisten müssen und es auch ohne Murren tun.

Danke dir für die Botschaft. Hast du noch eine an den Oliver?

Ja, er ist auf den ersten Blick das ganze Gegenteil von ihr, aber nur auf den ersten Blick. Sie sind sich sehr, sehr ähnlich, verstehen sich auch sehr gut, das gibt es nicht so oft, weil er sie einfach gewähren lässt mit allen Dingen, die ihr so in den Kopf kommen. Das ist nicht eine Schwäche, dass er sich nicht gegen sie durchsetzen kann, sondern eine Art von Stärke, da er weiß, es lohnt sich hier nicht, was zu sagen oder was ändern zu wollen, da hat er ja gar keine Chance. So muss man das sehen, dann geht's auch sehr gut in ihrer Beziehung. Sie sind so verschieden, sind aber auf der Suche nach den gleichen Dingen im Leben. Sollen bitte nur mal wieder darüber reden, bevor sie verloren gehen aus ihren Träumen. Er war mal so verträumt im Leben und meint nun öfters, na ja, der eine oder der andere Traum lässt sich wohl nun nicht mehr erfüllen im Leben. Aber so ist es nicht, Mensch, sag ihn, sprech' ihn an, sprech' ihn aus, du wirst deine Träume auf fruchtbaren Boden fallen lassen und sie wird erst etwas erstaunt sein, was du alles willst, aber dann sehr stolz sein auf dich, was du alles noch für Träume hast. Sag sie ihr, redet darüber, erst dann werden sie auch erfüllbar sein, ich mag dich auch, aber du gehst ja völlig anders mit mir um, das ist schon der Wahnsinn. Du siehst mich ja oft so gar nicht, das würde ich mir wünschen, dass sich das ändert, bitte sehe mich und bemerke mich mehr, das würde mir sehr große Freude machen.

Ich sage es so weiter. Hast du noch eine Botschaft an den Sebastian?

Na, der ist ein Früchtchen, mit ihm werden sie noch viel zu tun haben. Klar, er ist noch nicht sehr alt und ihm geht manchmal schon die Puste aus, so sehr strengt er sich schon an im Leben. Aber er weiß schon genau, was er will und das macht so ein Familienleben ziemlich anstrengend. Er möchte nicht, dass er sich an große Verbote hält, ist ihm alles zu lästig. Da muss das Leben etwas nachhelfen, dass er mal was einstecken muss, um zu sehen, so geht es nicht weiter. Aber er ist ein ganz lieber Kerl, ich spüre nur seine Seele, die so auf der Suche ist, nach Grenzen, nach neuen Erfahrungen und ständig auf der Suche nach einem Nein, das von außen auf ihn zukommen muss. Ja, danach sucht er, das wird auch noch eine Weile so dauern, da ist er noch gar nicht so weit, dass er nur mal was tut, was Spaß macht oder weil es wichtig ist oder weil ihm jemand sagt, dieses oder jenes soll er mal tun, nein, er tut meistens genau das Gegenteil von dem, was man von ihm erwartet. Das macht das Leben nicht gerade einfach mit ihm. Aber er hat ein sehr gutes Herz, will aber immer wieder anecken und testet die Reaktionen der anderen aus. Hat aber auch mal ein Ende, so, das muss man sagen, da sind dann alle froh, die um ihn herum sind. Aber seine Seele spüre ich und die ist gut, aber so auf der Suche, dass er noch ein Weilchen im Leben anecken muss.

Danke dir für alle Botschaften. Kann deine Familie noch was für dich tun oder hast du noch einen Wunsch?

Ja, alle sollen sich weiterhin so lieben, wie sie es tun, ich mag alle, sag ihnen das bitte.

Sag ich ihnen sehr gerne, danke dir, dass du mit mir gesprochen hast.

Schon gut, hat doch Spaß gemacht.

Gespräch mit einem anderen Hund für die selben Personen:

...

Hast du gleich eine Botschaft an die Katrin?

Ja, sie ist so lieb und so schön für mich. Ich sehe aber auch, wie ihr Herz ausschaut und das ist ja so völlig in Ordnung so, dass ich mich riesig für sie darinnen freue. Kann sie auch machen, denn mit allen Menschen ist nicht immer alles in Ordnung, das spüre ich ja, aber ihr vertraue ich voll und ganz. Sie ist eine Könnerin, eine Macherin, was sie anfängt, das führt sie auch zielsicher und zielstrebig immer bis zum Ende durch. Da können sich andere daran eine Scheibe abschneiden. So ist sie. Manchmal wirkt sie wie eine Kratzbürste, aber nur auf Fremde, aber ich kenne sie ja und für mich wirkt sie eher wie ein reinigender Wirbelwind, der anderen einfach mal Bescheid sagt, was hier los ist und dazu einfach hereingeschneit kommt. So ist sie, ich mag sie sehr gern und mache alles für sie, das musst du ihr sagen. Ich weiß nicht, ob sie es immer weiß, aber es ihr sagen, ist nicht schlecht.

Gut, ich sage es ihr, sie mag dich auch sehr gerne, das hat sie mir schon geschrieben. Hast du noch eine Botschaft an Oliver?

Ja, Oliver ist eher anders. Eher ruhig und besonnen, irgendwie wie zwei Seilwinden sind die beiden. Das eine Seil davon geht immer hoch und das andere immer runter. So sind beide, völlig verschieden, aber die Seilwinde funktioniert nur, wenn sie beide wissen, was zu tun ist, auch, wenn es zwei völlig verschiedene Bereiche und Bewegungen sind, wo sie sich beweisen müssen, so ist ihr Leben, so fühlen sie es auch. Zwei Menschen, die verschiedener nicht sein können und doch verbindet sie was ganz Wunderbares, so sehe ich die beiden.

Schön, das du das sagst. Magst du noch was erzählen zu Oliver?

Was soll ich zu ihm erzählen? Er weiß sich sehr wohl einzuschätzen, ist immer sehr wohlüberlegt, wirkt dadurch auf andere manchmal sogar verschlossen und immer einschätzbar. Aber so ist er gar nicht, er überlegt nur immer sehr genau, bevor er was in die Hand nimmt. Da meinen alle, das ist manchmal Desinteresse, ist es aber so gar nicht. Er ist halt etwas ruhiger und gibt erst seinen Kommentar zu Dingen dazu, wo er sich absolut sicher ist und schon in seinem Kopf alles abgewägt hat, so ist er und eben völlig anders als meine Katrin. Sie ist so impulsiv, weiß immer, wann es ans Handeln geht und ist so springlebendig, dass manche Menschen sie schon als etwas anstrengend bezeichnen, aber auch gerne was von ihrer Energie abhaben wollen.

Danke dir. Hast du noch eine Botschaft an den Sebastian?

Er ist wie ein kleiner Frosch. Überall und nirgends. Wo er auftaucht, hat man ihn nicht erwartet und wo man ihn sucht, wird man ihn bestimmt nicht finden. Eben wie ein Frosch, er springt immer von einem Ort zum nächsten und ist selten länger an einem Fleck. Mehr mag ich nicht zu ihm sagen, dauert noch, bis er seinen Trotzkopf abgelegt hat, ist gerade nicht so einfach mit ihm, ich mag ihn aber.

Danke dir für alles. Kann deine Familie sonst noch was tun für dich?

Was soll sie tun? Höchstens mal wieder einen Knochen, aber einen zum Kauen, die find ich lecker.

Anmerkung:

Mir haben diese Erfahrungen sehr geholfen. Mein Hund gibt sich schon ziemlich Mühe mit seiner Verträglichkeit. Vielen Dank nochmals für Ihre Hilfe.

Noch ein Gespräch mit einem anderen Hund für die selben Personen:

...

Magst du mir eine Botschaft geben für die Katrin?

Sie ist eine Große für mich, so wie eine Königin. Sie hat viel Macht in unserer Familie und was sie sagt, wird auch gemacht. Das ist gut, sie ist wie eine Käsekuchenhilfe, sie hält auch alles zusammen, dass nichts auseinanderläuft im Kuchen und der Kuchen ist meine Familie. Sie ist ganz wichtig und alles, was sie sagt, ist wohlüberlegt und überdacht, weil sie ja schon an so viele andere Dinge denkt, die darauf folgen können, was sie sagt. Also ist sie auch sehr klug. Ich mag sie sehr gerne, ich gehe gerne mit ihr spazieren und ich höre auch gerne auf sie. Willst du noch was wissen?

Wenn du noch was zu ihr erzählen willst, dann kannst du gerne noch was sagen.

Nein, eigentlich nicht, ich mag nur ihre Schwingungen, die sind gut und vorausschauend. So was mögen wir Hunde, weil wir immer wissen, wo und wie wir mit ihr dran sind. Das ist ganz wichtig und ich liebe sie, ich weiß immer, was sie will von mir, das ist gut so.

Danke dir. Hast du noch eine Botschaft an den Oliver?

Ja, er ist auch in unserer Familie. Manchmal ganz unscheinbar. Er soll sich mehr zeigen, dass er auffälliger ist, so geht er ja ein bisschen unter. Und andere meinen immer, die Katrin sagt alles, was gemacht werden muss. Aber so schlimm ist es nicht. Nein, aber er gibt sich nicht so richtig Mühe, etwas allein zu sagen, was seine eigene Meinung dazu ist. Hält sie nicht für so wichtig, dabei ist er sehr, sehr wichtig. Er ist der Ruhepol in der Familie. Ohne ihn würden wir alle etwas ausflippen und er bringt durch seine ruhige, wohlüberlegte Art sehr viel Ruhe rein in die Familie. Darf sich deshalb ruhig mal mehr äußern. Er ist gut, aber er zieht sich auch sehr gerne zurück und lässt die anderen eher machen in meiner Familie. Das ist eigentlich etwas schade, weil er ein sehr großes Wissen hat, aber nie damit prahlt, das kann er nicht. Muss er auch nicht, aber er soll nicht immer so abseits stehen, ich mag ihn und würde mich sehr freuen, wenn er sich irgendwie mehr beteiligt in unserer Familie.

Danke dir, ich richte es so aus. Hast du noch eine Botschaft an den Sebastian?

Ja, er ist manchmal wie ein kleines Stehaufmännchen, so kommt er mir vor. Es macht allein schon so viel Spaß, ihn nur zu beobachten. Ich muss gar nicht mit ihm spielen und es ist schon spannend genug, ihm nur zuzuschauen. Er hat unglaubliche Energien in seinem Leben, die wird er auch nicht so richtig ablegen und immer was davon haben, auch wenn alle anderen schon ihre Energien verbraucht und abgelegt haben, dann kommt erst er und zeigt, was er noch alles kann. So ist der Sebastian. Ich habe ihn auch sehr gern.

Danke dir, dass du mit mir geredet hast.

Schon gut, freue mich schon auf ihre Gesichter, wenn du ihnen meine Gedanken verrätst.

Pflanze: „weil du ein Rezept willst von mir"
Aus einem Gespräch mit einer Elefantenfuß-Pflanze.

...

Wie kann er den Umgang mit seiner Mama verbessern?

Das ist sehr schwierig, liegt aber an vielen, vielen Gründen, die könnt ihr nicht mehr richtig auflösen in diesem Leben. Ich weiß, das klingt nun sehr hart für dich, weil du ein Rezept willst von mir, was ich dir nun rate. Du meinst, es muss doch gehen, aber sieh es einfach als eine Art Garten an, es sind darin viele Kirschbäume, Orangenbäume und Apfelbäume. Orangenbäume gehören ja eigentlich gar nicht hierher in unser Klima. Es ist, als ob sie sich hierher verirrt haben und brauchen immer besondere Pflege, viel Liebe, keine Kälte und viel Wärme. Aber du musst dich ja schon um die vielen anderen Bäume in deinem Garten kümmern, die dich auch brauchen, wenn auch nicht so stark, da sie auch von alleine wachsen können. Doch auch sie brauchen einen Schnitt, Wasser, Luft, Erde und Dünger. So ist deine Familie zu sehen und deine Mutter ist eben wie ein verirrtes Orangenbäumchen in deinen Garten gekommen, der eigentlich so viel besondere Pflege benötigt, dass er aber eigentlich nicht an diesen Standort gehört. Das klingt nun auch hart, soll es aber nicht. Ich will dir damit sagen, lass ihn [den Baum] Orangenbäumchen sein, gebe ihm aber nur so viel Pflege, dass er nicht umkippt. Das ist alles, noch mehr Aufwand kannst du ihm gar nicht geben.

Anmerkung

Wie naheliegend ist es doch, den Beitrag für einen besseren gemeinsamen Umgang bei sich selbst zu suchen. Und wie überraschend – aber hilfreich – kann eine Antwort mit dieser Sichtweise die eigene Einstellung in die Zukunft begleiten – danke dafür an meine Pflanze!

Seelengespräche

Pony Sunny: „mich packt die Lust zum Leben"
Zwei Gespräche mit zwei Ponys für ihre Familie (Svenja und viele andere).

Hallo, Sunny, ich bin die Barbara, magst du mit mir reden?

Ja, was willst denn du von mir? Haben wir uns schon mal vorgestellt? Ich kenne dich nicht. Was willst du von mir?

Na, du erzählst ja gleich ganz schön viel und hast viele Fragen. Ich wurde von der Svenja gebeten, mit dir zu reden. Sie möchte einfach wissen, wie es dir so geht.

Ja, sieht sie denn das nicht? Mir geht es wirklich blendend, mir geht es sehr gut.

Das ist schön, dass du das sagt. Sie fragt aber trotzdem, ob du irgendwo Schmerzen hast.

Ja, so langsam fangen meine Gelenke an, weh zu tun, aber es ist noch nicht so schlimm und ich ertrag es; auch, wenn jemand auf mir reitet, das macht mir sogar wahrlich eine große Freude. Ich bin eh ein Pferd, das immer gut gelaunt ist, selten jemanden abwirft oder zwingt. Ich sehe das Leben als was Schönes, was Kostbares an und freue mich auf jeden neuen Tag. Noch was? So geht es mir heute, wie es morgen ist, weiß ich noch nicht.

Das klingt ja fast schon etwas poetisch. Ich frage dich heute, ob du mir auch noch ein paar Fragen für die Svenja beantworten magst.

Ja, das will ich, sie ist sehr gut zu mir, macht sich pausenlos Sorgen und Gedanken. Dabei soll sie genau so frei und lebenslustig das Leben genießen können wie ich, das wünsche ich ihr.

Wie erlebst du denn die Svenja immer, wenn sie bei dir ist?

Sehr, sehr besorgt. Ich habe sie furchtbar gern und würde alles für sie tun, sie ja auch für mich, so ist unsere innere Abmachung. Da brauche ich dich gar nicht, das wissen wir beide wie von selbst. Ich mag sie und mag sie und mag sie und das schon immer, sonst noch was?

Nun, sie fragt, ob sie irgendwas für dich tun kann?

Ich bin glücklich, was will sie da mehr für mich haben?

Nun, so z. B. für deine Gelenke, wenn sie dir schon anfangen, weh zu tun.

Nein, das kann sie nicht. Soll nur oft kommen, dann begrüße ich sie immer nach meinem Ritual, das lieben wir beide. Andere meinen da oft, wir spinnen beide, aber sie weiß immer, was uns verbindet, wir mögen uns sehr. Mich packt die Lust zum Leben, so fühle ich mich immer.

Schön, dass es dir so gut geht. Sie fragt noch, ob du eine Botschaft für sie hast?

Ja, sie ist lieb, fast so lieb wie ich, aber ernst, sehr ernst. Sie nimmt das Leben zu ernst. Warum ist sie denn zu mir gekommen? Doch auch, weil ich so anders bin. Klar, uns verbindet was, was ganz Schönes, was Tiefes, aber sie ist immer so traurig, so ernst, das kann ich doch gar nicht verstehen. Das Leben ist doch so schön, da muss sie nicht einfach immer so ernst sein. Sonst hat sie ihr Leben oft schon bitter zu tragen, ich rede nicht von der Trauer um ihren Bruder, nein, ihr Leben, meint sie, ist einfach schwer, aber sie hat mich, der ihr sagt: „Hey, Kopf hoch, so schwer und schlimm kann es doch gar nicht sein!", da kommt sie und ich heitere sie wieder auf, das sehe ich auch als meine Aufgabe an.

Weißt du denn, warum sie immer so traurig ist?

Das sind auch ihre Ängste im Leben, die sie dringend ablegen muss. Alles Mögliche macht ihr Angst, ihre Noten, ihre Familie, ihr Haus, ihre Freunde, auch, dass keinem was passiert, dass der Tag morgen gut vorübergehen wird. Aber so wird ja ihr Leben ganz beherrscht – von etwas, was sie eh nicht ändern kann. Da kann sie doch leben, doch viel Lebensfreude reinbringen, das würde mich für sie sehr freuen. Manche sagen, ich sei ein super freches Pony, ich sehe das aber nicht so, es ist meine Aufgabe, meine Lebensaufgabe, Liebe und Freude hineinzubringen in den Alltag. Das mache ich gerne, vor allem für meine liebe Svenja mache ich das ganz besonders gerne. Aber sie wägt immer alles so kritisch ab im Leben, als dass sie es einfach mal auf sie zukommen lässt und auch wenn es schwierig wird, kann sie ja immer noch ernste Miene zeigen. Bitte nicht schon vorher, das wünsche ich ihr.

Danke dir, weißt du, warum sie eigentlich immer noch nicht den richtigen beruflichen Weg eingeschlagen hat?

Was heißt hier hat? Sie ist schon mitten drin, nur macht Svenja es etwas anders als andere. Sie sagt nicht nein, das ist es nicht, sondern muss sich erst tausend Gedanken dazumachen, ob der Beruf der richtige ist oder eben nicht und das ist aber immer völlig anders. Jeder Beruf ist so anders und sie schaut sich alles in der Theorie genau an. Soll sie aber nicht, so wie sie drauf ist und viel Negatives entdeckt an einem Beruf, so kann sie auch blind mit dem Finger in einem Buch herumtippen, wo viele Berufe geschrieben sind. Sie ist nicht negativ zum Leben eingestellt, nein, das ist sie nicht, aber sie denkt immer an Dinge, die es eben auch gibt in dem Beruf, die nicht so schön sind und andere stellen sich eben nur die guten Dinge in einem Beruf vor. Das geht eben auch, aber nicht für sie. Sie macht es sich schwer, so wie mit einem Schemel, sie kann einen leichten Schemel hochnehmen und in den Stall mitnehmen, um da eine Kuh zu melken, sie kann aber auch den schwersten und ältesten, der auch noch wackelt, mit aller Kraft hochnehmen und mit in den Stall schleppen. Warum macht sie das? Die zwei Schemel schauen von außen genau gleich aus für jeden anderen, sie aber nimmt ausgerechnet den schwereren von beiden und so nimmt sie auch ihr ganzes Leben. Die Ernte, also die gemolkene Milch, ist immer gleich, egal, auf welchem Schemel ich sitze, ob er schwer oder leicht ist, aber so sieht sie auch das Leben. Das macht es schwierig, weil sie nicht so leicht hineingleiten kann in das Leben, sondern immer nur das Schwerste zuerst sieht und sich darauf einlässt. Wenn sie das beiseite schiebt und nur denkt, so, der ist jetzt zum Melken da und sonst zu nichts, kann sie ganz einfach andere Dinge auch so im Leben finden und auch so ihren Beruf. Sie hat ein Talent zum Künstlerischen, soll sich aber nicht unterbuttern lassen. Denn sich sagen lassen, was sie machen soll, kann sie nicht. Also müsste sie sich selbständig machen, das würde ihr aber unendlich schwer fallen, weil sie da jetzt schon Existenzängste mit sich herumträgt, bevor sie überhaupt anfängt. Soll mich mal ganz fest in den Arm nehmen, so richtig mit ihren Armen meine Mähne verschlingen und ich gebe ihr ganz viel Kraft. Dann kann sie sich unter einen Baum setzen und schauen, was sie sieht, innerlich sieht, und ihr werden verschiedene Berufe sozusagen am Auge vorbeiziehen. Sie soll sich mal überwinden und sie nur kommentarlos anschauen und dann feststellen, hey, das interessiert mich, nein, das eher nicht. Und mit dieser Einstellung wird es ihr viel leichter fallen, was zu finden. Sie ist aber auch so unheimlich vielseitig talentiert und kann ganz viel erreichen im Leben, sie muss nur mal ihre Scheu ablegen, irgendwo reinzufallen, das wird sie nicht. Soll einfach mal was fest ins Auge nehmen und nicht nur die negativen Bilder damit verbinden und es angreifen, bald stellt sich heraus, dass es schon das Richtige für sie ist, was sie als erstes in Angriff nimmt.

Danke dir, Sunny. Hast ja ganz viel erzählt. Sie fragt noch, ob du ihr was über den Hans erzählen willst.

Ja, er war ein ganz ein Lieber, liegt an und in ihrer Familie. Sie gelten auch bei anderen Leuten als was ganz Besonderes, eben, weil sie sich umeinander kümmern und immer wissen wollen, was der andere von ihnen tut. So war er auch, ein ganz ein Lieber, aber er hat sich so sehr um alle, um alles gekümmert und am wenigstens um sich selber, dass er gestorben ist. Das fällt allen sehr schwer, immer noch schwer, zu akzeptieren, aber in dieser Familie gibt es was Besonderes, sie reden nämlich drüber. Manchmal sogar so, als ob er noch da wäre. Das ist gut, aber auch nicht so gut, eben, weil es wahrgenommen wird, dass er nur noch in der Erinnerung leben darf. Ich liebe meine Familie und wünsche ihnen allen so viel Gutes. Der Hans hat es getan, er hat sich immer so reingehangen, dass es gleich ganz aus war, so sehr wollte er allen Menschen um ihm herum helfen. So hat es auch keiner verstanden, dass es ausgerechnet ihn hat erwischen müssen, wo er doch so gut war. Aber so darf man nicht denken. Irgendwas hat ihm noch gefehlt und das war seine Liebe sich selber gegenüber, er war da für andere und für sich selbst? Hat er da getrauert, wenn er traurig war, hat er sich erholt, wenn er müde war, nein, er war immer für andere da. Klar, das macht ihn auch unvergesslich, aber er hat seine Krankheit nicht umsonst bekommen, sondern, weil er sich zu wenig um sich gekümmert hat. Um seine Wünsche, um seine Gefühle und um seine besonderen Bedürfnisse, die er auch hatte und immer nach nebenan gestellt hat, wie einen Wäschekorb mit schmutziger Wäsche. Erst einmal muss er anderen helfen, ihre schmutzige Wäsche zu reinigen und dann hat er geholfen und geholfen. Inzwischen ist sein Wäscheberg aber immer größer und größer geworden und er hatte keine frische Wäsche mehr für sich im Schrank, die er aber so dringend brauchte. Auch er brauchte Kleidung und was Neues und was Frisches zum Anziehen, das hat er aber total vernachlässigt. So kam es, dass er völlig ausgesaugt war. Aber er wollte es auch so, es darf sich keiner einen Vorwurf machen. Schließlich hätte er selbst in den Schrank greifen sollen und für sich selber sorgen können. Die frische, neue Wäsche lag immer griffbereit, aber er schob es weg, weil alles andere wichtiger war. Das war seine Entscheidung. Er war ein sehr guter Mensch und es war auch seine eigene Entscheidung, sich für die anderen aufzuopfern, so war es für ihn.

Danke dir. Die Svenja fragt, ob es dir etwas ausmacht, ob die Yvonne hin und wieder auf dir reitet? Weißt du auch, ob es ihr gut geht?

Sie ist so zerbrechlich, die Yvonne, ich hab sie sehr gern. Sie kann nicht anders, sie ist so und muss auch so aufgebraucht werden in ihrem Leben mit all ihren Macken. So ist das, aber sie ist auch eine Gute, genau wie ihr Vater. Kann sich aber nicht wehren und wird auch noch ausgezuzelt werden, wenn sie nicht an sich denkt. Es ist aber anders mit ihr, sie kann für sich selber nicht sorgen, das müssen andere machen. Das macht aber nichts, denn sie hat immer genug Unterstützung im Leben und wird auch immer genug Unterstützung haben, deshalb wurde sie auch mit ihren Problemen in diese Familie hineingeboren, weil da immer jemand ist, der für sie sorgt. Ihr geht es gut, das wolltest du doch wissen, sie zeigt es aber nicht so richtig, das kann sie sehr schlecht, aber ihr geht es sehr gut. Ich fühle ihr Inneres und sie ist sehr zufrieden und glücklich, liegt an der ganzen Familie, alle umsorgen sie mit soviel Liebe, es ist ein Geschenk bei euch in der Familie zu sein.

Danke dir, das wird deine Familie sicherlich sehr freuen.

Gespräch mit einem anderen Pony für die selbe Familie:

Hallo, Camilla, ich bin die Barbara. Magst du mit mir reden?

Ja, will ich schon, aber – wer bist du eigentlich, dass du mich einfach so störst?

Ich bin von der Svenja gebeten worden, mit dir zu reden. Sie möchte einfach nur wissen, wie es dir so geht.

Ja, so ist es gut, dann erzähl ich dir auch so einiges.

Wie geht es denn dir so, fragt sie?

Gut und schlecht, ich bin alt, merke meine Knochen, die wollen nicht mehr richtig, aber trotzdem habe ich noch Spaß am Leben, so ist das mit mir. Was willst du noch wissen?

Svenja möchte wissen, ob du irgendwo Schmerzen hast und was sie für dich tun kann?

Svenja? Kann jemand im Leben mehr für jemanden tun als für mich? Nein, das geht nicht, ich liebe sie, bitte richte ihr das auch aus. Nein, sie kann nichts für mich tun, brauche nur Gras und Stroh, möchte weich liegen, sonst ist alles in Ordnung.

Gut, dann richte ich es auch so aus. Sie fragt noch, ob du eine Botschaft an sie hast.

Ja, sie ist wirklich die Liebenswürdigkeit in Person. An ihr können sich viele ein Beispiel nehmen. Sie kümmert sich sehr um andere und denkt dabei wenig an sich, doch sie ist auch dran, sag ihr das bitte, sie muss auch was tun, nicht, was von ihr alles verlangt wird, auch nicht in bester Selbstverständlichkeit, sondern muss das tun, was ihr Spaß macht. Sie ist aber nicht so ein Spaßmacher- und Spaßhabertyp, das ist an ihr verloren gegangen. Auch, wenn sie lacht, liegt da immer eine gehörige Portion Ernst drin. Das kann sie meinetwegen ablegen, das Leben ist doch so hell, so schön, so farbenfroh gestaltet. Es macht einfach nur Spaß, den neuen Tag zu begrüßen. So soll sie es auch machen, nicht nur mit ernster Miene durch die Gegend rennen, wobei sie nie böse blickt, aber sie trägt soviel Verantwortung auf dem Herzen, das ist es, was sie so sorgenvoll für mich erscheinen lässt. Das soll sie ablegen und mal einfach nur fröhliche Dinge und Gedanken in ihr Herz lassen, das wünsche ich ihr von Herzen.

Das sage ich ihr so weiter. Danke dir. Hast du noch eine Botschaft an den Thomas, ihren Vater?

Ich weiß, wer Thomas ist. Ist ein etwas schwieriger Mensch, etwas „versonnen“, so wirkt er auf mich. Für andere wirkt er eher etwas verschlossen und wieder als der offenste Mensch der Welt, mit dem man Pferde stehlen kann. Bitte nicht mit mir. Ich mag ihn, ich mag auch seine etwas merkwürdige Art und Weise, auch sich auszudrücken, da haut es oft die anderen um, weil es schwierig wird, ihm auf Dauer zuzuhören. Er ist aber sehr liebenswert und das tun die meisten Menschen in seinem Umfeld. Er hat auch immer ein offenes Ohr für jeden und versucht immer, bei Schwierigkeiten zu helfen. Er ist nicht jemand, der Schwierigkeiten aus dem Weg geht. Das gefällt auch seinem Umfeld gut und viele kommen auch zu ihm, um Rat zu holen.

Danke dir, hast du noch eine Botschaft an die Christina?

Sie hält alles zusammen, ist im Stress und im Stress und nochmals im Stress. Dabei läuft doch alles wie von allein. Sie hat alle Fäden wohlüberlegt in ihrer Hand und alles eingefädelt und doch hat sie das Gefühl, ohne große Vorbereitung läuft nicht viel. Das stimmt aber nicht, sie hat schon so viel vorbereitet in ihrem Leben, dass ganz viel wie von allein läuft und auch laufen wird. Ich mag sie, darf mich öfters streicheln, da würde ich mich sehr freuen. Sie hat so eine liebevolle Art und hört auch immer jedem zu, auch, wenn sie den Stress gepachtet hat, hat sie noch ein offenes Ohr. Das verbindet auch beide, sie sind sich unglaublich ähnlich in ihrer Art und so halten sie auch alles zusammen. Es kann also fast nichts auseinanderbrechen in ihrem Leben. Ich mag sie sehr gern, genau wie den Thomas.

Danke dir wieder. Hast du noch eine Botschaft an die Anna?

Ja, die Anna ist immer auf und davon. Ist sie heute mal da? Zuhause? Dann ist es ja ein Wunder, sie lebt für ihre Dinge, die sie irgendwo und nirgendwo erledigt. Aber ihr geht es gut und auch ihre Eltern akzeptieren ihre besondere Art, immer unterwegs sein zu müssen. Ich mag sie, soll sich ruhig auch mal mehr um mich kümmern, ich und sie, wir gehören doch beide zur Familie, nur ist sie fast nie zu erreichen. Aber das braucht sie, allerdings denke ich manchmal, vor was läuft sie immer davon? Warum ist sie so ungern zu Hause? Hat aber nichts mit ihrem Zuhause zu tun, sondern sie ist nur auf der Suche, auf der Suche nach sich selbst. Wer ist sie, was will sie? Wer hilft ihr dabei, sich zu finden? Und schwupps, ist sie schon wieder unterwegs, so ist sie und so wird sie bleiben, ihr Leben lang, es wird also nie langweilig, wenn man sie kennt und sie zur Freundin hat. So bringt sie immer Schwung in alles rein und ihre Anwesenheit wirkt oft wie ein schöner, heiß ersehnter warmer Sommerregen, den braucht man einfach.

Danke dir. Hast du noch eine Botschaft an die Doris?

Ja, sie ist die ruhigere in der Familie. Ich habe sie auch lieb, kommt aber so selten zu mir, kann sich ruhig mal öfter sehen lassen. Sie ist innerlich schon lang weg von ihrer Familie, lebt selber ihr Leben, macht es auch ganz gut. Sie weiß ganz bewusst, was ihr gut tut und was vor allem nicht, danach richtet sie sich oft und macht Sachen, die für andere sehr verrückt klingen, aber sie hört dabei nur einfach auf ihr Bauchgefühl und das sagt nun so und so, das war es. So ist sie, soll sich auch nicht ändern, sie hat so ein schönes Gefühl, das sie umströmt. Ich freue mich immer, wenn sie in meiner Nähe ist, hat ihr Herz auf dem richtigen Fleck. Kann sich aber auch noch ein bisschen mehr um andere kümmern, das ist nicht so ihr Ding, da lässt sie lieber andere ran. Aber sie spürt, wenn jemand was braucht und soll es dann auch weiterleiten, wenn sie jetzt einfach nicht kann, sich darum zu kümmern.

Danke dir. Hast du noch eine Botschaft an die Nicole?

Ja, sie ist das Sorgenschaf der Familie. Wann wird sie endlich erwachsen? Denken ihre Eltern oft, aber sie lebt ihr Leben so rein in die Luft, wie es ihr gerade so gefällt und ich glaube, es dauert noch eine ganze Zeit, bis sie weiß, was sie will und für was sich das Leben überhaupt lohnt, so kommt sie mir immer vor. Ich mag sie aber, aber sie muss auch mal ernster werden im Leben. Das, was der Svenja fehlt im Leben, nämlich das Unbekümmerte, das hat die Nicole zu Hauf. Können doch mal kurz tauschen und sie wissen, wie sich das anfühlt. Dann kann die eine und auch die andere Dinge und Gewohnheiten leichter loslassen, die sie noch daran hindern, das Leben so zu sehen, wie es eben auch ist. Die Nicole ist ein Spiegel für die Svenja, aber manchmal auch für die Anna, nur mehr für die Svenja. Sind nicht umsonst in einer Familie, können viel voneinander lernen, tun es aber nicht so richtig, eben, weil sie so verschieden sind. Sollen es mal als Möglichkeit aufnehmen, den anderen und sich und seine nicht so ausgeprägten Merkmale im Leben kennenzulernen.

Danke dir. Hast du noch eine Botschaft an den Hans?

Ja, er war der Helfer der Familie. Es ist schade, dass es ihn nicht mehr in der gewohnten Form gibt, aber es geht ihm gut und er weiß nun, dass er nicht mehr so viel machen darf, sondern, dass sein Körper ihm auch geschenkt wurde, um sich selbst wahrzunehmen. Das konnte er so gar nicht, weil er grundsätzlich seine Bedürfnisse unter die Bedürfnisse von anderen gestellt hat. Ein großer Schatten wird auf die Familie geworfen, weil er nicht mehr da ist und sehr fehlt, aber sie müssen auch daran festhalten, dass er sein Leben und seine Gewohnheiten so gewählt hat. Er wusste, was er seiner Seele damit antat und ihm war es trotzdem wichtiger, für alle anderen da zu sein. So war seine Entscheidung, da konnte ihn keiner von abhalten. Er war ein sehr guter Mensch, er weiß nun um diese Dinge und möchte im nächsten Leben wieder etwas mehr machen für sich und seine Bedürfnisse, nicht Wünsche, die hat er immer noch nicht, aber Bedürfnisse, die hat er jetzt, da wo er ist, bereits entwickelt.

Danke dir für alle Botschaften. ...

Seelengespräche

Eine Rose: „damit ihre Seele heil wird“
Zwei Gespräche mit Pflanzen und eines mit einem Pferd für Antonia und Frank.
Zunächst die Rose:

... Du kennst doch den Frank. Antonia fragt, ob er irgendetwas besonders bedarf, weißt du da was?

Achtung braucht er ganz besonders. Hatte viel Pech in seinem Leben, so sieht er es zumindest. Es ist nicht so, aber Frank kann es nur so ertragen, dass nicht alles so gelaufen ist, wie er es sich erträumt hat. Das macht nichts, diese Sichtweise schützt ihn, hindert ihn aber auch, darüber nachzudenken, warum ihm das alles passiert ist. Na ja, er verdrängt es und will nicht über die Ursachen nachdenken. Könnte er, wird er aber so nicht. Sind andere schuld an seinen Problemen, nicht er, damit schützt er sich nur, aber das ist seine Art zu überleben.

Braucht er noch etwas oder soll ich es der Antonia weitersagen, dass er Achtung braucht?

Ja, das ist das Wichtigste, was sie ihm schenken kann. Er bekam zu wenig Achtung und Beachtung. Er hat tolle Ideen, schon immer, aber sie sind nur belächelt und kaum gewürdigt worden, darunter leidet er. Muss er aber nicht. Hat ihn nur angespornt, noch an größere Sachen ranzugehen. Also war es gut so, wie es war, sieht nur er nicht so. Seine Seele schon, sie weiß, was sie erreichen will. Sonst geht's ihm gut, darf halt nicht in Selbstmitleid zerfließen, dann ist er ein sehr netter Kerl und ganz erträglich. Er ist ein ganz Netter, trägt aber viele Probleme mit sich rum. Wenn er aber nicht über sie redet und sie zur Schau stellt, ist er ein sehr netter Bursche, ganz erträglich.

Hast du noch eine Botschaft an Antonia?

Ja, soll die alten Dinge, die passiert sind und überhaupt nicht schön waren, einfach wie in einer Schublade ablegen und sie nie wieder rausholen. Soll vergessen, dass die Schublade überhaupt existiert und nach vorne schauen. Ihr ist übel mitgespielt worden vom Schicksal. Aber es wurde ihr nur gebracht, damit ihre Seele heil wird. Wenn sie es auch mal so sehen kann, hat sie gute Chancen, das Alte endgültig abzulegen und nicht mehr rauszuwühlen. Soll sie versuchen und sich schöneren Dingen zuwenden. Hat es verdient, hat lange genug unter den alten Geschichten gelitten, braucht sie aber schon lange nicht mehr. Es ist ihr Leben, soll sich nicht so beeinflussen lassen von anderen. Sie muss deren Ziele und Probleme nicht übernehmen, sie ist sie und hat eine eigene Seele, die eigene Erfahrungen machen darf und muss. Muss sich den Schuh von anderen nicht anziehen, dann leidet sie auch nicht so. Aber das ist schwer, ist zu schwer darin verstrickt. Meint es zumindest so. Das ist aber nicht so. Das Leben ist nicht so schwierig, wie es ihr auf den ersten Blick erscheint. Kann viel Gutes im Leben machen und bewirken, braucht nicht immer auf frühere Dinge eingespeichert bleiben, das erleichtert ihr sehr viel. Ich mag sie, soll aber nicht mehr so leiden, ist vorbei, was ihr so weh getan hat. Soll sich nicht mehr daran erinnern, sondern einfach loslassen. Klar, sage ich es ihr ganz einfach und sie denkt, so einfach ist das aber nicht. Doch, ist es, lass los und lebe dein neues Leben, deine neuen Gedanken und bewahre alles Alte in einer Schublade auf und mache sie nie mehr auf – so einfach ist das. Mach es, dann siehst du es.

Danke dir, Rose, ich sage es der Antonia so weiter.

Ja, das weiß ich, wird sich sehr wundern, dass es so einfach sein soll, aber sie leidet so sehr, muss sie nicht. Das Leben ist einfacher und schöner als sie denkt, muss nur in eine andere Richtung schauen, dann sieht sie es auch so.

Danke dir für das Gespräch.

Gern, war schön, wird mich jetzt mit anderen Augen sehen, ich mag sie.

Ein Gesprächsauszug mit einer Grünpflanze für Antonia:

...

Hast du noch eine Botschaft an Antonia?

Ja, soll sich mehr um sich selber kümmern, aber nicht ihr Äußeres meine ich, sondern ihr Innerstes. Sie meint, mit guten Mitteln wie Pflege, gutes Essen, gute, gesunde Kleidung, tut sie was für sich, aber das ist nicht wahr. Das meint sie nur und weiß es aber nicht besser. Ihre Seele braucht Pflege und Aufmerksamkeit. Hat schon viel im Leben erlebt, aber auch erreicht, ist aber oft wieder vom fahrenden Zug des Lebens abgesprungen, wenn es ihr zu brenzlig wurde. Das war auch gut so, hat ihre Erfahrungen machen müssen, aber sie wusste es auch nicht besser, sucht immer im Äußeren und will zufrieden werden, innerlich. Aber so läuft das nicht. Sie muss bewusst ihre Seele suchen gehen. Das ist sehr anstrengend, sie sagt nämlich auf den ersten Blick nichts, aber so ist das nicht. Man kann mit ihr kommunizieren, deshalb bin ja auch ich da. Ich kann ihr dabei helfen, ihre Seele kennenzulernen. Soll sich nur mal hinsetzen, entspannen, vorher eine ruhige gute Musik hören und dann tief ein- und ausatmen. Bitte am besten neben mir, da kann ich ihr bei helfen und ihr meine Energien schicken. Das Atmen ist bei ihr besonders wichtig, hat damit Probleme, läuft nicht so gut mit dem Atem, muss sich aber über ihn kennenlernen. Kann es auch, muss es aber oft probieren, sonst klappt das nie, wenn sie nie damit anfängt und beginnt. So beginnt ihre Meditation, ganz einfach, aber wirksam, dann kann sie irgendwann ihre Seele spüren und sich mit ihr unterhalten, dauert aber noch etwas, so schnell geht das nicht, muss nur anfangen damit. Sucht schon die ganze Zeit danach, stellt sich auch die richtigen Fragen, aber sie muss die Antworten darauf in sich suchen. Sie sind da und sie kann sie finden, ich mag sie und helfe ihr auch dabei. Kann mich schon mal in das Schlafzimmer stellen, ich bin bei ihr und glaube an ihre Kräfte, schicke ihr auch meine noch dazu, das hilft. Muss nur beginnen, dann geht's gut, wird Sagenhaftes entdecken und kennenlernen dabei, das ist gut so. Ihre Seele ist groß, hat schon viel erlebt, musste auch viel Trauriges und Trauerndes in diesem Leben [Abschied] mitnehmen, hat es aber gebraucht, um was Neues daraus erwachsen zu lassen. Dafür muss es hart hergehen, damit sie das auch bewusst miterlebt. Waren schon sehr hart ihre Erfahrungen, mussten aber sein, wird es nicht mehr so hart angehen und erfahren müssen wie früher. Hat es erlebt und die Seele hat es gebraucht und abgelegt, braucht es jetzt nicht mehr so in dieser Form. Wünscht sich dringend Kinder, dafür muss ihre Seele aber noch viel loslassen. Soweit ist ihre Seele noch nicht, kann es noch nicht, muss noch was geschehen, muss innen suchen, nicht im Außen, nicht bei Freunden oder in ihrer Familie. Haben damit gar nichts zu tun, begreift es aber erst sehr viel später, wenn sie ihre Seele gefunden hat, dauert aber noch. Mensch, fang an zu suchen, dann wirst du auch fündig. Ich mag dich sehr, habe aber nicht ewig Energien für dich, möchte dich aber noch lang begleiten. Fang an, dich hinzusetzen, nur konzentrieren auf das, was kommt, ist das Wichtigste überhaupt, dann wird es geschehen, dass du sie spürst. Sie kann dir viel erzählen, musst sie nur finden und zuhören, ist alles gespeichert. Ich mag dich sehr, versuche es bitte, ich unterstütze dich auch.

Danke, dir Pflanze, hast ja ganz viel erzählt, ich sag es der Antonia weiter. Kann sie noch was für dich tun?

Nein, alles in Ordnung, ein anderer Platz wäre schön, aber nicht ganz so wichtig, kann sich noch Zeit lassen damit.

Ich richte es aus, danke dir für das Gespräch.

Gerne, war schön, sage es bitte weiter, es ist mir wichtig für sie.

Ein Gesprächsauszug mit einem Pferd für Antonia [Nachbarin des Pferdehofes]:

Hallo, Wally, ich bin die Barbara, ich kenne die Antonia, magst du mit mir reden?

Ja, ich will, mir geht es nicht gut, brauche jemanden, der es weiß, mir geht es nicht gut, ich leide.

Warum leidest du denn?

Ich mag nicht mehr leben, das Leben ist bald vorbei für mich, möchte nicht mehr auf dieser Welt sein. Du kennst die Antonia? Sie kann sich noch verabschieden von mir, ich will weg von hier, mir geht es nicht gut.

Kann jemand was tun für dich oder kann es die Antonia weitersagen, dass jemand was für dich tun soll?

Habe Probleme mit meinem Gebiss, es tut mir weh, was zu fressen. Es tut weh und ich will es auch nicht mehr, kannst du ihr sagen, aber mein Lebenswille ist noch da.

Also, jetzt widersprichst du dir aber, willst du nun noch auf der Welt sein oder nicht mehr?

Nein, ich will nicht mehr auf dieser Welt sein, dauert auch nicht mehr lange, dann darf ich gehen. Kann keiner mehr was für mich tun, ich will nicht mehr leben.

Gut, ich sage es der Antonia, sie kann ja zu dir hinschauen und mal mit dir reden, anders als ich, aber einfach mit dir reden. Sie hat mich gebeten, zu fragen, wie es dir geht.

Ja, ja, ich will nicht mehr, aber sonst ist alles in Ordnung.

Also, das klingt jetzt aber sehr komisch. Du willst nicht mehr leben, aber sonst ist alles in Ordnung? Das passt aber gar nicht richtig zusammen, weißt du das?

Ja, ich weiß, aber mich langweilt alles, es passiert nichts Neues mehr auf dem Hof um mich herum, ich will nicht mehr.

Aber es liegt doch auch an dir, die Dinge anders zu sehen, sich zu freuen, wenn du raus darfst zum Ausreiten oder wenn ein anderes Pferd zu dir in die Nähe kommt.

Du weißt nicht, wie das ist, den ganzen Tag so rumzustehen, nicht kilometerweit laufen zu dürfen. Da geht es mir nicht gut damit, es ist öde, es ist langweilig, es passiert einfach nichts Neues mehr.

Ich werde es der Antonia ausrichten, was du mir erzählt hast, vielleicht kann sie es ja doch jemandem weitersagen und vielleicht ändert sich ja was für dich.

Ja, wäre schön, aber daran glaube ich nicht mehr, bin schon so lange hier, hat sich nichts getan.

Na schön, ich sage es der Antonia. Was Anderes kann ich leider auch nicht für dich tun, ich wünsche dir aber trotzdem alles Gute und denke mal über deine Gedanken nach, vielleicht verändert sich ja was, wenn du anders über dein Leben denkst.

Schon gut, ich denke darüber nach...

Seelengespräche

Katze Penelope: „ich habe sie sehr geliebt"
Ein Gespräch mit der verstorbenen Katze Penelope und der Katze Lola für Vera.

Hallo, Penelope, magst du mit mir reden?

Ja, das mag ich gerne. Was willst du von mir?

Erst möchte ich dich was Wichtiges fragen: Lebst du noch?

Nein, nach euren Vorstellungen schon lange nicht mehr, werde aber bald wiederkommen auf die Erde, freue mich schon auf mein neues Leben.

Danke, dass du mir das sagst. Die Vera hat sich sehr große Sorgen um dich gemacht, weil du auf einmal einfach weg warst. Magst du was erzählen, was passiert ist?

Ja, für sie ist es wichtig, dass sie es weiß, habe schon oft versucht, es ihr irgendwie mitzuteilen in einem Traum oder in einem Gefühl oder Gedanken, aber sie scheucht sie immer weg. Sie kann es nicht annehmen, wenn sie es sicher weiß, dass ich nicht mehr kommen kann. Ich habe sie sehr geliebt, sie hatte eine wichtige Aufgabe in ihrem Leben, sie sollte Menschen zueinander bringen, die es schwierig miteinander hatten. Doch diese Aufgabe hat sie fast umgehauen, es war sehr schwer für sie. Ich hatte die Aufgabe, sie zu begleiten, dass sie es schafft. Sie hat sich dann da raus gezogen und der Unfall ist passiert, so konnte sie ihrer Aufgabe nicht mehr gerecht werden. Das ist sehr hart für sie, denn ich sollte auch immer ihr Schmusekater sein, so bin ich aber nicht ganz. Lola ist ihre Schmusekatze. Ich habe ihr immer etwas anders gezeigt, dass es sehr wichtig ist, dass ich auch da bin in ihrer Welt. Das hat sie auch verstanden, wir haben uns richtig gut ergänzt.

Danke dir für deine Erklärungen. Magst du mir ein bisschen erzählen, warum du weggelaufen bist?

Ich weiß, dass sie es dir erzählt hat. Es war so, dass ich Angst hatte, eigentlich sollte ich doch auf sie aufpassen, aber ich hatte wieder mal Angst...

Sie sagte mir, dass du Angst vor einem Gewitter gehabt hast und weggelaufen bist.

Ja, und ein Hund von einem anderen Hof kam auf mich zu, ich war völlig verschreckt, sonst wäre ich nicht in seine Nähe gegangen und er hat mich gezwickt und mich hochgeschleudert. Das war im ersten Moment nicht so schön, aber ich bin ja nicht aus Zucker gewesen, daran bin ich nicht gestorben, habe mich aber verkrochen und dann bin ich wohl verblutet. Bitte, sag es ihr aber nicht so genau, denn sie macht sich solche Vorwürfe, dass sie mich nicht gefunden hat, das ist ganz schlimm für sie.

Aber dann ist es doch sehr wichtig, dass sie weiß, wie das Ganze passiert ist. Ich möchte es ihr schon sagen, du hast es auch ganz gut geschildert. Ich glaube, es wird ihr helfen, wenn sie weiß, was passiert ist.

...gut, ich denke noch ein bisschen darüber nach, gut, mach es, sie muss es ja wissen, damit unsere Seelen endlich Ruhe finden und sie nicht immer noch Hoffnung hat.

Danke dir, dass ich es so weitersagen darf. Kann sie noch was tun für dich? Magst du vielleicht ein Ritual haben, das sie für dich tun kann?

Ja, sie soll zwei Kerzen anzünden, das wäre wunderschön, sich genau dazwischen setzen und spüren, wie gut es mir nun geht, da, wo ich gerade bin. Das wäre für uns beide sehr gut. Ich will mich auch sehr bemühen, ihr ganz viel Kraft zu schenken und in ihre Gedankenwelt reinzukommen, damit sie weiß, ich denke auch noch ganz fest an sie. Aber auch ich muss sie loslassen, das ist ganz wichtig, so wie bei ihr darf ich mich nicht mehr klammern, das geht nicht mehr, da muss ich auch loslassen.

Hast du noch eine Botschaft an sie?

Ja, sie ist die liebste Frau der Welt für mich und ich danke ihr, vor allem für die vielen Kugeln, die habe ich immer gerne geschussert. Weißt du, sie hat ein großes Herz für andere, aber sie hat keinen Anerkennungswert für sich selber, den hat sie noch nicht gefunden, aber auch noch nicht so ganz genau nachgeschaut und ihn entdecken wollen. Das möchte ich ihr noch als Hausaufgabe aufgeben, damit sie weiß, dass ich auch von hier noch was für sie tun kann.

Gespräch mit Katze Lola für die gleiche Person:

... Sie hat mir davon erzählt, dass sie einen schlimmen Autounfall hatte.

Ja, das stimmt. Es war nicht schön, sie meint immer, sie war ja gar nicht daran schuld, das stimmt auch, aber sie hat diese Erfahrung, die sich dadurch ergibt, leider gesucht. Das klingt unglaublich, ich weiß, aber sie meint sonst immer, es läuft schon alles ganz gut, es muss nur selber ins Laufen kommen, doch so ist das Leben nicht gemeint. Sie muss manchmal selber was dazu tun und sich nicht immer Gedanken dazu machen, was andere für sie Gutes tun wollen. Sie hat ihr Leben im Griff, das ist sehr wichtig für sie zu wissen. Sie kann alles gestalten im Leben, doch im Moment hat sie das Gefühl, über sie wird einfach nur bestimmt und sie kann nichts selber gestalten, es wird halt für sie gemacht und das macht sie auch traurig. Genau wie mich, ich bin eine liebe Katze, ich helfe ihr immer da, wo ich nur kann und das ist sehr wichtig, dass ich sie damit unterstütze, sonst würde sie noch untergehen mit ihren Sorgen. Soll sie einfach abstellen ihre Sorgen, so wie einen alten, löchrigen Regenschirm, ja nimmt denn den noch einer her? Er taugt doch auch zu nichts mehr und so ist es doch auch mit ihrem Leben, sie muss das alte, vor allem die alten Muster, die ihr so wehgetan haben, in die Ecke stellen. Das wäre sehr wichtig für sie, ich liebe sie.

Das war ja schon wie eine richtige Botschaft an die Vera. Magst du noch was erzählen über sie?

Was soll ich dir denn erzählen? Ich weiß nicht so recht. Sie ist der liebste Mensch, den man sich nur vorstellen kann, eigentlich wie ich, wir passen sehr gut zusammen, achten immer darauf, dass es dem andern gut geht. Doch für uns selber sorgen wir nie, so als ob erst die anderen dran kommen müssten und wir nur für die zweite Reihe geboren wären, doch so ist das nicht gemeint mit dem Leben. Sie kann es und ich muss es noch lernen, deshalb sind wir ja auch in einer Familie, ich liebe sie, kannst du ihr das so sagen?

Das sage ich ihr sehr gerne. Hast du noch eine Botschaft an sie?

Weißt du, sie denkt oft: „Mensch, lass doch bitte den Kelch an mir vorübergehen, davon will ich nicht auch noch was haben." Aber das darf sie nicht immer denken, sonst kommt ja genau das zu ihr – weiß sie das so nicht? Ich liebe sie und versuche immer, ihr so viel Kraft zu geben, dass sie endlich aufstehen kann und sagt: „So, bis hierher und nicht weiter, jetzt nehme ich selbst mein Leben in den Griff und lass mich nicht immer bevormunden von Menschen, die es gar nicht wissen können, was für mich das Beste ist." Verstehst du? Das gilt auch für ihre Familie, sie bevormunden sie ja so richtig, das ist nicht gut und ich gebe ihr dann immer so viel Kraft, wie es nur irgendwie geht, ich liebe sie.

Danke dir. Kann sie sonst noch was tun für dich?

Nein, ich weiß nun, dass sie wiederkommt, freue mich schon, mehr brauche ich nicht, da gleichen wir uns beide sehr, sind sehr genügsame Wesen.

Danke dir, dass du mir so einiges erzählt hast.

Anmerkung

... Ich lag ja viele Monate im Krankenhaus und 14 Tage vor meiner Entlassung lief meine Penelope bei einem Gewitter fort und kam nicht wieder. Vom Krankenhaus aus bat ich Nachbarn um die Suche nach meiner Katze und ich startete auch zwei Suchanzeigen in der Zeitung. Die Blätter an den Bäumen, die meine Nachbarn angebracht hatten, waren ohne Erfolg – wie auch die Suchanzeigen. Das war für mich viel schlimmer zu verkraften, als die Unfallfolgen, die mich nahezu fast umbrachten. Durch „Zufall" erfuhr ich über eine Freundin von Ihrer Arbeit mit Tieren und so bat ich Sie, Kontakt zu meinem verlorenen Kater aufzunehmen. Während ich die Botschaft unter einem Meer von Tränen las, so beruhigte ich mich andererseits, dass ich die Gewissheit hatte, was der Grund des Verschwindens war. Am Tag nach der erhaltenen Botschaft machte ich das Ritual mit den Kerzen und stellte ein Foto meiner Katze auf. Die Trauer kommt zwar immer wieder mal auf, aber andererseits trösten mich die Worte ungemein, die ich durch Sie erhielt! So kann ich viel besser mit dem Verlust umgehen und ich bin so dankbar, dass auch meine Katze meine Botschaften durch Sie erhalten hat.

Seitdem ich nun alleine mit meiner Katze Lola lebe, ist sie viel anhänglicher geworden. So als wolle sie den Platz von Penelope mit ausfüllen. Jedes Mal, wenn ich zurück von einer erneuten Operation nach Hause komme, weicht sie nicht von meiner Seite – solange, bis dass ich mich wieder selbst auf beiden Krücken fortbewegen kann. Sie ist unglaublich sensibel, was meine jeweilige körperliche Verfassung betrifft. Da ich durch die Botschaften auch genau die Charaktereigenschaften meiner beiden unterschiedlichen Katzen wiedererkenne, ist dies ein unumstößlicher Beweis für mich, dass es sehr wohl die Möglichkeit der Kommunikation zwischen Mensch und Tier gibt.

Und dies tut mir unheimlich gut zu wissen, gibt mir Bestätigung meiner Empfindungen und macht mich neugierig, selbst noch tiefer in diese Bewußtseinsebene vorzudringen – sei es durch Bücher wie auch durch Seminare – mehr über diese Möglichkeiten zu erfahren und sie zu nutzen.

Vor jedem neuen Krankenhausaufenthalt erzähle ich meiner Katze, wer sie in der Zwischenzeit versorgt und dass ich in einem absehbaren Zeitraum auch wieder nach Hause komme.

Das beruhigt mich wiederum sehr und so ist das Fortbleiben auch wesentlich leichter zu ertragen.

Ich wünsche allen Katzenfreunden, dass sie aus diesen unterschiedlichsten Erfahrungsberichten lernen können, sich auf dieser höheren Bewußtseinsebene mit ihren Tieren auszutauschen und so ein noch viel intensiveres Für- und Miteinander leben können.

Ihre dankbare ...

Seelengespräche

Ein Hund: „sie will immer allen helfen"
Vier Gespräche mit einem Hund und drei Pferden für die Familie mit Renate, Albert, Felicitas und Emil.
Zunächst aus einem Gespräch mit dem Hund:

... Magst du mir noch eine Botschaft sagen für die Renate?

Ja, sie ist eine Gute – manchmal zu gut für diese Welt. Sie will immer allen helfen und weiß manchmal vor lauter Arbeit gar nicht, wohin. Ich mag sie sehr gern. Sie ist eine Ruhige, weiß immer, was sie sagt, was sie will, auch, wen sie nicht mag und was sie so ganz und gar nicht will, das weiß sie auch. Sie sagt es aber nicht immer, hält sich da ganz vornehm zurück. Sollte ruhig mal öfter darüber reden, was ihr Kummer macht und wen sie heute so gar nicht mag, weil etwas vorgefallen ist. Damit kann sie sich erleichtern, würde ihrer Seele gut tun. Sie meint immer, was sie nicht offen sagt, muss ja auch nicht einen anderen belasten. Das ist nur was für sie [Renate], aber sie kann damit ihre Probleme auch ablegen und muss sie nicht immer so allein mit sich rumschleppen. Sonst passt alles mit ihr, ich krieg mein Futter, bitte mehr, sonst ist alles in Ordnung mit ihr, wenn ich an sie denke. Tue ich gerne [an sie denken], sie hat eine innere Stärke, die auch von anderen so bewundert wird. Sie hat sie wirklich, es ist nichts davon aufgesetzt, das ist das Besondere an ihr, weil sie stark wie 10 Löwen ist. Nicht körperlich, da auch, aber vor allem innerlich kann ihr keiner was vormachen. Und diese Stärke braucht sie auch für ihre Familie, sie hält alle zusammen. Sie ist eine Gute, ich hab sie sehr lieb. Sie meint immer, Ausspannen braucht sie nicht, alles um sie herum ist ihr wichtig, aber mal einen Abend für sich allein, das wäre gar nichts für sie, weil sie gar nicht weiß, was sie damit anfangen könnte. Mensch, und wenn du auch mal nichts machst, es wäre schön, wenn du dir regelmäßig etwas Zeit nimmst, wo nur du bestimmst, was dir für ein paar Stunden wichtig ist. Mehr brauchst du nicht, dann nimmt aber deine innere Stärke nicht ab, sondern noch mehr zu. Ich mag dich, du brauchst mich nicht wirklich, ich gebe dir aber trotzdem meine Energie.

Danke dir für die Botschaft. Hast du noch eine an den Albert?

Ich mag ihn und mag ihn nicht. Er ist oft so laut, das mag ich gar nicht. Er lacht auch so eigensinnig, da weiß ich dann gar nicht, ob ich drinnen bleiben soll in seiner Nähe oder lieber nicht. Das mag ich nicht an ihm. Sonst ist er eine gute Haut. Ihn kann man leicht ärgern und vollends aus der Fassung bringen, versuchen auch einige Leute immer wieder zum Spaß, weil sie es lustig finden, zu sehen, wie er so reagiert. Ist doch blöd von ihnen, soll sich nicht ärgern lassen, sondern alles von ihm abprallen lassen, das braucht er nicht. Ich verstehe nicht, warum er sich dabei immer so ärgert. Er ist doch erwachsen, er muss doch sehen können, dass die anderen das nicht ernst meinen. Tut er aber immer erst, wenn es zu spät ist. Das sollte er noch ändern, er ist so groß, er muss sich nicht mehr ärgern lassen wie einen kleinen Buben. Ich mag ihn schon, nur die Lautstärke muss er abstellen, dann ist er sehr zu ertragen. Das mag ich an ihm, dass ich mich auf ihn verlassen kann. Wenn er sagt, es gibt kein Leckerli mehr, dann gibt es wirklich keines mehr, da kann ich mich dann auf den Kopf stellen, aber es hilft nichts. Schade. Andererseits weiß ich bei ihm auch immer, woran ich bin, das macht ihn mir so besonders, weil er nicht so rumspinnt. Spinner gibt es genug, aber er ist gar keiner. Er weiß immer genau, was er will und was er nicht will. Das tut seiner ganzen Familie sehr gut. Er ist so klar strukturiert in seinen Gedanken, da können sich dann andere daran orientieren, das mag ich an ihm. Da ist er ein gutes Herrchen, nur schreien oder laut reden und auch so lautes Lachen mag ich gar nicht, sonst bin ich gern bei ihm.

Danke dir. Hast du noch eine Botschaft an Felicitas?

Felicitas ist eine kleine Schnecke. Sie ist so süß, aber sie verkriecht sich auch ständig. Immer will sie es nicht gewesen sein, sie trägt nie Schuld, sagt sie immer und dabei ist sie oft so beleidigt, dass ich mich direkt wundern kann, warum das keinen so stört – nur eben mich. Sonst ist sie eine Gute. Sie macht aber nie den direkten Weg, sie eckt lieber an, weil sie sagen will, wohin es gehen wird, wohin es gehen soll. So meint sie, kann sie alles bestimmen. Soll aber mal etwas aus den Händen geben und mal schauen, was sie dann erwartet. Das ist dann nämlich auch sehr spannend. Sie weiß es nur noch nicht, weil sie so klammert, nämlich an ihren Vorstellungen, dass sie so viel und gern bestimmen darf. Aber so geht das Leben nicht. Das muss sie noch lernen, dann kann man sich sehr gut mit ihr vertragen. Ich mag sie gern, merke ja auch, dass sie eine wundervolle Seele hat. Und diese Seele muss man nur etwas polieren, dann kommen die glänzenden Schichten zum Vorschein. Davon soll sie dann einfach mehr zeigen, sonst ist sie aber in Ordnung. Nur Ordnung halten sollte sie mehr, das wäre gut für ihr ganzes Leben, das kann sie auch noch nicht. Ich mag sie, sag ihr das.

Das werde ich alles ausrichten. Hast du noch eine Botschaft an den Emil?

Ja, Emil ist ein Kämpfer, ein großer Kämpfer. Es wird anderen oft zu bunt, ihm nur zuzuschauen, weil er so genau weiß, was er will und wie das ganze Leben, das seinige und das der anderen auszuschauen hat. Er hat keine Probleme damit, allen anderen was anzuschaffen und die sollen dann für ihn alles Mögliche machen. Er ändert sich noch ein bisschen, aber dieses Grundschema wird er immer behalten. Er ist ein Bestimmer, ein Macher, er mag aber auch sehr gern andere Menschen, wird sich später sehr gut in alle und in alles hineinfühlen können, das ist schön. Nicht nur für ihn, sondern auch für andere. Die werden ihn sehr dafür bewundern, weil das nicht alle so gut können, da ist er ein Meister, das kann er später sehr gut. Ich mag ihn auch, ich muss ihn aber noch beschützen, schicke ihm meine Energien, die braucht er noch ganz fest.

Danke dir für alle Botschaften. Hast du noch einen Wunsch, was deine Familie für dich tun kann?

Ja, Leckerlis ohne Ende, bitte, wenn auch nur einmal, das möchte ich sehr gern, sag ihnen das.

Ja, werde ich ihnen allen ausrichten. Ich danke dir dafür, dass du mit mir gesprochen hast.

War schön, vergesse aber die Leckerlis nicht.

Ich sage es der Renate, die weiß es dann.

Ja, aber nicht vergessen.

Aus einem Gespräch mit einem Pferd Sina:

... Hast du noch eine Botschaft an die Renate?

Ja, sie ist eine ganz Liebe, ich bin gern bei ihr in ihrer Nähe, ich gebe ihr auch von meiner Kraft. Sie scheint immer so stark – ist sie auch, aber sie braucht auch meine Nähe, damit sie wieder auftanken kann, das kann ich ihr geben. Sie spürt es und spürt es nicht, aber ich kann es ihr geben. Sie braucht immer wieder Kraft für das Ganze hier, das spüre ich, aber sie hat auch die Kraft, alles alleine zu schmeißen, muss sie aber nicht. Das ist auch gut so, sonst hätte sie keine Zeit mehr für sich, soll sich auch mal was gönnen, was ihr so durch den Kopf geht. Dafür braucht sie aber erst auch Zeit, damit ihr was einfallen kann, was sie tun kann. Sie ist oft so mit Arbeit beschäftigt und mit ihren eigenen Gedanken, was noch zu tun ist, dass sie sich selbst vergisst [was ihr selbst gut tun würde], da sollte sie mal sehr an sich denken. Sonst ist alles in Ordnung, es gibt nichts mehr zu sagen zu ihr.

Danke dir, Sina. Hast du noch eine Botschaft an den Albert?

Albert ist schwierig für mich, er ist so laut, ich höre ihn so laut. Sollte leiser reden, ich höre ihn auch so. Das würde mich sehr freuen, sonst ist er ein guter Geselle. Er sollte mehr was mit seinen wahren Freunden machen und sich nicht ausnutzen lassen. Das wäre gut für seine Familie, weil er oft unterwegs ist und was macht für andere, die aber auch jemanden anderen dafür bitten könnten. Er soll mehr für und mit seiner Familie machen, sie darf nicht so nebenher mitlaufen, da wären alle glücklicher. Wenn er das macht, wird er auch noch ein anderes Glück spüren dürfen. Dann ist er wirklich glücklich. Sonst ist er in Ordnung so wie er ist.

Gut, danke dir für deine Botschaft. Hast du noch eine an die Felicitas?

Das Mädchen? Sie ist manchmal wie eine kleine Hexe, zwar unglaublich lieb, aber im nächsten Moment nicht zu berechnen, so sind doch Hexen nach eurer Vorstellung, oder? Ja, eine kleine liebe Hexe ist sie, aber eben unberechenbar, da muss ich aufpassen, wenn sie kommt. Aber auch sie ist eine ganz Liebe, ich sehe ihre Seele und die ist gut, macht auch Spaß, in ihr Innerstes zu schauen, da ist sie im Leben noch weit davon entfernt, ihr eigenes Innerstes zu erfahren und zu leben. Kommt noch. Ich mag sie, auch, wenn ich aufpassen muss, es stimmt aber auch alles mit ihr.

Schön. Danke dir, hast du noch eine Botschaft an Emil?

Ja, er ist ein Lieber. Ihn habe ich am liebsten in meiner Nähe. Er braucht auch meine Nähe, es geht ihm gut, er ist aber wie ein Tiger, sehr stark und reißerisch, aber ich amüsiere mich über ihn, wenn er kommt, weil er alles mit einem Ernst durchzieht, was ihm begegnet. Da ist er Meister, sich in andere Sachen hineinzuversetzen und etwas zu spielen, was gar nicht ist. Das gefällt mir, es ist spannend, wenn er in meiner Nähe ist. Den direkten Weg wird er aber nie gehen im Leben, das macht nichts, das gehört zu ihm dazu. Ich mag ihn, auch wenn er etwas wunderlich ist. Aber das ist seine Art und die ist in seinem Inneren ganz in Ordnung, das spür ich so.

Gut. Danke dir für alle Botschaften. Hast du noch einen Wunsch oder kann deine Familie noch irgendwas für dich tun?

Nein, habe schon alles gesagt, war spannend mit dir zu reden, war schön.

Danke dir für das Gespräch.

Aus einem Gespräch mit einem anderen Pferd:

... Hast du noch eine Botschaft an Renate?

Soll sich nicht so viel um uns kümmern, sondern mal was für sich tun, was Schönes, von dem sie lange zehren kann, das täte ihr sehr gut, sie ist eine Künstlerin – soll malen und basteln, das wäre schön. Da kann sie mal ihr Innerstes nach außen kehren, das wäre schön, gäbe ihr Kraft, das braucht sie, sonst ist sie in Ordnung. Ich mag sie, vor allem, wie sie mir immer ums Maul streicht, das mag ich auch.

Danke dir für die Botschaft. Hast du noch eine an den Albert?

Albert ist oft das totale Gegenteil von ihr, aber deshalb hat sie ihn ja gesucht. Er ist rau, aber sehr lieb. Nicht immer nach außen, da ist er der starke Mann, aber innerlich ist er sehr lieb und ich sehe ja sein Innerstes. Er ist gut so, wie er ist. Er kann eine Menge von Renate lernen, das ist gut so.

Schön, ich werde es so ausrichten. Magst du noch was zu Felicitas sagen?

Ja, sie weiß noch nicht so recht, wo es lang geht, wird sich noch ändern. Sie ist aber sehr nett, sehr selbstbewusst, ich mag sie, kann aber auch sehr bestimmend sein, das mag ich nicht, weil sie nicht dahinter steht, was sie sagt. Da will sie nur ihren Willen durchsetzen, da geht es ihr nicht um die Sache, das mag ich dann nicht, sonst mag ich sie aber.

Danke, hast du noch eine Botschaft an Emil?

Ja, er ist gut und lustig, so ganz anders, wird sich auch noch zeigen, was aus ihm wird. Er ist aber schon jetzt eine große Persönlichkeit, zumindest will er es so, dass die anderen ihn so wahrnehmen. Ist aber nicht immer so einfach mit ihm, aber ich hab ihn lieb. Er hat Feuer, das mag ich an ihm, er weiß immer, was er will, ist nicht so einfach für die anderen, ihn so anzunehmen, er mag oft gerne bestimmen, das will aber nicht jeder hier. Davon merkt er aber nichts, er zieht seine Sachen einfach durch, was er sich eingebildet hat, so ist er. Ich habe ihn lieb, kann manchmal lachen, wenn er ankommt. Er will dann bestimmen, na dann lass ich ihm halt die Freude. Bei großen Leuten würde ich es aber nicht durchgehen lassen, aber er kann bei mir ´ne Menge machen, ohne dass ich sauer werde, ich mag ihn.

Danke dir für alle Botschaften. Kann deine Familie sonst noch was für dich tun?

Nein, ich muss alleine was tun, denke da an meine Freiheit, die muss ich mir erkämpfen, da kann keiner außer mir was tun.

Gut, ich richte es so aus. Danke dir für das Gespräch.

Schon gut, war ganz nett, jetzt brauche ich wieder meine eigenen Gedanken.

Aus einem Gespräch mit einem weiteren Pferd für die gleichen Personen:

... Hast du noch eine Botschaft an die Renate?

Ja, Renate mag ich sehr gern, sie ist die gute Seele bei uns. Jeder freut sich, wenn sie so hereinschneit und hereinwirbelt. Sie hat Kraft, richtige Kraft. Sollte mal ein bisschen auftanken, aber sie wird noch lange nicht merken, dass sie noch Kraft brauchen sollte, hat genug für zwei. Ich mag sie. Sonst muss sie lernen, ihre Wünsche und Bedürfnisse zu äußern, das tut sie noch herzlich wenig. Hat eine Scheu davor, andere damit zu belasten. Ist aber Blödsinn, kann sich ruhig mal äußern, ist keine Problembelastung für andere, sondern sie öffnet sich nur noch mehr für andere, das macht sie zugänglicher auch für andere. Das wäre schön, sonst läuft alles gut. Hat zwar viel Arbeit, aber sie macht es so gerne, sie beklagt sich nie, das ist bewundernswert an ihr, soll aber mal ruhig über die Dinge, die sie ständig beschäftigen, offen reden. Nicht unbedingt mit ihrem Mann, der versteht sie da nicht so richtig, sie braucht noch jemanden anderen, dem sie sich mit den Alltagsdingen so anvertrauen kann, sonst ist alles in Ordnung mit ihr.

Danke dir für die Botschaft. Hast du noch eine an Albert?

Ja, er ist ein Lieber, ich freue mich immer, wenn ich ihn sehe. Er ist sehr geradlinig, d.h. bei ihm weiß ich einfach immer, woran ich bin, was er meint, was er denkt. Das tut mir gut, ich brauche diese feste Ordnung, sie tut mir gut und führt mich durchs Leben. Da weiß ich, was jemand von mir erwartet, das kann er gut. Ich mag ihn, er führt ein einfaches strukturiertes Leben, das hilft ihm auch. Sonst wäre es ihm einfach zu kompliziert – er macht es gut so, wie es ist, das hilft ihm. Er denkt immer gerade, das hilft uns Pferden. Dann wissen wir, da kommen wir nicht aus, sonst ist es manchmal schwie-

rig mit Menschen, weil sie so viel und so schnell und alles Mögliche denken, aber Albert nicht. Einen Gedanken hat er, den verfolgt er und den will er auch durchführen, das ist gut so, ich mag ihn, das hilft mir weiter.

Gut, danke dir. Hast du noch eine Botschaft an die Felicitas?

Sie ist lieb, eine ganz Liebe, ich mag sie. Wird noch mal schwierig werden mit ihr, weil sie einen großen Willen hat, den sie gerne allen aufzwingen will, bestimmt auch mir, aber das sehe ich jetzt mal gelassener entgegen, das wird noch.

Gut. Magst du noch was sagen für Emil?

Er ist ein Guter. Er meint schon zu wissen, wo es lang geht im Leben und dementsprechend zeigt er es auch allen. Das ist nicht immer leicht mit ihm, aber er ist von innen her ein grundgütiger Kerl, das wird er auch ein Leben lang bleiben. Die innere Ordnung stimmt bei ihm, auch wenn er manchmal etwas rau ist – wirkt aber nur auf andere so, innerlich stimmt alles mit ihm.

Danke dir für alle Botschaften und das Gespräch. Kann die Renate oder die anderen auf eurem Hof noch was für dich tun?

Nein, habe schon alles gesagt. Es ist gut so, wie es ist.

In Ordnung, ich danke dir für das Gespräch.

Schon gut, hat mir gefallen.

Seelengespräche

Katze Trixi: „mag noch meine Freiheit auskosten“
Ein Gespräch mit der fortgelaufenen Katze für Martha und Egon.

Hallo, Trixi, ich bin die Barbara, magst du mit mir reden?

Ja, was willst denn du von mir? Kenn dich nicht, was willst du? [klingt vorsichtig, aber auch sehr neugierig]

Nun, die Martha hat mich gebeten, mit dir zu reden, um dich zu fragen, wie es dir so geht und wo du bist.

In Sicherheit, mir geht es gut, da, wo ich bin.

Jetzt frage ich dich noch ganz direkt, lebst du noch?

Ja, ich lebe, aber nicht so, wie du meinst, ich lebe nun ein anderes Leben, hat nichts mehr zu tun mit meinem alten Leben. Bin aber noch von dieser Welt, das willst du doch wissen, oder?

Ja, das wollte ich wissen, d.h. die Martha will es wissen, wie es dir geht und ob du noch lebst.

Klar, lebe ich, ich will auch wieder heim, aber jetzt noch nicht, erst, wenn es so richtig kalt wird, dann genieße ich auch das Leben wieder zu Hause.

Magst du mal beschreiben, wo du gerade bist?

In einem alten Haus, in der Nähe von alten Bahngleisen, da fährt aber kein Zug mehr, das ist vorbei und viele, viele Mäuse gibt es hier.

Gut, danke für die Beschreibung. Ist es denn weit weg von deinem Zuhause?

Nein, eigentlich nicht, ich kann jederzeit wieder nach Hause.

Das ist schön. Deine Familie, die Martha und der Egon, vermissen dich ganz schrecklich und würden sich so freuen, wenn du wieder nach Hause kommen würdest.

Ich weiß, ich fühle es, bin ja noch immer mit ihnen verbunden.

Warum willst du denn nicht gleich nach Hause? Es wird doch schon ziemlich kalt in der Nacht, bald wird es noch kälter und es liegt auch Schnee, da ist es richtig kalt, dann kannst du doch auch bald, d. h. gleich nach Hause kommen.

Ich weiß, ich weiß. Mag noch meine Freiheit auskosten. Ich fühle mich eingesperrt zuhause, kannst du es so ausrichten?

Ja, das mache ich gerne. Aber wenn du das sagst, kann ich mir auch vorstellen, dass sich in deiner

Familie auch was ändern kann, da leben ja noch zwei andere Katzen, da können wir doch eine Lösung suchen, dass du dich nicht mehr eingesperrt fühlen musst.

Wie meinst du das? Das hört sich sehr kompliziert für mich an.

Nun, ich meine, dass du tagsüber oft zu Hause bist und in der Nacht rumstreifen darfst und draußen Mäuse fangen darfst. Aber morgens oder spät in der Nacht oder wenn du frierst, dann kannst du wieder sofort heimkommen. Der Martha würde ein Stein vom Herzen fallen, sie vermisst dich sehr, sagt sie und freut sich sehr, wenn du wieder heimkommst. Du darfst auch wieder nachts jagen, aber komm wieder heim, das soll ich dir ausrichten.

Du machst mir ja Beklemmungen, da fürcht ich mich ja, wieder nach Hause zu kommen, wenn ich ihr so weh tu. Das will ich aber nicht.

Nun, sie sorgt sich nur um dich, weil sie dich so lieb hat. Und sagt, du bekommst auch die Freiheiten, aber sie möchte dich auch wieder sehen, dich streicheln. Das vermisst sie sehr.

Hm, werde darüber nachdenken. Nicht lange, gleich weiß ich es....

Ich will wieder heim, weiß aber nicht, wie lange ich es wieder aushalte, muss einfach raus, es zieht mich raus, verstehst du das?

Ja, das kann ich verstehen, viele Katzen wollen einfach raus und ihre Zeit gerne draußen verbringen, aber du hast auch ein Zuhause, wo du jederzeit gerne wieder gesehen bist, da darfst du auch zurück. Ich denke, dass die Martha sicher nichts dagegen hat, wenn du wieder rausläufst, freut sich aber sehr, wenn sie dich regelmäßig oder regelmäßiger sehen darf, damit sie weiß, dass es dir gut geht. Mehr will sie ja gar nicht.

Also gut, ich will nicht, dass es ihr schlecht mit mir geht, das will ich nicht, sie ist eine so gute Haut, sie sucht sich ja gerade so viel selber, wo steht sie, was will sie – das denkt sie die ganze Zeit und wenn ich da auch noch weg bin, kann ich ihr nicht so gut meine Energien geben. Ich komme wieder, ganz bald, werde gleich nach Hause laufen, ich finde wieder heim, ganz bestimmt, komme gleich nach Hause, sie tut mir sonst so leid.

Danke, sie wird sich riesig freuen, bitte komm ganz schnell heim, sie freut sich schon sehr auf dich. Was gab es eigentlich für einen Grund, dass du weggelaufen bist?

Hab es nicht mehr zu Hause ausgehalten, wollte raus und meine Freiheit leben, das ist mein größtes Problem, hat nichts mit ihr zu tun.

Und mit den anderen beiden Katzen?

Nur wenig, klar, ein bisschen stören sie, aber nicht sehr viel, solange ich auswandern kann und nun wieder zurückkommen kann, stört mich alles reichlich wenig. Aber sonst geht es mir seht gut, auch zu Hause, hatte da keine großen Probleme, kann mich ja wehren, das hab ich auch und dann bin ich weggelaufen. Nun, du hast Recht, ich komme wieder heim, bin schon gleich unterwegs, dauert aber etwas, muss nur heimfinden, mache mich aber gleich auf den Weg, ich will nicht, dass sie sich so sorgt.

Danke dir, sie wird sich sehr, sehr freuen. Ich sag ihr auch, dass du auch weiterhin deine Freiheiten brauchst, aber immer wieder nach Hause kommen darfst und du brauchst auch kein schlechtes Gewissen haben, wenn du eine Weile nicht daheim warst. Sie erwarten dich trotzdem und freuen sich schon riesig auf dich.

Gut, danke, dass du das sagst. Noch was?

Ja, die Martha möchte wissen, ob du vielleicht eine Botschaft für sie hast?

Ja, sie sucht und sucht und sucht, das ist meine eigentliche Botschaft an sie. Was will sie eigentlich vom Leben, was ist das Leben? Was kann sie denn lernen vom Leben, was will das Leben eigentlich mit ihr? Das sind die zentralen Fragen ihres Lebens. Soll sie vergessen und einfach leben, nur bewusster, alles, und allen Menschen, die sie nun sieht, bewusster begegnen. Ja, begegnen soll sie dem Leben, den Situationen und damit sich selbst. Nicht mehr suchen im außen, sondern in ihr drin. Alles, was sie braucht, weiß sie schon, aber sie sucht lieber bei Leuten, die ihr sagen, was sie tun soll, wie und wo sie ihren Körper spüren soll. So ein Blödsinn, soll sich auf ihre Gefühle, die sehr stark sind, ganz einfach besinnen, alles andere ablegen. Sie meint, jemand anderes muss ihr sagen, was sie für Gefühle hat, was oder wie sie sich spüren kann, was sie tun soll, das soll sie sein lassen, sie hat genug Erfahrungen im Leben gesammelt. Es muss ihr keiner mehr sagen, was sie tun soll. Sie soll nun selber tun und einfach hinspüren in sich, in ihre Gefühle, in ihre Wahrnehmung und dann ist sie schon irgendwann in ihrer Seele. Da will sie ja eigentlich hin, kommt sie auch, aber durch sich und nicht durch anderes oder andere, das will ich ihr als wichtigste Botschaft sagen.

Danke dir, Trixi, hast du noch eine Botschaft an den Egon?

Ja, er ist ja das komplette Gegenteil von ihr. So anders wirkt er, aber nur auf den ersten Blick. Er sucht auch, formuliert seine Fragen an das Leben aber völlig anders als sie. Sie ergänzen sich herrlich und können viel voneinander lernen, so vor allem kann sie ihm zeigen, dass die Seele und die Gefühle eines Menschen den Menschen ausmachen und man danach suchen soll. Er sucht auch im außen, aber ganz anders. Er ist halt ein ganz anderer Typ von Mensch, so ist er. Ich mag ihn sehr gern, gebe ihm auch meine Energien, klar, er braucht sie auch – ich muss wieder heim, du hast recht, nicht nur die Martha braucht mich, nein, auch er. Er weiß ja noch so gar nicht, was es alles für Feinheiten gibt im Leben, sucht seine Erfüllung immer im Groben, d.h. wenn das Hotel im Urlaub stimmt, ist der ganze Urlaub gut, so denkt er, aber das ist ja völliger Blödsinn, das sagt doch gar nichts aus. Sind die Leute im Hotel nett? Sind die Betten morgens mit Liebe gemacht worden und die Handtücher einfach achtlos gewechselt worden oder mit Liebe und Beachtung wieder neu hingehängt worden? Solche Fragen sollte er sich stellen, das wäre eine wundervolle Bereicherung für sein Leben, so sehe ich es, ja, ich muss zurück, dafür, um das zu sehen und hinzuspüren, muss ich ihm ganz viel Energie geben.

Danke dir, Trixi, dass du mit mir geredet hast. Magst du gleich nach Hause kommen?

Ja, habe mich entscheiden, bin schon unterwegs...

Anmerkung:

Trixi hat ziemlich genau beschrieben, wo er war. Er war ganz in der Nähe und dort gibt es wirklich alte Gleisanlagen und alte Stadel. Ich fand es toll, dass er tatsächlich wieder kam, als es kalt geworden ist. Seitdem ist er ganz häuslich und schmusig und war seitdem nicht mehr länger als einen Tag weg.

Ich war auch erstaunt, dass er Egon und mich so gut beschrieben hat und wie feinfühlig und intuitiv er ist. Aber das lernt man ja auch ganz schnell bei deinen Kursen kennen und geht noch respektvoller und behutsamer mit seinen Tieren um, auch wenn man mal schimpfen muss.

Seelengespräche

Hund Nina: „der Sieger steht noch lange nicht fest"
Ein Gespräch für Nicola, Helmut und Johanna.

Hallo, Nina, ich bin die Barbara, darf ich wieder mit dir reden?

Ja, mag ich. Was willst du?

Ich möchte ersteinmal fragen, wie es dir geht.

Gut, hat sich viel verändert um mich. Nicht in der Familie, sie sind sich immer noch nicht grün, aber für mich ist vieles schöner geworden. Das freut mich sehr, ich bekomm mehr Auslauf, da geht es mir gut. Ich leide auch mit den anderen mit, aber das bekommen sie gar nicht so richtig mit. Ist schade, aber nicht so schlimm, mir geht es also ganz gut. [Beschreibt seine eigene Familie]

In Ordnung, das freut mich. Kennst du noch die Nicola? [aus der alten Nachbarschaft]

Na klar, ich kenn' Nicola. Warum?

Ihr geht es gerade gar nicht so gut und sie würde sich sehr freuen, wenn du ihr etwas helfen könntest und ihr ein bisschen erzählst. Sie weiß nicht so genau, was sie nun alles machen soll.

Ich weiß, ich bin verbunden mit ihr. Ihr geht es gut, aber auch ganz und gar nicht. Endlich ist etwas geschehen, was ihr die Augen geöffnet hat. Klar, sie hat es vorher schon gesehen, aber wie durch einen Schleier und so ist es dahingetrieben – ihr Leben. Nun ist etwas passiert. Ich spüre ihren Zorn, ihren Hass, aber auch ihren Tatendrang, der ist gut, Hass und Zorn nicht, der hilft ihr nicht weiter, besonnen zu überlegen, was sie tun kann. Ihr Tatendrang ist stärker als je zuvor, das ist gut so. Sie kann eine Menge erreichen, darf sich aber nicht entmutigen lassen. Es ist wie in einem Boxring, es geht hin und her, der Sieger steht noch lange nicht fest. So wird sie sich fühlen, aber sie hat Helfer, viele Helfer, die ihr auf der richtigen Seite des Boxkampfes beistehen. Helmut wird der Verlierer sein. Sie möchte es so gar nicht sehen, das ist auch gut so, er soll nur den Boxring verlassen, mehr will sie gar nicht erreichen, das versteht er aber so gar nicht. Er schiebt ihr sämtliche Verantwortung zu, will nicht runterblicken auf den Boden der Tatsachen, was sich hier wirklich abspielt, sondern erhaben von oben herab das Geschehen anschauen, aber so von oben, so weit weg, funktioniert das Spiel nicht. Das kapiert er aber so gar nicht, macht ihr große Vorwürfe, dass sie sein Leben zerstört hat. Das stimmt aber so gar nicht, es ist sein Leben, er hat auch die alleinige Verantwortung dafür, das kannst du ihnen beiden sagen. Helmut wird nicht auf mich hören, ihm fehlt ein Licht, das Licht der Aufgabe im Leben. Er hat es selbst ausgelöscht und selbst kaputtgemacht. Er weiß es noch nicht, dauert auch lang, bis er es verstehen würde, solange lebt er nicht, dass er alles umreißen würde, um es zu verstehen. So hat er im nächsten Leben sehr viel Müll, den er aufarbeiten muss, aber seine Seele hat sich diesen schwierigen Weg so aus-

gesucht. Er hat die Wahl, aber seine Seele will es so. Das kann nur er verstehen, jemand anderes kann seine Gedanken nicht nachvollziehen. Er lässt auch niemanden ran, der ihm helfen kann, um ihn zu verstehen. Er hat ja recht, meint er, warum dann so viel Gequatsche. Um was? Das sind die Probleme der anderen. Er wird noch sehr voller Hass und Wut werden, aber es ist sein Leben, sein Hass und seine Wut, die anderen haben damit nichts zu tun. Wenn er das einsieht, dann hat er noch eine Chance auf ein anderes Leben, sonst nicht. Das ist hart, aber es ist das Gesetz, was dahinter steht. Er begreift es nur nicht. Nicola hat sich schon daraus entwickelt, so richtig rausgewunden aus diesen Umklammerungen, die sie noch festhielten. Sie weiß nun, was sie will, sie geht ihren Weg mit stolz erhobenen Kopf, dazu hat sie auch alles Recht der Welt. Helmut hat es nur nicht kapiert, auf was es ankommt im Leben. Er lebt so durch, ohne nach links und nach rechts zu schauen. Er hält auch nicht an, er läuft wie auf einer belebten Straße entlang, als wenn er allein wäre, als wenn es keine Straßenregeln gäbe, aber sie gibt es und das nicht zu knapp und er hat sie alle übersehen und missachtet. Jetzt kommen die missachteten Regeln zu ihm zurück. Das ist gar nicht gut, was ihn erwartet, aber er hat den Samen so ausgestreut, nun kann er nur noch in diese eine Richtung wachsen. Sag ihm das, das wird ihn nachdenklich machen. Dieser Gedanke kommt ihm immer wieder, aber er wirft ihn auch immer wieder aus lauter Wut weg. Das geht nicht, wenn sich daran etwas ändern sollte. Jetzt ist er in einer Einbahnstraße, er kann nicht umdrehen, wenn er seine Gedanken nur in dieser einen Richtung weiterlenkt. Er muss umlenken und umkehren. Wenn er es nicht tut, darf er auch nicht die Verantwortung anderen allein überlassen. Es ist sein Weg, den er ganz allein in der Hand hat, sag ihm das, er kann die Richtung noch ändern, aber es wird schwer. Ich sehe es schon, dass er schon tief in der Einbahnstraße drin ist und noch viel Weg hat, den er schwer zurückfahren kann, aber es ist sein Weg, seine Entscheidung. Das muss allen klar werden, niemand darf sich Vorwürfe machen. Es ist sein Weg, den er geht und auch gehen will, er kann auch umdrehen. Dazu braucht er aber Kraft, die von innen kommt und eine andere Einstellung den Dingen und den Menschen gegenüber. Wenn er die nicht aufbringt, wird er in einer Sackgasse enden, aber das ist auch seine Entscheidung, nicht eure. Er ist aber auf keinem guten Weg, das kriegt er nicht hin, er wird voller Hass werden, geht aber für ihn nicht anders. Es ist einfacher für ihn, die anderen dafür verantwortlich zu sehen und denken: er kann ja gar nichts dazu, dass es soweit kommt. Das ist seine Einstellung, die hilft ihm aber nicht weiter. Nicola ist gut, sie hat Kraft, die sie positiv einsetzt, sie denkt an ihre Kinder und macht ihren Weg, der sich schon aufgemacht hat für sie, ich mag sie, sag ihr das.

Sag ich ihr, danke. Kann sie noch was für dich tun oder der Johanna was ausrichten?

Sie sollen nicht immer so allein mit ihren Gedanken sein, sondern sie aussprechen, das kannst du Johanna sagen, sonst passt alles besser als vorher, es ist gut.

Danke dir für das Gespräch, ich sage alles weiter.

Ist schon gut, war schön, wieder zu erzählen.

Anmerkung

Nach der Trennung von Helmut erging es mir genau so, wie Nina es im Gespräch mit Barbara formuliert hat. Alles war so festgehalten, wie ich es täglich erlebte.

Und auch jetzt – nach eineinhalb Jahren – trifft alles zu, was Nina vorausgesagt hatte. Sie gab mir die Gewissheit, dass ich auf einem guten Weg bin.

Ich danke Nina und Barbara für alles.

Nicola

Seelengespräche

Hund Jimmy: „das Leben und ich waren nur nicht eins"
Ein Gespräch für Julia.

Hallo, Jimmy, darf ich wieder mit dir reden?

Ja, du darfst. Du bist willkommener denn je, d.h. ich habe keine Angst mehr oder Hemmungen, mit dir zu reden.

Das freut mich aber. Die Julia bat mich, mal wieder mit dir zu reden. Darf ich dir eine Menge Fragen von ihr stellen?

Ich habe nichts dagegen, gehe sozusagen beschwingter durchs Leben.

Hat das mit der Candy [eine ganz junge Hündin] zu tun?

Nicht nur, habe vor, meine alte Lebensfreude wieder zu erlangen und dafür muss es mir ja gut gehen, oder? Und das versuche ich eben, mal so anzugehen, dass ich beschwingter werde. Haben sie es nicht schon bemerkt?

Ich weiß es nicht. Die Julia sagte mir, dass dir die Candy wohl ganz gut tut, denn du lässt dich bei manchen Dingen ein bisschen von ihr anstecken, so stört dich z. B. der Staubsauger nicht mehr.

Ja, das habe ich doch auch vor, dass mich so was nicht stört. Warum auch? Mir geht es so gut, fühl mich richtig leicht an.

Das Gefühl habe ich aber auch, wenn ich jetzt mit dir rede. Du singst ja fast schon, wenn du mit mir sprichst.

Ist das falsch? Ich fühle mich so glücklich.

Es ist gar nicht falsch, aber so kenne ich dich nur noch nicht. Schön für dich, wenn du versuchst, das Leben nicht mehr so ernsthaft anzugehen.

So habe ich es aber auch noch nie gesehen. Das Leben und ich waren nur nicht eins, ich fühlte mich so reingeschmissen, so wie ein Nichtschwimmer in ein Becken geschmissen wurde und man ihm sagt: „So, jetzt schwimm!" Der arme Nichtschwimmer hat dann doch gar nicht die vielen helfenden Hände gesehen und sich darauf einstellen können, die ihm so entgegen gestreckt wurden. Nun bin ich am Ufer, habe zugeschaut, wie andere schwimmen und mich selber auf so ein unruhiges Terrain wie das Wasser gewagt. Ich kann nun schwimmen und versuche, nicht mehr nur Überlebenszüge im Leben zu machen, sondern das neue Element Leben so richtig zu genießen und auch zu nutzen, es auszunutzen und ich freue mich, gerade im Leben angelangt zu sein.

...

Anmerkung:

Der letzte Absatz hat mich sehr berührt, weil mein Hund auch für Situationen in meinem Leben so treffende Worte gefunden hat. Das hat mich mit ihm noch mehr verbunden.

Seelengespräche

Lavendel-Pflanze: „es gibt so viele Variationen wie Blümchenmuster"
Neun Gespräche mit verschiedenen Pflanzen und dem Hasen ‚Herr Schröder'
für Dagmar, Andreas, Katharina und Quirin.
Zunächst die Lavendel-Pflanze:

Hallo, Lavendel, ich bin die Barbara, magst du mit mir reden?

Na, endlich, ich dachte schon, du spürst gar nicht, dass ich mit ihr reden will.

Mit wem denn?

Na, mit ihr!

Und wer ist sie? Katharina oder Dagmar?

Katharina! Sie ist jemand, der nur mit was Schönem in Kommunikation treten kann. Klar, sie rettet nicht schöne Sachen denkst du gerade, das passt doch nicht zusammen, aber es passt. Retten und reden sind zwei verschiedene Dinge im Leben. Also, ich hab eine Menge zu erzählen und jetzt, wo dieser ganze überflüssigpopelige Stress mit der Schule vorbei ist, kann sie doch mal ein Auge und zwei Ohren auf mich werfen. Ich will ihr gerne was erzählen.

Du bist ja klasse, so hat mit mir auch noch keine Pflanze oder Tier geredet.

Es gibt so viele Variationen wie Blümchenmuster, kennst du schon alle?

Du hast recht. Wie soll die Katharina es machen, mit dir zu reden? Sie schafft es bisher nicht.

Nun, bisher war ihr Kopf voll wie eine Kartoffel, die weiß, dass sie gleich ins nächste Kochwasser geschmissen wird, da kann sie dann auch nichts Anderes mehr aufnehmen.

Spüren denn alle Pflanzen, dass sie gekocht und gegessen werden?

Warum fragst du so was? Tiere spüren es und auch Menschen, wenn sie sterben müssen. Pflanzen dienen wenigstens gleich im Anschluss als Nahrung, aber einen Unterschied gibt es nicht zwischen ihnen. Ich weiß, dass Dagmar keine Vegetarier mag. Sie findet sie unnatürlich und da hat sie auch recht. Leben und Sterben. Das ist unsere Devise und unser Ziel. Es ist kein Problem für uns zu sterben, aber wir freuen uns, wenn wir noch im Kochtopf oder auf dem Teller eine gewisse Ehre erwiesen bekommen würden. Dann können wir eher loslassen und freuen uns, sterben zu dürfen, denn dadurch dienen wir ja zu etwas.

Danke dir für deine Erklärung.

Aus einem Gespräch mit einer Zitronenverbene:

...

Dagmar ist eine etwas schwierige Persönlichkeit. Es muss erst mal jemand ihr gewachsen sein. Soll sich im Moment wieder mehr um Andreas kümmern. Im Moment versendet sie so ein unbestimmtes Gefühl, dass ihr alle Arbeit mit und um Andreas zu viel wird. Das ist aber schade, denn er ist noch ein Teil ihres Lebens, ihrer Schaffenszeit, ihrer Aufgabenzeit. Sie hat schon sehr viel erfüllt und davon erledigt, das ist sehr gut und es ist so wie ein Suppenteller bald leergegessen ist und die Nachspeise auf den Teller gefüllt werden kann. So empfinde ich es für sie. Andreas ist doch ein so schöner Mann, den sie so sehr liebt, doch im Moment sieht sie nur die Aufgaben und er ist wie ein Klotz an ihrem Bein. Da muss sie sich besinnen und eine andere, neue, frische Einstellung gewinnen, damit sie wieder die Freude in ihr Leben lassen kann, wo er von angesteckt wird und auch mit ihr zusammen leben und erleben kann. Er ist ja so abhängig von ihr, das ist ihr gar nicht bewusst und er will kein Klotz an ihrem Bein sein. Er nimmt sich sehr zurück, wie er es nur kann, um ihr nicht noch mehr Umstände zu machen und sie versteht ihn falsch, wenn er sagt, er will dies oder das im Moment nicht so richtig. Er will ihr nur keine Umstände machen, das ist alles. Sie soll ihm sagen, wie wichtig es für sie ist, dass er nun mitgeht und sie liebt ihn und freut sich, wenn er, gerade er, dabei ist. Dann kann er sich wieder einen Ruck geben, denn seine Kräfte verschwinden immer mehr und er weiß es, dass Dagmar seine Kräfte auffangen muss, damit es für ihn noch voran geht im Leben. Das will er ihr aber nicht so zumuten, wie es im Moment läuft. Beide brauchen mal ein Gespräch darüber, wie sie sich ihre Zukunft vorstellen, da hat Dagmar sehr viel Angst, wenn sie vorsichtig darüber nachdenkt. Doch will sie diesen Gedanken immer gerne wegschieben, das ist auch ein Grund für ihre Beschwerden. Es ist auch viel Zukunftsangst, die sie hat, aber die sie sich nicht so richtig auszusprechen traut.

Gespräch mit einer Yucca-Palme in dieser Familie:

Hallo, Palme, ich bin die Barbara, magst du mit mir reden?

Ich weiß, wer du bist. Hab dich doch schon spüren lassen, dass du Verbindung aufnehmen sollst mit mir, danke, dass du es gemacht hast.

Was möchtest du mir denn erzählen?

Weißt du, das Leben ist manchmal wie eine Schaumparty. So sehen es viele Jugendliche. Von oben sieht man nur den vielen Schaum und was unter den Schaumblasen alles ist, sieht man erst, wenn die Blasen alle geplatzt sind. Aber dann ist die Party oft schon vorbei und in meiner Familie läuft das alles etwas anders ab. Da versucht ja jeder, zwar die schöne Schaumkrone zu genießen, doch vor allem unter alle Schaumblasen zu schauen. Das gefällt mir sehr, sollen es auch so weitergeben an andere, können dann als Vorbild für so viele blöd verlaufende andere Schaumpartys gelten.

Meinst du, sie sollen einfach weitersagen, wie es so läuft in ihrer Familie und wie sie dort miteinander umgehen?

Ja, vor allem dieser Quirin ist ja ein richtiger Schaumkronenbuddler geworden. Das ist gut, aber alle sind auf der wahren Suche nach Leid, nach Ursache und nach der Erkenntnis, das alles wieder aufzulösen. Viele andere haben ebenfalls solche Probleme, doch würden sie nie so weit kommen, mal auch nur ansatzweise unter die vielen Schaumblasen zu schauen – wäre ihnen sicherlich zu klebrig, zu rutschig, zu eklig. Und der Schaum schaut doch schön aus, oder? Viele sehen und fühlen nur an der schönen, lustig blubbernden Oberfläche, doch ihr alle geht tiefer, das wird auch belohnt werden für euch alle. Ihr könnt alle an eurer Oberfläche der Seele nicht nur kratzen, sondern sie auch aufatmen lassen und sie besänftigen und sie zufrieden stellen. Das ist gut, haben nur wenige erreicht bisher im Leben der Menschen. Vor lauter Harmoniesucht und das Verklebstein ihres Mundes spüren sie nicht den bitteren Seifengeschmack im Mund, sie wollen ihn oft genug auch rauswaschen, wissen aber nicht wie. Das ist auch ein Problem der ganzen Menschheit.

Ausschnitt aus einem Gespräch mit dem Hasen:

…

Ich sage es so weiter. Weißt du eigentlich, woher Dagmar ihre unendlich große Wut hat?

Ja, kommt aus früheren Tagen, sie ist allerdings nicht nur auf bestimmte Personen wütend, sondern eher über sich selbst. Sie denkt oft nach über ihre verlorene Kindheit, was sie alles machen musste – seelisch gesehen. War viel zu schwer für sie. Es war eine Bürde, was sie alles tragen musste als Kind, sie hat viel gespürt, viel Spannungen, hat sich dafür verantwortlich gemacht. Muss sie aber nicht, hat sie aber, das hängt ihr noch heute nach. So ein Mist, soll sie alles in eine große Schublade tun und den ganzen Schrank mit der Schublade versenken. Tut ihr am besten so. Sie kann es gar nicht alles verarbeiten, was man ihr seelisch alles angetan hat. Sie wollte eine andere Kindheit – macht deshalb alles anders mit ihren Kindern, hängt aber noch ständig an diesen Gedanken fest an ihre verlorene Kindheit, deshalb diese Wut. Soll den Schrank mit allen Schubladen ganz tief versenken, kann sich das auch so vorstellen. Soll zu einem See fahren, der tief ist und sich hinsetzen auf eine Decke, sich viel Zeit lassen, die braucht sie, um alles nochmal anzuschauen, was ihr ständig aufstößt – dann braucht sie auch viele Krankheiten nicht mehr – und dann fein sortiert nach ihren Erinnerungen in einzelne Schubladen legen. Diese in einen Schrank schieben – er kann auch sehr hoch werden – je nachdem, was sie so alles loswerden will und dann sich optisch vorstellen, wie sie diesen Schrank so langsam im See versenkt, ganz langsam, aber auch ganz tief. Das tut ihr unendlich weh, aber auch unendlich gut, so wie mit dem Blutrauschen [soll es sich vorher vorstellen, zur Ruhe zu kommen und dabei ihr Blut in den

Ohren rauschen spüren]. Soll sich dann noch weiter auf der Decke befinden und dann kann sie auch ruhig vor sich hinweinen, aber dann an ihr Blutrauschen denken, das hilft ihr, weil nun ihre Vergangenheit auf dem Meeresboden ruht. Soll sich aber das Meer vorstellen, nicht mehr einen See, dann wirkt es noch tiefer für sie. Dann hat sie Ruhe, unendlich tiefe Ruhe, nachdem alles versenkt ist, was sie aus ihrer Kindheit so sehr noch belastet. Hatte es nicht gut, das weiß ich, aber sie kann es nicht ewig mit sich rumschleppen, muss sie ja auch nicht. Aber es ist zu viel zum Aufarbeiten für dieses Leben, das schafft sie nicht. Wenn sie aber Ruhe und tiefen inneren Frieden haben will, soll sie alles in Schubladen sperren und tief in ihrer Vorstellung versenken. Dafür muss sie aber alleine an einen See fahren. Es wird ihr sehr viel besser gehen, kann viel Ballast damit abwerfen. Ich mag sie sehr gern, sag ihr das, ich mag sie sehr gern, sehr gern.

Danke, dir, Herr Schröder, ich sag es ihr auch sehr gerne. Sie wird froh sein, das alles zu erfahren.

Aus einem weiteren Gespräch:

Hallo, Herr Schröder, darf ich wieder mal mit dir reden?

Was willst du wieder von mir?

Klingt das nun freundlich oder genervt von dir?

[ich höre ihn lachen] Weißt du, das Leben ist doch oft wie eine Gurke oder eine Wurst. Wo soll man sie anfangen? Sie schaut doch von beiden Seiten gleich herum aus, oder? Und deine Frage ist nicht anders. Du kannst mich so sehen oder auch so. Ich bin immer gleich.

Das stimmt nicht. Es gibt gute Tage an dir und Tage, wo du immer so genervt bist, das merk ich dann.

Bin ich das? Ich bin ein kleiner Philosoph, doch keiner erkennt das so richtig an mir.

Noch ein Gespräch mit dem Hasen:

Hallo, Herr Schröder, magst du wieder mal mit mir sprechen?

Ja, das mag ich gern.

Du klingst so ruhig heute.

Ja, warum sollte ich mich denn aufregen? Mir geht es gut.

Schön, das freut mich. Die Dagmar lässt dir auch ausrichten, dass sie sich riesig gefreut hat, dass du heute Nacht bei ihr im Bett geschlafen hast. Sie hatte herrlich warme Füße und du darfst es ruhig öfters machen.

Ja, danke, dass du es mir ausrichtest.

Hey, was ist los? Da kommt ja gar kein Kommentar von dir.

Ich bin traurig.

Warum denn, ich dachte, dir geht es gut?

Sie haben gestern einen Hasen gegessen, einer von meiner Sorte, das habe ich richtig gespürt. Ich spürte seine Schwingungen und die waren so wie meine Schwingungen, das macht mich traurig.

Das verstehe ich, aber Dagmar und Andreas und Katharina würden dich niemals essen. Aber einen Hasen, der „nur dafür" großgezogen wurde und den sie nicht kennen, den essen sie schon.

Ja, ich weiß, da geht es auch nicht um mein Fleisch. War einfach traurig, weil es auch meine Schwingungen waren, die ich kenne und die haben sie einfach so vertilgt.

Ich werde es der Dagmar ausrichten, sie kann ja noch mal mit dir darüber reden.

Ja, kann sie, aber ändern kann sie nichts.

Eine Ansicht der Benjamin-Pflanze über den Hasen:

... aber Herr Schröder ist nun mal wie ein Steak. Er ist schon immer recht zäh gewesen und wird durch das Anbraten, auch im besten Fett oder in der teuersten Pfanne, nicht weniger zäh. So empfinde ich ihn. ...

Auszug aus einem Gespräch mit der Seele eines verstorbenen Menschen für die selbe Familie:

...

Ihr packt es alle so richtig gut hier auf der Erde. Ich begleite euch und bin stolz auf euch, weil ihr es so gut in die Hand nehmt und nicht vor den Schwierigkeiten flieht und weglauft. Weißt du, das machen viele. Ich sehe es jeden Tag meines Seins, da, wo ich gerade bin und es gehört viel Mut dazu, es nicht zu machen. Es ist gut, dass ihr alles annehmt, was kommt, so könnt ihr schneller erlöst werden.

Was meinst du mit erlöst?

Es ist wie ein Karren mit vielen Mehlsäcken. Die müssen von der Mühle in die Bäckerei gebracht werden. Nehmt ihr nun nur einen Sack auf den Karren und schont die Räder, euren Rücken oder den Esel oder nehmt ihr viele Säcke und versucht, möglichst schnell die Säcke zur Bäckerei zu bringen? Ihr macht sehr viel auf einmal, das ist sehr, sehr anstrengend, aber auch sehr gut für euren Erfahrungsspiegel in der Seele. Dann müsst ihr nicht so viel im nächsten Leben tragen, dann könnt ihr viel abtragen und auflösen. Denkt doch bitte nicht, so wie die Dagmar, sie löst einfach nicht alles und warum geht denn alles so langsam? Wo bitte geht irgendetwas langsam? Katharina wird nun einen wunderbaren Weg gehen. Er ist doch schon vorbestimmt und sie wird sehr glücklich dabei werden. Sie lässt sich Zeit und weiß, dass alles so richtig ist, was auf sie zukommt. Willst du ihr denn den Weg nehmen, nur damit es schneller geht? Sie braucht den ganzen langen Weg, der aber nur dir so endlos lang vorkommen wird. Sie ist ganz glücklich und zufrieden, was soll das? Möchtest du eine Minute zusammenlegen in deinem Leben? Alles war so wichtig in deinem Leben, keine Minute kann ausgedehnt oder zusammengefaltet werden. Es war gut und übe dich ein wenig in Geduld, die immer noch nicht deine Stärke geworden ist.

Aus einem Gespräch mit einem Weihnachtsstern:

... Ich bin universal. Ich denke und ich fühle dahin, wo ich gebraucht werde und wo die Energie zu mir fließt, so ist das Leben.

Warum spüren die Menschen so wenig davon?

Weißt du, wenn du dein Leben nur in einer schönen, heißen Badewanne verbringen würdest, dann wärst du offener für alle Gedanken, die dich erreichen wollen. Aber du lebst nun mal nicht in einer Badewanne und das bedeutet dann, dass du viele Dinge gleichzeitig denkst und auch tun musst und keine Zeit mehr hast für Gedanken, die auf dich einfach nur so zukommen wollen und dich erreichen wollen.

Seelengespräche

Hund Flocke: „das Leben ist doch wie ein Fluss"
Zwei Gespräche mit dem verstorbenen Hund für Franz.

Hallo, Flocke, ich bin die Barbara, magst du mit mir reden?

Oh ja, hab mich ja schon oft gemeldet, aber keiner hat mich richtig wahrnehmen können. Ich möchte noch so gerne was erzählen.

Das freut mich, vor allem den Franz. Meinst du mit dem „melden", dass er dich in seinen Träumen wahrgenommen hat?

Nicht nur, ich habe ihm auch Gedanken geschickt, ich habe ihm meinen Geruch geschickt, aber vieles kann er wahrnehmen und vieles nicht.

Wenn du ihm also so vieles geschickt hast, möchtest du ihm gerne was sagen – was ist es denn?

So schnell geht das nicht. Magst du mich nicht erst mal fragen, wie es mir geht?

Natürlich, entschuldige. Wie geht es dir denn da, wo du gerade bist?

Sehr, sehr gut geht es mir gerade. Weißt du, das Leben ist doch wie ein Fluss und ich bin gerade an einer wundervollen Biegung angelangt, wo ich ganz viel zu sehen bekomme. Ich liebe die tosenden Geräusche und die Gerüche – ich fühl mich also sehr wohl, da, wo ich gerade bin, so wie du es eben gesagt hast.

Magst du noch mehr dazu erzählen?

Was willst du wissen von mir?

Nun, du kannst auch über dein Leben in deiner früheren Familie erzählen. Wie ging es dir da?

Sehr gut, ich war ein guter Wachhund, habe alle auf Trab gehalten. Eigentlich hätte ich sie mehr bewachen sollen, doch ich hatte alle voll im Griff und habe viel von ihnen gefordert. Ich fand auch, das war mein Recht. Nun würde ich einiges etwas anders machen und sie nicht so in Beschlag nehmen, aber das ist völlig so in Ordnung in meinem alten Leben gewesen. Ich habe mich sehr wohl gefühlt, geliebt und betüttelt und mir ging es einfach gut. Ich hatte auch wichtige Aufgaben, die da in meiner alten Familie sehr gut zum Vorschein kamen und durfte alle begleiten, auch in ihrer Seelenentwicklung. Das war ganz wichtig und ich bin noch heute dran [an ihnen] und schaue ihnen zu, wie es ihnen geht und begleite sie noch so, dass ich ihnen meine Energie in einer anderen Form noch schicken kann. Vergessen kann ich sie nie, sie sind wie ein liebevolles Brandzeichen in meine Seele – eher wie ein Schmuckstück – eingraviert. So sehe ich noch meine Familie. Ich weiß, dass es ihnen gut geht und sie ihre Aufgaben immer wieder im Leben äußerst fordern lassen. Das ist schön, dass sie so aktiv sind, sonst wäre das Leben ja so langweilig und das wäre ja Vergeudung. Aber sie sehen es ja so wie ich und vergeuden kein Stück Lebenszeit in ihrem Leben. Ich liebe sie noch immer, kannst du das so ausrichten?

Ich kann es so ausrichten, das mache ich gerne. Magst du noch was sagen zu deinem Sterben? War es so in Ordnung für dich oder hättest du dir da was Anderes gewünscht?

Was heißt denn: „Was Anderes"? Ich habe es mir ja so ausgesucht, also ist es auch so in Ordnung gewesen für mich. Mir ging es sehr gut. Für meine Familie hat es zeitweise nicht so ausgeschaut, aber es ging nicht anders. Es war so, als ob ich ein Leben lang ein mit strotzender Energie aufgefüllter Luftballon war und irgendwann ist es dann auch so, ganz natürlich, dass mir einfach die Luft ausgehen musste. So habe ich mich gefühlt, aber es ist so in Ordnung gewesen. Ich habe meiner Familie auch immer wieder einen Geruch von mir geschickt, sie haben ihn auch wahrgenommen, aber nicht daran gedacht, dass ich ihn ihnen geschickt habe. Schade, ich hätte mir schon viel früher eine Kommunikation mit ihnen gewünscht.

Dann erzähl doch einfach jetzt was an deine Familie.

Ja, das möchte ich auch. Sag ihnen, der Übergang war sehr gut, ich war ein guter Hund, habe immer alle beschützt und war für sie da. Als ich starb, kam ein Engel und hat mich rüberbegleitet. Das war sehr schön, sehr kraftvoll. Er kam mit seinen großen Schwingen und hat mich unter seine Schwingen genommen. Da habe ich erst mal gespürt, wie schön es ist, so beschützt und begleitet zu werden. Dann kam ich über eine Brücke, über die ich mit meinem Engelbegleiter ging, er nahm mich rüber und auf der anderen Seite stand schon mein Vater und wartete auf mich. Mir ging es so gut und ich konnte gar nicht abwarten, endlich mit meinen Ahnen zusammen zu kommen. So von Seele zu Seele gibt es viel zu erzählen. Aber so ist es ja nicht nur im anderen Teil der Seele, wenn man von dieser Welt wieder gehen muss, es gibt ja auch so viel zu lernen und nun bin ich immer noch hier und darf lernen – ich werde vorbereitet auf mein nächstes schönes Leben. Als Maus darf ich wieder die Erde betreten und freue mich auf dieses Leben, weil ich so gerne so schnell gelaufen bin, aber meine kurzen Beine konnten dann nicht mehr so gut und nun hatte ich den Wunsch, mal schnell laufen zu können und es zu lernen zu flitzen. Ich freue mich schon drauf.

Danke, dass du so viel erzählt hast. Hast du noch eine Botschaft an den Franz?

Oh ja, die habe ich. Er soll aufhören, sich so viele Gedanken über dies und das in seinem Leben zu machen, er soll es einfach mal laufen lassen, doch Franz ist oft wie ein Motorboot, das möglichst schnell ans andere Ufer kommen möchte. Doch er soll dabei etwas von mir lernen. Wenn er sich treiben lässt im Fluss, kommt er auch einfach von selbst zu den Flussufern, ohne sich so groß anstrengen zu müssen. Sein Leben bestand aus viel Anstrengung – er wollte immer gut sein. Das ist ja auch nicht schlecht, aber er wächst dabei auch über sich hinaus, was ja auch nicht schlecht ist, aber er hat da so eine Eigenschaft, dass er sich dann selber nicht mehr wiedererkennen kann in seiner Arbeit, in seinem Sein. Jetzt ist er schon so weit und weiß es trotzdem noch nicht so richtig, wie es ist, sich von dem Fluss des

Lebens einfach so ein Stück forttreiben zu lassen. Das muss er spüren, sonst kommt er so schnell ans andere Ufer, ohne dabei die Inseln, die auch in diesem Fluss wachsen, genauer anzuschauen – zu sehen, was sie uns bieten – die Strömung genauer anzuschauen. Genau solche Dinge sollte er noch etwas hineinbringen in sein Leben. Privat läuft das schon ganz gut. Da traut er sich auch immer mehr, es fließen zu lassen und nun muss er schauen, dass er nicht nur seine Arbeit so ganz in der Hand hat, dass die Arbeit ihn in der Hand hat, sondern versuchen, in den Flussniederungen, an den Flussufern noch Schönes und Bemerkenswertes zu sehen, zu finden und sich die Zeit zu nehmen, es zu betrachten, das ist meine Botschaft an ihn. Ich liebe ihn, sag ihm das bitte.

Das sag ich ihm gerne so weiter. Danke dir. War es das, was du ihm sagen wolltest, wenn er von dir träumte?

Nicht nur, sein Privatleben, das er immer sehr strikt trennt, darf etwas Übergang haben in sein Arbeitsleben, d.h. das, was er privat schon lebt, darf ruhig auch Einzug halten in seine Arbeit, d.h. seine Spiritualität, sein gutes Zuhören, seine echte Anteilnahme, da hält er sich noch zurück in seiner Arbeit und weiß nicht genau, wie es ankommen würde. Wenn er etwas ändern möchte in seiner rigiden Arbeitsstruktur, dann soll er aber darüber nachdenken, wo er die wundervollen gewonnenen Kenntnisse einbringt, die er privat ja schon so schön leben kann, ich liebe ihn.

Ich richte es ihm auch so aus. Kann er noch was für dich tun oder wünscht du dir ein Ritual von ihm?

Soll einen Fisch auf mein Wohl essen, ich bin dann da bei ihm, wenn er ihn isst und bin verbunden in Gedanken mit ihm. Mehr braucht er nicht zu tun für mich, mir geht es gut.

Danke dir für alles. Ich wünsche dir alles Gute da, wo du gerade bist.

Ja, ich nehme es auch so an und freu mich auf sein Gesicht, wenn er das weiß, was ich gesagt habe.

Aus einem Gespräch mit dem selben Hund einen Monat später:

Hallo, Flocke, magst du wieder mit mir reden?

Ja, aber klar, hast ja viel ausgelöst, was ich gesagt habe, danke, dass du es so ausgerichtet hast.

Gerne habe ich alles so ausgerichtet. Du klingst heute ganz anders, so liebevoll und irgendwie nicht so zackig und schnell wie das letzte mal.

Weißt du, jede Wurst hat zwei Seiten, d.h. zwei Enden und man kann sich von einer, aber auch von einer anderen Seite durchfressen. Du hast zuerst die eine Seite an mir angebissen, und heute zeige ich dir noch meine andere Seite.

Seelengespräche

Eine Yuccapalme: „ein Mensch sucht erst einmal das Vertraute"
Aus einem Gespräch für Svantje und Norbert.

…

Danke dir für deine Erklärung. Noch eine Frage von ihr, sie möchte so gerne wissen, warum Norbert so viele Süßigkeiten braucht in seinem Leben.

Ganz einfach, das ist noch die Formel aus seiner Kindheit. Du weißt, „1+1=2". Da war aber nur die eine „1" und das „ =2", die andere „1" hat gefehlt. Das bedeutet, dass die Liebe nicht in sein Herz kehren konnte in seiner Kindheit, sie hat einfach keinen richtigen Einzug gehalten. Und um das auszuschalten, muss er die fehlende 1 ersetzen. Das muss ihm klar sein oder erst werden, denn wenn er weiß, dass es nur der fehlende Ausgleich sein soll, kann er noch was dagegen tun. Er muss sich nicht mehr belohnen für die fehlende Liebe, er hat ja nun eine und die Kindheit ist schon längst vergangen. So wie sich der Schnee im Frühling langsam zurückzieht, so soll er auch seine Erwachsenenzeit in seinem Leben sehen. Sie ist da und die Kindheit hat sich doch schon längst zurückgezogen, also muss er ihr auch nicht mehr hinterherlaufen und sie ausgleichen. Er ist erwachsen, er braucht es nicht mehr, soll es fallen lassen wie eine alte Schachtel, wo nur noch leerer Inhalt drin ist. Er kann damit auch nichts mehr anfangen, außer, er legt mit Liebe wieder was Neues in diese Schachtel hinein. Dann kann er sie auffüllen, aber er ist noch ein bisschen auf der Suche nach ihr und denkt immer, eine Kindheit kann keine Liebe der Welt in seine jetzige Zeit ersetzen. Das stimmt, aber das will die Liebe zwischen Erwachsenen auch gar nicht, sie will nicht ersetzen, sie will nur begeistern, fortführen, etwas ergänzen, sich erträumen, was man nicht hatte und er hat die Phantasie dazu – so kann er auch den leeren Karton füllen. Er muss also diese Schachtel nicht leer mit seiner Kindheit darin herumtragen, die ist schon längst abgehauen und die Schachtel ist nun wirklich leer. Was passt also rein? Die Liebe, wie er sie will, wie er sie sich vorstellt, seine Wünsche, seine Zärtlichkeit, seine Träume. Das ist alles kein Ersatz für seine Kindheit, das kann und will es auch nicht sein, nie im Leben, aber er kann sie einfach auffüllen mit der Erwachsenenliebe, die er auch hat und die sein Leben ausfüllt und auch diesen alten, leeren Karton. Wenn er das so sehen kann, hilft es ihm, keinen Ersatz mehr darin in den Süßigkeiten zu sehen.

…

Ein Mensch sucht erst einmal das Vertraute, auch, wenn er es eigentlich ablehnt und Partnerschaft funktioniert ja so anders als alle denken. Viele meinen, man hat sich nur zufällig getroffen, kennengelernt und verliebt. Aber so ist das ja gar nicht auf der Welt. Wenn man einen bestimmten Mechanismus in sich trägt, muss er überprüft werden. Manche übernehmen ihn einfach blind, das ist schlecht, weil sie dann nie ihre eigene Persönlichkeit für sich aus sich heraus entwickeln können. Aber wenn man etwas übernimmt, es einem irgendwie komisch oder nicht mehr zeitgemäß vorkommt und man es dann innerlich überprüft, dann ist man an der Stelle, wo man seine Seele trifft und diese auch überprüft. Will man so leben, so weiterleben, wie es jemand schon vor mir gemacht hat oder treffe ich in dem Verhalten auf ein Stück meiner Seele, die mir so unbekannt vorkommt und ich sie aber gerne kennenlernen möchte und sie einfach deshalb in Frage stellen will. An diesem Punkt ist die Svantje oft, sie übernimmt Verhaltensweisen von ihren Eltern, weil die Seele sie daran erinnern will: „Hey, du bist aber du, mach das anders! Kommt es dir bekannt vor? Dann ändere es, wenn du dich dabei nicht wohl fühlst." Manche haben es nicht, die brauchen es aber auch nicht, aber Partnerschaft ist ein wichtiges Thema für die Svantje in ihrem ganzen Leben. So muss sie an diese Stelle kommen, um aus sich heraus wachsen zu können und ein Stück ihre Seele zu berühren. Erst durch die Erinnerung an Beziehungstäglichkeiten bei ihren Eltern wird ihr das ein Stück klar, dann kann sie auch was daran ändern, aber nur so wird es ihr richtig bewusst. Sie ist auf einem guten Weg.

Danke dir für alle Fragen, die du so beantwortet hast. Kann die Svantje sonst noch was für dich tun?

Habe ich schon gesagt, der Platz ist gut, aber bitte unbedingt frische Erde brauche ich, sonst ist alles in Ordnung.

Ich richte es ihr auch so aus, danke dir, dass du mit mir geredet hast.

Schon gut, freue mich schon auf ihr Gesicht, wenn sie meine Seele erkennt.

Seelengespräche

Ein Kater: „dafür bin ich auch in dein Leben gekommen"
Aus einem Gespräch für Svenja.

... Hast du noch eine Botschaft an sie?

Nun, das meiste hab ich ja schon gesagt. Sie ist eine ganz Liebe, merkt nur nicht, wenn die Leute aufstehen wollen und gehen wollen, weil sie sie so in Beschlag nimmt und die anderen gerne wieder ihre eigene Zeit haben wollen. Das merkt sie nicht, da muss sie noch etwas mehr einfühlsamer werden. Das kannst du ihr auch sagen, sie wird dann sehr traurig sein und sagen: „So sieht mich mein geliebter Kater?" Ja, so sehe ich dich, denn ich darf dir das sagen, ich muss dir das sagen. Dafür bin ich auch in dein Leben gekommen, um dir als eine Art Wegweiser in eine neue Richtung zu dienen. Weißt du es denn immer noch nicht, wie wichtig ich für dich geworden bin? Sonst bist du eine sehr gute Haut, mit dir kann man Birnen und Äpfel pflücken gehen, ohne dass man Angst haben muss, du magst nach drei Apfelbäumen keinen Apfel mehr vom Boden aufheben. Was du anfängst, bringst du auch sehr gerne zu Ende. Aber das ist auch dein Problem. Man könnte dann doch meinen, ja, das ist doch einfach nur Zuverlässigkeit, wenn sie so was tut, aber so ist das nicht nur zu sehen. Du tust immer nur, was bei dir von anderen verlangt wird und das auch noch mit einer großen Freude, doch du vergisst dabei, zu schauen, was du tust. Ist es wirklich sinnvoll? Schau dir doch mal die Äpfel an, die du alle da pflückst und aufhebst. Du freust dich nur, dass der Korb bald voll ist, aber – hast du schon mal die vielen Würmer oder Druckstellen oder Flecken an den Äpfeln gesehen? Magst du wirklich den einen und den anderen nachdenkungslos in den Mund stopfen? Damit möchte ich dir so gerne sagen: schau auch mal nach dem Sinn, was du da alles machst und schon getan hast. Was nutzt es denn, wenn du die Körbe mit altem, stinkigem Obst voll bekommst und sie als Vorrat für den Winter in die Scheune stellst, wenn du dann keine Lust dazu bekommst, herzhaft in sie hineinzubeißen? So überlege dein Leben, da finde ich doch viele Stellen, die du genauso überlegen kannst, was du ausschalten oder abschalten solltest. Aber wie gesagt, dein Herz ist am rechten Fleck, mit dir kann man Äpfelpflücken gehen und deine Freunde schätzen dich, aber überlege, warum und für wen du was tust, das ist meine Botschaft an dich.

Danke dir.

Seelengespräche

Hund Fanny: „eine Hauptaufgabe ist ihr Humor"
Vier Gespräche mit Fanny für Petra und Andreas.

...

Das sage ich ihr gerne. Sie fragt noch, welche Aufgaben sie in ihrem Leben hat.

Sie hat viele Aufgaben erwischt in ihrem Leben. Sie sind auch unterschiedlich stark gewichtet worden, d.h. manche sind ihr nur am Rande in ihrem Leben immer mal wieder begegnet, manche sieht sie jeden Tag davon. Aber sie erfüllt sie sehr gut, auch, wenn sie sie konkret gar nicht so richtig weiß. Eine Hauptaufgabe ist ihr Humor. Nicht der Humor an sich, das ist keine Aufgabe, sondern durch ihren wundervollen, einzigartigen Humor die Herzen der Menschen wieder zu berühren und zu vereinen. Das klingt ziemlich blöd für sie, aber sie soll sich mal vorstellen, wie sie ein ernstes Thema jemandem rüberbringen soll, ohne ihre einzigartige Art und Weise wieder ein Quäntchen Humor als Salz in die Wörtersuppe reinzubringen. Kann sie sich bestimmt selber nicht so richtig vorstellen. Ich mag sie. Das ist eine Aufgabe von ihr. Sich von Herzen über Dinge zu freuen, die andere betreffen und erfreuen können, ist die nächste Aufgabe. Sie möchte immer alle miteinander verbinden, hofft auch, dass anderen klar wird, warum das Leben schön ist und wofür sich das Leben auch so lohnt. Aber die anderen tun sich oft schwer damit und sie schafft es immer wieder, dass diese Leute, auch in ihrer engen Familie, sich über Dinge freuen, die sie sonst selber niemals entdeckt hätten, obwohl sie direkt vor ihnen stehen. Die anderen würden die Blume am Straßenrand lieber kaputt trampeln, nicht aus Bosheit, sondern weil sie sie einfach nicht wahrgenommen – einfach übersehen haben. So blöd sind sie und sie hat aber die wunderbare Eigenschaft, diese kleine wichtige Blume, die ja danach schreit: „Hey, nehmt mich wahr, bewundert meine Schönheit, ich blüh ja nur für euch!", auch so wahrzunehmen und anderen unter die blindblinzelnden Augen zu halten, das ist auch eine besondere Aufgabe von meiner Petra, oh, wie sehr ich sie liebe.

...

Aus einem weiteren Gespräch mit Fanny:

...

Fanny, magst du wieder mit mir reden?

Ja, warum denn nicht?

Du klingst ja so fröhlich und so gut gelaunt. Geht es dir gut?

Hatte gestern einen wundervollen Tag. Durfte ganz viel. Hat vielleicht auch damit zu tun, dass die Petra nicht da ist. Aber sie kann eh nur sehr halbherzig was verbieten oder schimpfen. Sie liebt mich und das fällt ihr sehr schwer, sehr streng zu sein. Aber sie tut dann immer so und nun war sie nicht da, mir ging's da richtig gut.

Na, ich weiß nicht, ob sie sich da so freuen kann, wenn sie das hört. Das klingt ja so, als ob du sie nicht so richtig ernst nehmen würdest.

Musst es ihr ja auch nicht so direkt sagen. Sag ihr nur, ich hatte gestern einen guten Tag.

Nun, ich sage es ihr schon, sie kennt dich ja und kann dich sicherlich ganz gut einschätzen.

Weißt du, das Leben ist doch für sie oft wie eine Wolke. Sie sieht immer tausend Farben und Muster drin. Alle anderen sehen nur eine stinknormale Wolke darin, die vielleicht regnet oder vielleicht auch einfach weiterzieht. Da lieb ich halt meine Petra so, weil sie so anders ist und möchte mit niemanden auf der ganzen Welt meine wundervolle Familie tauschen.

Sie werden sich sicher alle freuen, wenn sie das hören. Das darf ich doch weitererzählen, oder?

Ja, immer! Spüre schon ihr Schmunzeln, ich liebe sie ja alle so und kann sie einfach nicht ernst nehmen, wenn sie schimpfen, weil sie mich doch auch so lieben, das passt dann einfach nicht für mich. Versteht sie das? Sie muss doch nicht immer ein und den selben Socken 5 mal umdrehen. Auf der einen Seite sind Löcher drin, der kommt dann immer ganz schnell nach hinten und auf der anderen Seite ist der Socken noch ganz toll, den zeigt sie gerne nach außen, aber auch Löcher gehören zum Leben. Sie weiß es eigentlich, aber es ist eine wunderbare Eigenschaft von ihr, dass sie die löchrige Seite zwar nach vorne hin zeigen kann, sich nicht dafür schämt und sogar darüber lachen kann. Wer kann das schon und das macht sie zu was ganz Besonderem. Nicht nur für mich.

Das war ja eine liebevolle Liebeserklärung.

Kann deine Familie sonst noch was tun für dich?

Schuheputzen würde ich gerne mal für sie. Darf ich mal die Schuh' abschlecken und so für sie putzen?

Ich sage es so weiter an die Petra, aber ich weiß nicht genau, ob sie das so wollen. Das muss sie dann mit dir selber klären. Aber ich danke dir auf jeden Fall dafür, dass du so ein liebes Angebot machst.

Ich kann sie manchmal vor Liebe richtig verschlingen.

Ein weiteres Gespräch mit Fanny:

Hallo, Fanny, darf ich wieder mit dir reden?

Nun, eigentlich störst du gerade. Was willst du denn schon wieder?

Gestern hat mir die Petra gesagt, dass du so laut nachts gebellt hast und du bellst ja sonst nachts nie, weißt du, warum du gebellt hast?

Ich musste doch alle beschützen, deshalb habe ich gebellt.

Vor was musstest du denn alle beschützen?

Na, vor den Einbrechern musste ich sie doch beschützen.

Wollten wirklich Menschen zu euch ins Haus kommen und einbrechen?

Nein, so habe ich es nicht gesagt. Sie wollten bei uns im Haus herum wandern, das tut unserem Haus aber nicht gut, deshalb habe ich sie alle gebeten, zu gehen. Sie waren dann auch ganz schnell wieder weg. So war das.

Und wer wollte in eurem Haus herumwandern? Waren das vielleicht Seelen von verstorbenen Menschen?

Warum fragst du denn so blöd, wenn du es eh schon weißt. Weißt du, sie sind manchmal wie Kinder, die ihre Eltern verloren haben und sie wollen schauen, ob sie in diesem Hause sind. Aber ich habe ihnen gesagt, nein, hier sind nicht eure Eltern, also habe ich sie wieder weggeschickt. Ich bin doch ein guter Hund und versuche alle zu beschützen.

Weißt du, was das für Seelen waren? Haben sie zu euch ins Haus gehört oder haben sie sich nur verirrt?

Seelen verirren sich nicht so richtig, weißt du, sie irren eher herum. Das ist aber nicht schlimm. Menschen sind ja nicht so feinfühlig, dass sie sie sehen. Nur ganz wenige sind da bereit dazu, wenn ihre Seelen sozusagen ganz aufmachen und das ist spannend, weil sie so viele schöne Erfahrungen machen können. Aber erst mal macht es ihnen wohl Angst. Ich spüre da nicht so viel gute Gefühle hin, wenn sich die Seele eines Menschen so sehr öffnet.

Sag mal, haben dann diese Seelen, die du verscheucht hast, nicht in euer Haus gehört?

Nein, das habe ich ja schon gesagt. Sie haben hier nichts zu suchen, aber es wandern doch immer Seelen irgendwo durch Häuser, auch tagsüber. Aber da spüren manche Menschen nur, wie die so hinter einen stehen können, doch sie tun einem nichts. Sag bitte meinen Menschen, sie brauchen davor nie Angst zu haben, weil sie einem nichts tun. Sie wollen doch nur wieder nach Hause finden und schauen, ob es hier ihr Zuhause ist, das ist alles.

Und die von gestern Nacht waren nicht welche aus eurem Haus?

Was hast du denn ständig mit Seelen aus unserem Haus? Ich sehe viele Seelen und wundere mich nun nicht mehr, dass meine lieben Menschen sie gar nicht wahrnehmen. Ich glaube, es ist wohl so gemacht worden für alle, dass sie nicht wahrgenommen werden können, sonst können die Menschen ja auch sehen, wie sehr sie in ihrem Leben leiden mussten, und das ist dann nicht so schön.

Wie muss ich mir denn so eine Seele vorstellen? Kannst du sie mir beschreiben?

Nun, sie ist hell und lang und schmal und kommt so angewankt, dass alles um sie etwas vibriert, so spüre ich sie. Ich kann sie aber auch sehen und sie sind schön, alles um sie herum ist schön. Deshalb verjage ich sie aber nicht, ich will nur, dass sich welche hier festsetzen dürfen, die auch hier in unser Haus gehören, sonst nichts.

Die Petra sagte, dass der Opa vom Andreas im Zimmer vom Fritz gestorben wäre. Kann das denn sein, dass er da wieder hinkommt?

Ja, aber nicht zum spuken, so was gibt es wirklich nicht. Sie tun es nicht aus Absicht, um andere zu erschrecken, so was spüre ich manchmal in Gedanken von unseren Menschen in unserem Haus und das kannst du ihnen gleich sagen, dass das gar nicht stimmt. So ein Schmarrn. Sie wollen nie jemanden wehtun, ich verjage sie ja auch nur deshalb, weil ich meine, dass die echten Zuhausestellen von ihnen gefunden werden sollen. Da dürfen sie doch hin und sollen sich nicht einfach so bei uns aufhalten, das sag ich ihnen dann einfach.

Und was ist nun mit dem Opa? Ist er wirklich noch da und ab und zu bei euch?

Ja und nein. Also, er ist wirklich da, sogar sehr oft. Er ist aber so eine Art Ahnenseele, er will nichts Schlimmes oder Böses tun, ganz im Gegenteil, aber ein Teil seiner Seele ist dazu noch bestimmt worden, so eine Art Hüter des Hauses zu werden und zu sein. Das ist eine große Ehre, wenn jemand darum gebeten wird, in sein altes Haus zurückzukehren und auf alle Bewohner, auch auf mich, aufzupassen. Ich sehe ihn als Seele oft und er hat eine schöne Gestalt und Energie für mich. Ihr braucht alle keine Angst zu haben. Er teilt sich sozusagen mit dem Hausgeist die Leitung über unser Haus. Dieser passt halt auf das Haus auf und der Opa nur auf die Menschen, die ihm noch so am Herzen liegen. Es ist auch nicht so, dass er hier rumspukt und nicht ins Licht kann, nein, er war schon im Licht und es ging ihm sehr gut dort. Nun kommt als eine Art Belohnung, um die er gebeten hat, ein Teil von ihm zurück und diese gute Seite an seiner Seele spüre ich und die sagt: „Mir ist es ja so wichtig, dass ich für alle da bin, sie alle beschütze und für sie sorge, sozusagen hinter ihnen stehe und schaue, dass all ihre Schritte nicht ins Leere oder in die Tiefe führen. Das ist ein Geschenk an mich, dass ich in mein eigenes Haus zurückkehren durfte und für sie da sein darf. Bitte, seht es auch als eine Art wunderbares Geschenk an. Ich bin als Ahnenteil – der euch dienen darf und euch alle begleiten darf, zurückgekommen und nicht, dass ihr euch vor mir fürchten müsst – zurückgekehrt. Bitte, habt keine Angst vor mir, bitte, ich will euch doch nur vor Schlimmem bewahren, vor Dingen, die ich auch kennenlernen musste und diese Dinge begleite ich euch in meinem Großmut, damit euch nicht so viel von meinem schweren Schicksal treffen muss. Ich habe doch extra darum gebeten, dass ich mit einem Seelenanteil wieder auf die Erde darf. Bitte, ignoriert mich nicht, sondern schickt mir auch mal einen kleinen Dank und keine Furcht. Ich will nicht, dass ihr euch vor mir fürchtet, ich will euch dienen. Deshalb habe ich die Erlaubnis bekommen, einen kleinen Anteil von mir wieder auf die Erde in dieses Haus schicken zu dürfen. Bitte, bewahrt mich als besondere Ehre auf in eurem Gedächtnis und lasst mich euch dienen und euch beschützen. Ich finde es besonders schön, wenn ihr euch bei mir bedankt und keine Furcht habt. Viele Menschen, die gestorben sind, kommen wieder zurück aus Liebe zu ihren Weitermenschen, die nun in diesem Haus wohnen. Ich bin auch da, um euch weiterhin zu begleiten. Bitte, sperrt mich nicht aus euren Gedanken aus, sondern gebt mir wieder ein Stück Platz in eurem Herzen, wo ich willkommen bin, dann könnt ihr auch meine Güte und Verlässlichkeit spüren." So würde er reden, wenn ihr euch mit ihm verbindet, das hat er mir aufgetragen, euch weiterzusagen. Ihn belle ich auch nicht an, ich weiß ja, dass er in dieses Haus gehört und euch nichts tun würde, ganz im Gegenteil, er ist da, um wieder als Teil in euch weiterzuexistieren, so auf seine Art eben. So, wie er es noch kann und darf. Ihr könnt euch glücklich schätzen, dass ihr so eine liebe Seele um euch herum haben dürft. Es kommen ja auch andere Seelen zu euch ins Haus, aber die verscheue ich gleich und auch der Hausgeist mag es nicht, wenn hier zu viele sind. Doch dafür bin ja auch ich da, ich helfe da immer gern, ich mag euch doch alle so gerne.

Danke für die vielen Erklärungen.

Weißt du, es waren doch Fragen von meiner Familie und ich tue doch alles für sie, ich liebe sie einfach, also habe ich es auch gerne gemacht.

Kann deine Familie noch was tun für dich?

Ja, ich mag Schuhe – darf ich mal wieder einen zerreißen? Sie enthalten sie mir immer vor und das finde ich nicht so lustig. Mag mal einen alten haben, den ich wieder zerreißen darf, ohne, dass einer schimpft.

Ich sag es so weiter. Danke dir für alles und ich wünsche dir alles Gute.

In einem weiteren Gespräch:

Hallo, Fanny, darf ich wieder mit dir reden?

Oh ja, das darfst du gerne.

Hast du schon bemerkt, dass es Andreas nicht so gut geht?

Was heißt nicht gut – er ist in seiner Gedanken- und Gefühlswelt versunken und da brodelt es im Moment gewaltig. Er hat nun einen Stecken in der Hand, eine Art Zauberstab, er kann ihn hin- und herdrehen und weiß nicht so recht, wie er ihn einsetzen soll. Wenn er auf jemanden zeigt, kann er ihn damit in die Ecke stellen, er kann den Zauberstab aber auch umdrehen und ganz andere Dinge damit machen, die er aber noch nicht so kennt. Also – was soll er nun machen? Das sind die Gedanken, die ihm durch den Kopf schießen. Ganz stark, so wie elektrischer Strom und diese Schießstöße hören gar nicht auf, so als ob er ständig dran angeschlossen wäre. Soll sich mal hinsetzen und ganz tief atmen und dann zählen: „eins" beim tief einatmen und „zwei" beim tief ausatmen, das hilft ihm, mehr kann ich ihm nicht sagen.

Danke dir, Fanny, du hast schon ganz viel erzählt. Die Petra sagte mir, dass dem Andreas genau diese Situation durch den Kopf geht. Er weiß nun nicht so recht, wie er sich verhalten soll. ...

Er hat doch den Zauberstab in der Hand, braucht ihn nur auf ihn zu zeigen und ihn [arbeitsmäßig] rausschmeißen. Aber Andreas ist ein guter Mensch, er erwägt es und meint, das kann er ihm aber doch nicht antun. Nur muss er sich dann die Konsequenzen vor Gesicht führen: Will er es, dass seine Firma einen bestimmten Ruf erwirbt, der nichts mit Andreas' Arbeitsweise und Einstellung zu tun hat? Oder will er, dass er Angestellte hat, die an ihn glauben und ihn als Bestimmer und Macher akzeptieren? Andreas wäre es am liebsten, es würde einfach so laufen und er müsste nicht mal einen Gedanken an dieses Thema verschwenden, doch so läuft es nicht. Andreas ist nun schon so alt und es war so, als wäre er in bestimmen Situationen wie in Watte gepackt worden. Es lief fast wie von selbst. Klar, die vielen normalen Schwierigkeiten meine ich jetzt gar nicht, aber ich meine, dass er noch nie so an einen Punkt gestellt worden ist, wie jetzt: soll er seine Gewalt zeigen und seinen Zauberstab in diese Richtung schwenken oder ihn unter seinem Mantel verschwinden lassen? Mensch, Andreas! Wer bist du denn eigentlich? Du bist der Zauberer, du hast den Mantel an, du bist der, der die Show macht und alle schauen auf dich. Dieser Alfred gehört nun mal nicht zu deinen hübschen und zuverlässigen Assistenten, auf den du dich bei einer Show verlassen kannst, der dir den Hut mit den Kaninchen vorbereitet hinschiebt. Er will selbst zum Zauberer werden und wartet nur auf eine Gelegenheit, um deinen Mantel überzuziehen und aus deinem Hut zu zaubern. Und dann? Er mag so gerne von deinem Zauberruhm einheimsen und dann? Ist er der große Zauberer? Hat er die Show, die Bühne vorbereitet? Hat er die Zaubertricks einstudiert oder kupfert er alles nur ab von dir und übernimmt es und möchte nur von deinem Ruhm leben? Denke nicht so groß nach. Ein Zauberer muss allein auf der Bühne stehen und darf sehr gerne ein gutes Verhältnis zu seinen Angestellten haben, aber nicht, wenn er nicht weiß, ob dieser Assistent ihn von hinten eins über die Rübe haut und seinen Zauberstab klauen will. So geht das nicht und das weißt du. Aber das birgt auch Folgen für dich, die sehr schwer umzusetzen sind. Ich weiß, ich spüre deine Ängste und Sorgen, die damit verbunden sind, doch wenn jemand nach deinem Zauberstab greift und du es einfach nicht willst, gibt es nur eine Möglichkeit: Du musst diesen Assistenten von der Bühne schicken, möglichst weit weg, damit er dir nicht mehr in die Quere kommt. Gute Assistenten gibt es zwar nicht wie Sand am Meer, aber es ist wichtig, dich von diesem Mann zu trennen. Du kannst ihm nicht mehr trauen, ob er dir hilft oder nur auf deinen Zauberstab und damit auf Ruhm und Macht aus ist, die er dir zu verdanken hat, die er sich aber nur über dich aneignet und sie ihm aber ganz und gar nicht zusteht. Ich liebe dich und gebe dir ganz viel Energie zum Atmen, damit du mal ruhiger denken kannst.

Danke dir Fanny, du hast ja ganz viel erzählt.

...

Seelengespräche

Katze Lucia: „alles ist in Aufruhr"
Ein Gespräch für Claudia und Emilie.

Hallo, Lucia, ich bin die Barbara, magst du wieder mit mir reden?

Ja, mag ich.

Schön, wie geht es dir?

Gut und nicht so gut. Hier ist soviel los in letzter Zeit, richtig schlimm, da ziehe ich mich lieber zurück und bin für mich, da geht es mir dann bedeutend besser.

Aber ist sonst alles in Ordnung in deiner Familie?

Ja und nein. Alles ist in Aufruhr, ich spüre ihre Aufregung. Dabei muss es aber gar nicht sein, weil sich viele Dinge eh von selbst auflösen – so schnell, wie sie gekommen sind. Aber das wissen sie noch nicht, obwohl sie schon alle so lang auf dieser Welt leben dürfen. Das ist eine Botschaft, die ich an die ganze Familie sagen will: Kümmert euch um wirklich Wichtiges und denkt nicht immer an Dinge, die man nicht ändern muss. Das ist wie ein großer Sandkuchen und ihr denkt andauernd daran, wie er über den Winter kommen kann. Aber der Sandkuchen ist überhaupt nicht dafür gemacht worden und wurde auch nicht deswegen geschaffen und der nächste Regen löst ihn eh wieder auf. So einfach ist das und genau so ist es mit ganz vielen Problemen, über die sich die ganze Familie sehr viele Gedanken macht und schon fast ihre Köpfe zerbricht. Muss nicht sein, sollen einfach mal abwarten, was sich wirklich lohnt, dafür zu kämpfen oder auch nur drüber zu reden und was sich davon von alleine auflöst. Das werden die meisten Dinge in ihrem Leben sein.

Danke für die Botschaft, Lucia. Claudia hat nun ein paar Fragen und möchte ein paar Dinge zur Emilie wissen. Magst du mir dabei helfen, ihre Fragen zu beantworten?

Ja, gern, ich weiß schon, was sie alles wissen will, was sie so beschäftigt, ist aber schwierig zu sehen. Emilie ist im Moment wie durch den Wind, dann steht sie wieder wie eine große Kämpferin vor dem Wind, dann sieht sie den Wind als ihren Freund, im nächsten Augenblick als ihren größten Feind an. Und dabei ist es immer nur der gleiche Wind. So ist das im Moment mit ihr. Claudia kann nur tun, was man da machen kann, sie kann ihr immer wieder den Wind erklären, wie er seit ewigen Zeiten immer wieder für alle sichtbar ist. D.h. alle Dinge soll sie ihr so erklären, wie sie für die Claudia sind. Und die Emilie kann nun den Wind als Freund oder als Feind sehen. Morgen kann es schon wieder umgekehrt sein, man weiß nie, aus welcher Richtung er heute weht. Das ist schwierig zu verstehen, aber Kinder sehen nunmal von früher her nur den einen Wind und nun kommt er anscheinend aus allen Richtungen und sie können ihn nun nicht mehr einordnen. Ist es gefährlich, was gestern noch ungefährlich war? Kommt er, um mich umzupusten oder nur, um mir heute mein Gesicht zu umspielen? Sie weiß es nicht und der Wind ist doch immer gleich, d.h. alle Dinge, die ihr in ihrem Leben so alle begegnen, aber sie weiß sie gerade nicht einzuordnen. Sie muss ja auch die Windrichtung, die Windstärke und noch so vieles berücksichtigen, da kann sie sich schon wie vor einer verschlossenen Tür fühlen, dabei geht sie heute mal nicht nach innen, sondern nach außen auf. Oder ging sie gestern schon nach außen auf und heute nach innen? So fühlt sie sich im Moment. Das ist aber nicht schlimm. Die Claudia soll nur versuchen, die Windrichtung zu erklären, d.h. die Dinge, wie sie sie sieht. Mehr kann sie nicht machen und [soll] offen dafür sein, wenn der Wind plötzlich umschlägt und unerwartet aus einer völlig anderen Richtung bläst. Verstehst du mich? Sie ist im Moment nicht berechenbar und der Wind auch nicht und doch. So fühlt sie sich im Moment, es ist sehr schwer und dann wiederum nicht sehr schwer. Mehr geht nicht zu sagen, sie pendelt sich schon wieder ein, so wie ein Wind nach einem kurzen Orkan. Er kommt auch wieder in die Normalstärke hinein, so denkt und fühlt sie gerade, mehr gibt es dazu nicht zu sagen.

Danke, ich glaube, du hast alle Fragen in deiner Antwort beantwortet, ohne, dass ich auch nur eine Frage gestellt habe.

Ich weiß ja, was die Emilie und auch die Claudia beschäftigt. Da ist das kein Problem für mich. Ich mag meine Familie, sag ihnen das bitte.

Gut, sag ich ihr. Hast du sonst noch einen Wunsch, den dir deine Familie erfüllen kann?

Bitte etwas mehr Aufmerksamkeit, wenn ich da bin, aber in der Hektik laufe ich gerne weg. Nur wenn ich da bin, bitte ich darum, dass ich jetzt gerade sehr wichtig bin.

Sag ich deiner Familie so weiter. Danke dir, dass du mit mir geredet hast. Ich richte alles so aus.

Das weiß ich, ich habe gerne geholfen.

Seelengespräche

Hund Sara: „ich bekomme die Antwort in Form einer Krankheit"
Zwei Gespräche mit dem Hund Sara und dem Kater Wiskey für ihre Familie (Juliane, Franz, Michaela und Ulrike).

Hallo, Sara, ich bin die Barbara, magst du mit mir reden?

Was willst du von mir? Ich kenne dich doch gar nicht!

Das verstehe ich. Die Juliane hat mich gebeten, mit dir zu reden, weil ich dich etwas anders verstehen kann als sie. Ich richte ihr auch aus, was du mir alles erzählt hast.

Mh, weiß nicht genau, ob ich mich drauf einlassen soll. Wie sind denn deine Fragen von der Juliane? Muss erst wissen, was sie von mir will, dann entscheide ich, ob ich was zu dir erzähle oder nicht.

Bist du immer so misstrauisch?

Nein, bin ich nicht! Ich will nur alles um mich herum wissen, wer da kommt, wer da ist, was da auf mich zukommt und da muss ich halt nachfragen oder nachhaken, sonst kann ich nicht mit dir reden. Ich kenn' dich ja noch gar nicht.

Stimmt. Dann stelle ich dir mal die Frage, die die Juliane an dich hat und sie würde sich sehr darüber freuen, wenn du ihr was dazu erzählen würdest.

Fang an, du machst mich nun doch ein bisschen neugierig.

Sie möchte erst mal wissen, wie es dir so geht in deiner Familie und ob du was erzählen möchtest.

Es ist viel Streit, manchmal ist es mir zu viel, da noch klar zu denken. Das ist nicht so schön, aber sonst bin ich gerne für alle da.

Um was geht es denn bei diesen Streitigkeiten immer?

Weißt du, das will ich dir nicht so gerne erzählen. Ich merke einfach, wie beide sehr unzufrieden mit ihrem Leben sind und nicht wissen, wem sie diese Unzufriedenheit in die Schuhe schieben können. Sie denken auch oft darüber nach, wie es mit ihnen weitergeht und sagen es aber nicht laut. Das würde ich mir sehr für sie beide wünschen, denn sie sind doch beide so wunderbare Menschen, für die es sich so lohnt, zu denken und ihnen meine Energie zu geben.

Die Juliane möchte auch gerne wissen, was du an deiner linken Hinterpfote hast.

Das möchte ich aber nicht so gerne verraten. ... Weißt du, es ist so, als ob sie beide einfach nicht wissen, wie es weitergeht in ihrem Leben und doch nicht darüber nachdenken und ich bin nun mal ein Teil von ihnen. Ich leide mit ihnen und ich merke, ich übernehme ihre Probleme, aber das mache ich von ganzem Herzen, solange, bis es endlich platzt. Nein, du musst keinen Schreck bekommen, aber sie wissen nicht, wie lange es auch so weitergeht und das trage ich dann mit meinem Fuß für sie. Da stelle ich mir dann die Frage an meine Seele: Wie geht es weiter für sie? Und ich bekomme die Antwort in Form einer Krankheit und muss ein wenig humpeln. Klar, meine Pfote tut mir sehr weh, aber ich seh' das auch ein wenig anders, wenn sie aufhören, über so blöde Dinge uneins zu sein und drüber nachzudenken, wie es wirklich mit ihrer Beziehung, mit den alltäglichen Pflichten um sie herum, weitergeht, kann ich auch meine Pfote weiter in das Leben setzen und mir geht es wieder gut. Sollen sich zusammensetzen und darüber zusammen nachdenken: Was wollen wir eigentlich von und in unserer Partnerschaft? Wo haben wir uns schon total auseinandergelebt? Was können und wollen wir noch gemeinsam beschreiten? Wenn sie darüber reden und es zusammen klären, geht es auch mit meinen Schritten im Leben erheblich leichter. Bis jetzt trage ich es aber für sie aus Liebe. Das mache ich doch so gerne für sie, so gerne, wie ich Berge gehe.

Ich sage es so an die Juliane weiter. Hast du noch eine Botschaft an die Juliane?

Oh ja, ich liebe sie ja so. Es gibt kaum einen Menschen, der so lieb zu mir ist wie sie. Ich liebe sie so und sie hat ein Problem mit dem „sich durchsetzen". Sie denkt da immer so um die Ecke und meint, sie muss allem ausweichen, doch sie muss lernen, gerade zu denken. Das würde ihr ungemein helfen, einem Problem mal haushoch gegenüber zu stehen und nicht zu denken: „Wo kann ich jetzt nur wieder hinflüchten?" Sie muss sich den Problemen stellen, das ist bisher nicht so gut ihre Stärke und sie versucht gerne dem auszuweichen. Wie bei einem Fußballspiel, wo sie als Ersatzspieler eingesetzt wurde, spürt sie nun, dass der Ball doch bitte nicht zu ihr in die Richtung geschossen werden soll – das ist ein großer Gedanke und eine große Bitte in ihr und damit tut sie sich und ihrem Gegenüber aber so gar keinen Gefallen. Sie muss lernen, zu sagen, was sie für Gedanken und vor allem Wünsche hat. Sie läuft ja sonst noch als wunschloses Wesen durch die Gegend. Soll sich ändern, damit sie mal ihre Seele spüren darf, die doch auch das Recht hat, sich so einzumischen, dass sie endlich als Wegweiser vernommen werden will. Das wünsche ich ihr.

Danke dir. Hast du noch eine Botschaft an den Franz?

Oh ja, er ist ein Guter, doch er weiß es nur nicht so genau. Er läuft wie immer etwas planlos durch die Gegend und jemand, der ihn nicht so gut kennt, meint, er ist ständig auf der Suche nach seiner Brille, obwohl die doch auf der Nase oder gar in seiner Hosentasche ist. D.h. er trägt sein Glück immer sehr nah an sich herum, aber er weiß es nicht. Es ist bisher nicht seine Stärke gewesen, so in die kurze Richtung vor ihm zu schauen. Klar, er macht gerne Prognosen, wie morgen wohl das Wetter wird, doch was sich in seiner unmittelbaren Umgebung so alles abspielt, davon hat er keine Ahnung. So wenig wie ein Hahn was ahnt, wenn ein Fuchs in seine Nähe kommt. Aber er kann gut hinter den Fuchs schauen, doch die Gefahr direkt vor seinen Augen sieht er nicht und so auch nicht seine Ehe- und Familienprobleme, als ob die gar nicht so existieren für ihn. Doch ist er nur ein guter Schütze, wenn etwas weit weg von ihm steht. Alles, was sich direkt vor seiner Nase befindet, weiß und sieht er nicht. Da ist er ein richtig armes Wesen, so empfinde ich ihn. Soll bitte viele Spaziergänge mit mir machen, wenn es mir wieder besser geht und sich mit mir unterhalten. Ich schicke ihm auch viele meiner Gedanken und meine Energie hin, damit er ein Gefühl bekommt, was ihm wirklich helfen kann. So empfinde ich ihn.

Danke dir. Hast du noch eine Botschaft an die Michaela?

Ja, sie ist eine Vollrassige, die immer so genau weiß, wo es lang geht und ich würde sie gerne als Hündin lieben, wenn sie ein Hund wäre. So sehr bewundere ich ihre Stärke und auch ihren Mut. Wenn ein anderer Hund uns angreifen würde, würde sie sofort, ohne darüber nachzudenken, die Zähne fletschen und auch nach vornhin angreifen, so empfinde ich sie. Nur ihren beruflichen Weg soll sie noch mal überdenken, der führt sie im Moment in so was wie eine Sackgasse, da geht es dann nicht mehr weiter und sie braucht nun mal immer und immer wieder ihre Freiheiten. Ich liebe sie einfach.

Danke dir. Hast du noch eine Botschaft an die Ulrike?

Oh ja, sie ist für mich wie eine zarte Blüte, aus der man so was wie einen feinen, wohlriechenden Kakao kochen könnte. Sie interessiert sich doch so für andere Dinge in ihrem Leben und ist sehr auf ihr Äußerstes bedacht. Soll sie ablegen wie alte Mückenstiche, die braucht sie doch auch nicht, weder im Sommer noch im Winter. Sie ist doch so auf der Suche, aber sie hat das große Problem, dass sie sich selber so überhaupt nicht zuhören kann. Sie redet an sich selber immer so vorbei. Weißt du, ich liebe sie auch, aber sie spürt sich nicht und ihre Bedürfnisse, da ist sie etwas wie ihre Mutter, die sich auch nicht traut, mal auf den Tisch zu hauen und zu sagen: „Jetzt rede ich und ihr hört mir endlich alle mal richtig zu!“

Sonst weiß ich nicht, was ich über sie erzählen soll. Sie ist in der Seele so richtig einsam und ich wünsche mir, dass sie mal sagt, was sie so stört und sie sich so sehr wünscht. Sie muss es nur mal wahrnehmen und formulieren lernen. Aber dazu gehört einerseits etwas Gefühl, aber auch der Mut, denn wenn es mal ausgesprochen ist, muss sie ja auch mal was davon tun, sonst wäre sie ein Schwätzer und dazu hatte sie bisher nicht so richtig den Mut.

Danke dir. Hast du noch irgendeinen Wunsch an deine Familie? Kann sie irgendwas tun für dich?

Oh ja, ich freue mich, wenn sie sich alle mal an einen Tisch setzen und reden, bis die Uhr vor lauter gelaufener Zeit umfällt. Das bräuchte meine Familie, sonst liebe ich sie so über alles, das weißt du doch gar nicht.

Danke dir, dass du mir so vieles erklärt hast und mit mir geredet hast. Alles Gute für dich.

Ja, bitte sage es allen so weiter, wie ich über sie denke und wie ich sie empfinde, dann sehen sie mich auch noch etwas anders. Das kann ich gerade ganz gut brauchen, dann ändert sich ja auch was in meiner lieben Familie.

Ich sage es allen so weiter. Ob sich aber was für dich ändert, das weiß ich nicht.

Das macht nichts, es ist aber gesagt und sie müssen einfach darüber nachdenken, das wünsche ich mir doch so sehr für sie.

Ein Gespräch mit dem Kater aus der gleichen Familie:

Hallo, Wiskey, ich bin die Barbara, magst du mit mir reden?

Oh ja, ich warte schon auf dich. Sara [die Hündin] hat mir schon gesagt, dass du wohl auch zu mir kommst und ich soll dir auch erzählen, wie es mir so geht, sagte sie mir.

Das freut mich, dass ihr euch darüber unterhaltet. Wie geht es dir denn so mit Sara?

Sie ist eine junge Hündin und springt mir vor lauter Lebenslust fast schon ins Genick, so kommt sie mir immer vor. Ich liebe sie und vor allem ihre Lebenslust, das macht mir große Freude, sie zu beobachten. Ich habe nichts gegen sie. Klar, manchmal muss ich schon mein kleines Revier verteidigen, aber allermeistens ist sie lieb und ich spüre ihre unendlich gute, wohlwollende Energie, die meiner Familie so gut tut. Was sollte ich also nicht an ihr mögen? Ich liebe doch meine Familie auch und freue mich, dass ich sie alle begleiten darf.

Das ist genau die Frage, die die Juliane an dich hat. Wie geht es dir denn? Sie sagte mir, du hast Probleme mit deinen Nieren.

Oh ja, große Probleme habe ich. Sie soll sich aber bitte keine Vorwürfe machen, sonst raste ich aus. Sie kann mir meine Krankheit nicht wegnehmen, doch ich leide so gerne für sie. Nein, ich leide nicht gerne, das habe ich gerade falsch ausgedrückt. Ich bin so gerne für sie da und unterstütze sie so gerne in ihrem Loslassungsprozess und da konnte ich nicht anders, ich habe nun selber was bekommen, weil ich sie so sehr liebe und auch unterstütze. Weißt du, sie ist so eine Liebe, wenn sie eine Maus wäre und so beschützenswert und klein und lieb, ich könnte sie nie beißen oder ihr was zu leide tun, ich muss mich ganz eng an sie kuscheln und sie drücken und ihr so meine Liebe nach außen hin zeigen. Klar, unsere Liebe geht ja noch so viel tiefer und sie ist ganz tief in unseren Herzen ganz stark verwurzelt, aber ich habe da auch viel zu tragen für sie. Sie leidet, genau wie ich. Sie muss sich trennen und hat aber nicht die Kraft dazu. Weißt du, sie ist wie ein kastrierter Ochse, der zwar noch etwas wild ausschaut, doch eigentlich seine ganze Kraft, auf die es ankommt, bereits verloren hat. Das ist schlecht. Sie braucht nun mal die Kraft, um sich durchzusetzen, du weißt ja gar nicht wie, weil sie so eine herzliebe Person ist, die alles mit Herzenskraft lösen will, doch einfach nicht weiterkommt. Ihre liebe Familie ist da wie eine Feuerwand – es kommt einfach kein Lufthauch oder anderes durch. Das ist ja so schade, denn wenn sich irgendwas ändern soll in meiner Familie, dann muss diese Mauer, die alle und alles davon abhält, mal ordentlich und ehrlich zu sagen, was alle so stört in meiner Familie, fallen. Das ist das Allerwichtigste. Ihr Leben hat sie im Moment nicht mehr so ganz im Griff und meint, sie müsste einfach nur über diese Mauer springen und dann, wenn sie dazu die Kraft entwickelt, ist sie weg und hat alles überstanden. Aber das ist ja so falsch, dann begegnen ihr auf dem nächsten Weg schon wieder die gleichen giftigen Blumen. Sie muss sie aber nur kennenlernen und wissen, wie sie sie anfassen muss und behandeln muss. Von manchen Pflanzen braucht man halt zur Heilung die Blüten, von anderen die Blätter und wiederum von anderen die Samen, Früchte oder nur die Wurzeln und dann ist auch die Zeit so wichtig, wann und vielleicht auch noch, wo sie geerntet werden. Das ist auch so übertragbar an ihre eigene Familie. Sie muss sie zu nehmen wissen. Jeder ist ja so anders, als ob es zwar ein Bienenstock wäre, aber sich da irgendwie eine Menge verschiedene Bienenarten hin verflogen hätten und sie muss nun dafür sorgen, dass sie alle die gleiche Sprache sprechen. Sara hat mir ja schon gesagt, was sie dir gesagt hat, alle sollen sich mal an einen Tisch setzen. Aber das ist nicht so einfach, denn es ist so, als wenn sie eben verschiedene Sprachen sprechen und sie bräuchte bei jedem in ihrer Familie schon fast einen eigenen Dolmetscher, so verschieden entpuppen sich alle. Ich liebe doch meine ganze Familie und wünsche mir nur, dass mal wie in einer Schreinerei Inventur gemacht wird. Kann man diese alten Bretter noch gebrauchen, sollen wir sie wegschmeißen oder taugen sie nur noch zum Verbrennen, dann haben wir es wenigstens noch schön warm und die Wärme taugt wenigstens noch zu was. So ist auch meine Familie. Eine Trennung ist eigentlich unvermeidlich, so sehe ich das, deshalb trage ich ja auch was an meinen Nieren. Sie funktionieren doch schon so lange nicht mehr wie die Partnerschaft in meiner Familie. Das ist ja so schade, denn nettere Menschen kann man wohl auch nicht in einem Eisgeschäft bei schönem Wetter treffen, doch sie passen nicht mehr zusammen und bräuchten eben dringend die Inventur. Sollen überprüfen, welche Anschauungen über Bord geschmissen werden können, welche nicht, was kann man noch in die Ecke stellen und vielleicht noch mal aufheben und gebrauchen, oder sollen wir lieber gleich die Schreinerei schließen, weil nur noch alte, kaputte und zu kleine Bretter rumstehen, aus denen wir eh nichts mehr schreinern können? Nach diesen Prinzipien sollen sie mal ihre Ehe und Beziehung anschauen. Auch die Kinder leiden ja schon so drunter und wünschen sich mal ein Ende. Wenn eine Schreinerei nicht mehr geht, es wurde ja auch schon so viel gesägt und gemacht in ihr, dann soll man sie ohne große Probleme schließen, den Rest verschenken und sich im Liegestuhl auf die faule Haut legen und die Zeit ohne die mühsame Arbeit genießen. Genauso können sie es auch mit ihrer Beziehung machen. Sollen bitte überlegen, ob sich diese Schufterei noch lohnt, es liegen ja nur noch kleine, fast nutzlos kleine Bretter rum und sich dann überlegen, ob es nicht sinnvoller ist, ein Schild an die Tür zu hängen: „Leider geschlossen, wir geben auf." Mehr nicht. Mehr müssen sie dann nicht mehr tun, wenn die Inventur vorüber ist. Sollen nur alle mit anpacken, ohne große Worte, die Schreinerei aufzuräumen und dann jeder für sich wieder nach Hause gehen. Bitte richte es ihnen so aus, das ist meine Botschaft an sie. Mehr nicht.

Danke dir, das war ja ziemlich viel. Ich habe dich auch nicht viel gefragt und du wusstest wohl gleich, wie du die Familie beschreiben sollst in so vielen Varianten. So viele Vergleiche sagen mir selten Tiere.

Was soll ich dazu sagen? Sie wissen es, wie einfallsreich ich bin, sie kennen mich.

Die Juliane sagte mir, dass du ja wohl so krank bist, dass du dir überlegen solltest, ob du bald „ins Tierreich“ gehen möchtest oder was du noch machen möchtest.

Weißt du, ich möchte so gerne alleine gehen und nicht über den Tierarzt „ins Tierreich“ gehen, aber sie können mich nicht mehr so leiden sehen. Wegen ihnen musst du es so sagen, dass sie mich dahin befördern sollen. Ich bin nicht unglücklich, ich bin so froh und glücklich, dass ich so viele Aufgaben in meiner Familie hatte und sie alle erfüllt habe. Ich kann gehen und wenn sie mich nicht leiden sehen können, dürfen sie mich noch dahin begleiten auf meinen nächsten Weg, das ist alles.

Wünscht du dir noch was von ihnen, können sie dir noch einen Wunsch erfüllen?

Weißt du, ich halte sie für große Zauberer, sollen mit mir eine Art Zauberspiel spielen und was vor meiner Nase verstecken und wieder herzaubern, etwas, was ich noch fressen oder mit spielen darf, da würde ich mich schon sehr darüber freuen. Sonst müssen sie nichts machen, von Sara verabschiede ich mich schon selbst. Sie soll es sich nur nicht so schwer machen und wieder ins Leben schreiten können, das wünsche ich mir für sie. Ich bin ja zuerst da gewesen und habe mehr Rechte, meine Familie mit meiner ganzen Energie zu begleiten, aber sie [Sara] möchte sie [die Energie] ihnen ja auch mit aller Liebe geben.

D.h. ich darf jetzt deiner Familie sagen, dass sie mit dir zum Tierarzt gehen dürfen und du dort eine Spritze zum Einschlafen bekommen möchtest?

Ja, das darfst du, vor allem darf aber nicht die Sara dabei sein, weil sie sonst so heftig im Kreis laufen würde, dass ihr ganz schwindelig werden würde. Ich sage es ihr noch selber, keine Angst, sie weiß es dann schon noch von mir.

Danke dir, dass du das so einfach siehst, ich richte es deiner Familie auch so aus. Sollen sie noch ein anderes Abschiedsritual machen für dich?

Hast du schlechte Ohren? Ich liebe hin- und wegzaubern, mehr möchte ich nicht von ihnen.

Gut, dann sage ich es so weiter. Hast du denn noch eine Botschaft an die Juliane?

Oh ja, liebe Juliane, denke immer daran, auch, wenn der Weg eine Biegung macht, musst du dich auch umdrehen und nicht nur geradeaus schauen, bis du verschwunden bist. Schaue dir deine krummen Schritte ruhig rückwärts noch mal an und schaue nun zu, dass du daraus lernst und nicht mehr so krumme und verzwickte Schritte machen musst. Das Leben ist nicht so schwierig, wie du immer meinst, es geht auch für dich weiter, bestimme nun deine eigene Richtung. Das ist ganz wichtig, denn du hast es dir doch auch so verdient, eine ruhige Lebensweise, ohne diesen Krieg um dich [herum] zu führen. Das wünsch ich mir so, dann muss ich mich auch nicht mehr so in meine Lieblingsecken verziehen, wenn es wieder so laut wird. Ich liebe dich doch so.

Danke dir. Hast du noch eine Botschaft an den Franz?

Oh ja, er steht etwas belämmert rum, fast schon so wie der Stabträger Josef in einem Krippenmärchen.

Man muss schon denken, er ist sonst zu gar nichts fähig, als nur da so blöd rumzustehen. Dabei hat er solche liebenswürdigen Eigenschaften, die er selber noch gar nicht entdeckt hat, als ob eine bleischwere Decke über ihm drüber gestülpt wäre, so kommt er mir vor. Soll seine ganze Kraft nun zusammen nehmen und diese Decke von sich runterstülpen, dann geht es ihm schon sehr viel besser, dann kann er besser atmen und dann geht's mal los mit der Erkundung seines Seins. Bisher hat er noch keine so richtigen Wünsche und Ziele. Das kann sich dann aber schlagartig ändern, wenn er mal in die Richtung schaut, wo er noch nie hingeschaut hat – in sich selber, da liegt alles so ordentlich aufgereiht und verborgen und möchte so gerne wie ein Schatz in ihm geborgen werden, sag ihm das. Er ist ein wundervoller Mensch, muss nur die Wunder in sich selber suchen gehen, da läuft er sonst immer nur herum wie die Katze um den heißen Brei, nur dass der Brei einfach nicht kälter wird und die Katze nie ihr Ziel erreichen wird. Da ist er schon ein armer Hecht, der nur darauf wartet, was andere ihm sagen, was er machen soll, doch er muss die Kraft zur Eigeninitiative in sich selber entdecken und dazu schleunigst auf die Suche gehen. Ich liebe ihn auch so sehr.

Danke dir. Hast du noch eine Botschaft an die Michaela?

Ja, die kannst du auch haben. Wenn es einen großen Turm von lauter Eiscreme gäbe, wäre sie die Kirsche oben drauf. Wegen ihr kann man sagen, so wie die Kirsche oben thront, so schaut auch der ganze Eisbecher aus und so wirkt er auf andere. Sie hat eine wahnsinnige Kraft und weiß es oft gar nicht. Aber sie ist wichtig, sie bestimmt Wege, sie ist so stark und mächtig, aber mit einer guten Art. Ich wüsste nichts, was ich an ihr ändern würde. Sie ist so stark, dass die Bäume im Wald manchmal Angst kriegen, dass sie sie ausreißen könnte, weil sie nicht weiß, was sie mit ihrer Stärke so alles anfangen kann. Soll unbedingt noch mehr Sport machen, um diese dummen, überflüssigen Kräfte loszuwerden, die sich da auch in die guten Kräfte miteinschleichen können, ansonsten liebe ich sie sehr.

Danke dir. Hast du noch eine Botschaft an die Ulrike?

Oh ja, Ulrike empfinde ich als sehr seltene Apfelsorte. Sie ist schon fast ausgestorben und wartet da oben in ihrem Baum, dass irgend jemand vorbeikommt und sie einfach so wiederentdeckt. Doch die Zeit der Prinzen, die auf Prinzessinnensuche sind, ist schon längst vorbei. Sie muss doch selber mal in die Welt hinausspazieren und rufen: „Da bin ich, ich bin ich und auch ich habe Wünsche!" Doch wenn sich das jemand nicht traut, dann ist sie es. Nach außen hin putzt sie sich oft heraus wie ein Pfau, aber Prinzen stehen nicht so sehr auf Pfauen, die nur schön sind, sie muss auch ihre Qualitäten kennen- und liebenlernen. Im Moment entdeckt sie nur die Apfelkerne und sieht nicht, dass es ein sehr seltener, schöner, alter Apfel ist, der noch blüht und wächst und darf ihre Qualitäten mal nicht unter den Scheffel stellen, dann erst wird sie glücklich sein. Aber das bedeutet auch sehr, sehr harte Arbeit für sie. Sie ist da eher wie ein kleines graues Mäuschen, das bloß nicht entdeckt werden möchte, doch was soll das? Wenn sie nicht aus ihrem Loch heraus kommen will in das Leben, werden ihr auch viele schöne Dinge vorenthalten werden, um die es doch so schade wäre, wenn sie sie nicht berühren darf in ihrem Leben. Ich hoffe für sie, dass sie den Mut eines wilden Pferdes bekommt, aber sie verkümmert im Moment eher so vor sich hin. Das sag ihr bitte, dass das ganz wichtig ist, dass man Er-

fahrungen nur draußen, im Leben und auf der Straße sammeln kann. Ich liebe sie ja auch so sehr und verabschiede mich von ihr am ungernsten, da sie mich noch so braucht.

Ich danke dir für alles, was du gesagt hast. Kann deine Familie sonst noch was tun für dich oder wünscht du dir noch was Anderes, außer dem, was du schon gesagt hast?

Nein, mir fällt nichts ein. Ich bin glücklich, dass ich in ihrer Familie sein durfte. Das war ein großartiges Geschenk und sie sollen ihre Probleme nicht als Problem sehen, sondern als Geschenk, das sie erst so gesehen und für sich entdeckt haben, als wenn sie nur das Geschenkpapier angeknabbert hätten, doch noch gar nicht wissen, was alles in dem Inneren des Geschenkkartons verborgen liegt. So nehmen sie aber das Leben, das ist schade. Sie müssen was draus machen, dann erst erkennen sie den wahren Wert des Geschenkes, das das Leben für sie bereit hält.

Alles Gute für dich und auch für deine Reise, du bist ja eine großartige und besondere Katze.

Ich weiß, ich kenn' mich ja selber.

Seelengespräche

Hund Samba: „als ob ich eine Uhr verschluckt hätte“

Hallo, Samba, ich bin die Barbara, darf ich mit dir reden?

Du? Wer bist du denn schon? Ich will nicht mit jedem reden, der mich einfach so anspricht.

Kann ich gut verstehen. Aber die Lilly hat mich gebeten, mit dir zu reden. Sie macht sich Sorgen um dich, weil du oft humpelst, der Tierarzt nichts finden kann und möchte gerne von dir wissen, was du hast.

Nun, so schnell kann ich dir da nicht antworten, wie du mir was erzählst. Also, was willst du genau von mir?

Die Lilly macht sich Sorgen um dich wegen deinem Humpeln, magst du was dazu sagen?

Ist nicht so schlimm, geht von alleine wieder weg, ich will ihr keinen Kummer machen.

Das verstehe ich. Aber weißt du denn, warum du das hast?

Mir ging irgendwie auch einiges zu schnell im Leben, aber der Lilly kann es nicht langsam genug gehen. So schaffe ich es nun in einer Art Ausgleich für uns beide ganz gut.

Wie meinst du das mit dem „schnell gehen“?

Weißt du, ich habe so einen netten Menschen getroffen in meinem Leben und sie ist so vernünftig in allen Dingen. Sie kann gut warten und meint, wenn die Zeit reif ist, ja, dann kommen halt schon die Früchte, die sich wie von selber an den Baum hängen. Und ich bin da eher der ungeduldige kleine Pieps, der schon am Baum die Früchte schütteln möchte, bevor sie überhaupt zum Blühen angefangen haben. So denke ich da immer und wir zwei kamen in unserer verschiedenen Denkweise da etwas in Not und so habe ich meine Krankheit.

Was kannst denn du dafür tun, damit es aufhört oder was kann denn sie dafür tun?

Das ist schwierig. Es ist, als ob ich eine Uhr verschluckt hätte und meine läuft eben anders als die große Wanduhr bei ihr, die sie umgibt. Das ist alles. Sie wird halt von einer anderen Zeitreise begleitet wie ich. So als ob sie [die Uhren] eben zwei verschiedene Schwingungen hätten, obwohl es doch die gleiche Uhr ist, aber sie reisen eben anders um sich selbst [die Zeiger].

Kann sie irgendwas tun für dich, damit eure Uhren vielleicht zusammen laufen können?

Das liegt an mir, ich bin ein ungeduldiger Pimpf, das ist alles.

Aber das ist ja so schade, wenn ihr zwei noch ein Problem deswegen haben müsstet.

Nein, ist es nicht, nur in der Art, wie die Menschen denken. Ich muss halt meine Erfahrungen machen und sie eben ihre und unsere Zeiten in den Uhren laufen ganz einfach anders. Das ist alles.

Darf ich dir eine zeitlang, damit es bald besser wird und ihr vielleicht eine Art gemeinsame Zeit finden könnt, Fernreiki geben?

Mh, fühlt sich gut an. Aber das kann doch meine Lilly auch. Ich fühl, dass sie es auch kann.

Soll sie es denn machen?

Nein, das geht nicht, sonst pass ich mich noch zu sehr ihrer Geschwindigkeit an und da erlahme ich ja vollends. Das will ich so gar nicht.

Gut, soll ich dir dann eine zeitlang Fernreiki geben?

Ja, warum nicht? Fühlt sich gut an.

In Ordnung. Ich sag es ihr dann so weiter, dass ich dir Fernreiki gebe. Darf ich dich vielleicht auch nach einer Bachblüte fragen, die dir helfen kann, nicht mehr ganz so schnell zu denken und handeln zu wollen?

Ja, gerne, fühlt sich auch interessant an. Will ich versuchen.

Schön, dass du da gleich so offen bist. Spür doch mal zu der Blüte Impatient hin.

Warum nicht? Sie fühlt sich nicht so quirlig an, wie ich bin. Ist das gut so? Ist sie dann die richtige?

Ich glaube schon, denn sie kann dir da etwas helfen, dich auch zurückzunehmen und mal deine eigene „innere“ Uhr etwas langsamer zu stellen.

Gut, dann will ich die auch. [Kann noch vom Tierarzt überprüft werden].

Klingt gut, dass du da gleich einverstanden bist. Dann sag ich es so weiter an die Lilly. Hast du vielleicht noch eine Botschaft an die Lilly?

Sie ist eine ganz Liebe. Etwas Außergewöhnliches. Das ist auch gut so, denn sie hatte es furchtbar schwer im Leben. Gar nicht einfach. Es ist eher so, als dass sie eine Art persönlichen Misthaufen gepachtet hätte und immer, wenn sie umgezogen ist oder vor die Tür ging, ist er mitgezogen mit ihr. Als ob er sie einfach nicht in Ruhe lassen konnte. Dabei wollte er eigentlich nichts Böses von ihr, er hat sich schon so dran gewöhnt, dass er bei ihr war, dass er sie einfach nicht in Ruhe lassen konnte und sie überall hin verfolgte. Sie hat gute Ideen, doch braucht sie immer ewig, bis sie was in die Hand nimmt und sie umsetzt. Das ist ganz schön anstrengend für mich, weil ich da eher von der schnellen Sorte bin. Klar, es gibt Äpfel, die wachsen am Baum und die kann man erst im Herbst ernten. Sie ist ein besonders guter und gerader gewachsener Apfel und meint, dass man ihn auch erst so im späten Herbst ernten muss. Ich bin da eher ein Frühapfel und wenn es heißt, nicht vor August ernten, will ich eben schon im Juli geerntet werden. So wenig Zeit habe ich immer. Ich weiß aber, dass ich da noch mit mir selber arbeiten muss. Das ist auch ein großer Grund, warum wir zwei zusammen sind in einer Familie.

Wir haben unterschiedliche Geschwindigkeiten und wir müssen versuchen, sie anzupassen. Deshalb habe ich ja das auch mit dem Humpeln. Sag ihr aber bitte, dass das gar nicht schlimm ist. Sie braucht nichts mehr zu tun, soll mich nur beobachten und sich vielleicht mal früher für etwas entscheiden und es auch durchziehen und nicht so lange brauchen, bis ein Entschluss schon vor lauter oben aufgesetzter verzierter Sahne schon schlecht geworden ist und schon nicht mehr schmeckt. Ich kann das nicht sehen, ich bin da immer so, dass ich gleich daraufhin stürze und schauen muss, ob die Sahne nicht gleich zum Runterschlecken ist. So sind wir beide.

Danke dir für die Erklärungen. Ich sage sie auch so der Lilly weiter. Hast du noch einen Wunsch an sie oder magst du ihr etwas ausrichten?

Sie muss sich nicht ganz so viel Zeit für mich lassen oder mir geben. Klar, bin ich froh, dass sie sich so liebevoll um mich kümmert, doch ist es doch so, dass sie mal ihre Füße in die Hand nehmen soll und versuchen soll, mit ihnen sich selber auf den Weg zu machen und nicht erst, wenn der Weg schon vor lauter langer Warteliste Moos ansetzt. Das wünsche ich mir für uns beide.

Gut, dann richte ich es ihr so aus und gebe dir ein paar Wochen lang Fernreiki und wünsche dir auch alles Gute.

Ja, schon gut. Mehr will ich im Moment nicht vom Leben.

Wie meinst du das?

Na, das, was ich gerade habe. Mir geht s doch gut, so wie es ist. Sag es ihr einfach so.

Seelengespräche

Kater Puki: „alles driftet so auseinander in meiner Familie"
Ein Gespräch für Inge, Jörg, Margit, Corinna, Lilian, Werner und Ullrich.

Hallo, Puki, ich bin die Barbara, darf ich mit dir reden?

Du? Was willst du denn von mir? Kennen tu' ich dich nicht, also, sag schon, was willst du von mir?

Reagierst du immer so? Ich tue dir nichts, aber die Inge hat mich gebeten, mit dir zu reden, weil ich dich etwas anders verstehen kann als sie dich. Darf ich mit dir reden? Sie hat einige Fragen an dich.

Nun, du überfällst mich mit Dingen, die ich eigentlich nicht kenne und auch nicht will. Warum soll das sein? Ich kenne dich nicht und will eigentlich nicht. Muss ich das?

Nein, du musst gar nicht mit mir reden, doch würde sich deine Familie sehr freuen, weil sie dich dann vielleicht besser verstehen könnte.

Das ist ein Grund, der dafür spricht. Weißt du, ich habe so eine gute Familie, das ist schon was ganz Besonderes, doch alles driftet so auseinander in meiner Familie, da muss ich doch irgendwie auf alles aufmerksam machen, oder? Sie wissen es doch gar nicht. Weißt du, sie sind alle so wie in einem großen Schaufenster und jeder für sich ist wie eine himmlisch schön angezogene Schaufensterpuppe, doch wenn man ein paar Meter zurückgeht und das aus einer bestimmten Entfernung heraus betrachtet, dann ist es eher so, dass die Farben der Puppen und ihre Gewänder gleich so gar nicht zueinander passen. So wie Einstellungen aus vielen verschiedenen Jahrhunderten und so kommt mir meine Familie auch vor. Ich will es ihnen aber doch so gerne sagen und mitteilen, wie mache ich das bloß?

Das ist gut, dass du gleich mit dem Thema anfängst, denn die Inge hat mich gebeten, dich ein paar Dinge zu fragen und ich glaube, nachdem, was du schon gerade erzählt hast, hat das was damit zu tun.

Ich bin gespannt und höre gern zu. Was wollen sie denn eigentlich von mir?

Ich habe nun das Gefühl, dass du gerade ganz gerne und offen mit mir reden willst. Das freut mich. Die Inge hat mich gebeten, dich zu fragen, warum du so beißt. Die Enkel in der Familie haben sogar schon Angst, wenn du in ihre Nähe kommst, weil sie dich nicht einschätzen können. Warum tust du denn so was?

Das ist doch ganz einfach, ich muss doch irgendwie auf mich aufmerksam machen. Weißt du, mir geht es doch so gut, ich bin eine glückliche Katze. Ich habe alles, was ich so brauche, aber sie hätten alles, was sie so brauchen in ihrem Leben, doch leben sie alle nicht ihr Leben bewusst, es gleitet eher an ihnen vorbei. Jeder für sich ist sogar ziemlich unglücklich. Was würdest denn du da tun, um es ihnen mitzuteilen? Ich könnte mir ja die Kehle aus dem Hals schreien – hören und verstehen würden sie mich trotzdem ja gleich so gar nicht. Das ist ja so schade. Und so habe ich eine Möglichkeit, es ihnen zu zeigen: „Hey, nehmt euch vor mir in acht, gleich springe ich los und dann zeig ich euch, wo ihr lang müsst." Das mache ich immer wieder. Doch sie sind so lieb und doch so einfältig. Sie wissen einfach nicht, was ich ihnen damit mitteilen will, d.h. dass ich ihnen überhaupt was mitteilen will, das verstehen sie doch auch nicht. Sie meinen nur, ich hätte doch eigentlich alles und bin doch so gemein. Sag ihnen, ich bin und kann die liebste Katze der Welt sein, aber ich tue es nur für sie, weil ich sie so sehr mag.

Gut, dann gib mir doch bitte Botschaften an deine Familie und dann können sie ja sehen, was du ihnen alles sagen oder mitteilen möchtest.

Ja, das ist eine gute Idee. Ich sage dir gleich was dazu.

In Ordnung. Hast du eine Botschaft an die Inge?

Oh ja, sie ist so eine Liebe, das ist ganz wunderbar, doch so verkrampft, wenn es darum geht, sich zu öffnen und zu sagen, wo es eigentlich auch langgeht. Sie macht alles, um geliebt zu werden und berücksichtigt dabei ihre eigenen Bedürfnisse doch so gar nicht. So wie ein Kaktus, der aus Afrika hierher transportiert wurde und zu ihm gesagt wurde: „Nun blüh aber auch, es war doch so viel Arbeit, dich hierher an diesen Platz zu bringen. Da musst du auch tun, was wir von dir verlangen und erwarten, also blüh!" So kommt sie mir immer vor, so schade und so blöd. Ich liebe sie doch und sie muss lernen, endlich mal nein sagen zu können. Sie kann es ja noch nicht einmal in Gedanken, ja, wie will sie denn ihre Wünsche und Bedürfnisse erst recht dann sagen, wenn sie es noch nicht einmal gelernt hat, sie in ihren Träumen zu formulieren? Sie ist ein armer, wenn auch so gutherziger Mensch und ich wünsche ihr nur zu sehr, dass sie endlich anfängt, sich für andere Dinge zu interessieren, die sie endlich als unterdrückte und versteckte Interessen bei sich selbst entdeckt. Dafür muss sie sich aber mal hinsetzen und nicht denken: „So, was mache ich denn nun als nächstes?" Und dann soll sie anfangen, sich Wünsche zu formulieren, die in ihr endlich zum Vorschein kommen wollen. Keine Angst, es sind kleine, für andere völlig unbedeutende Wünsche, aber für dich ist es der Wunsch aller Zeiten. Vor allem, weil du sie mal formulieren solltest, das ist ein großer Lernprozess und Weg für dich, dich als wichtig wahrzunehmen, nicht nur als liebevolles Hausmütterchen.

Danke dir. Hast du noch eine Botschaft an den Jörg, ihren Mann?

Oh ja, es ist nicht so, dass er es nicht zulassen könnte oder würde, dass Inge mal ihre Wünsche formuliert und auch welche davon lebt und erlebt, aber er sieht einfach nur sich. Er ist ein lieber, einfacher Mensch, der sehr viel geradeaus denkt. So um Ecken denken kann er nicht, das ist nicht seine Spezialität und auch, sich in andere hineinfühlen. Das ist so, als ob er in die Kirche geht und dort nur zur Kanzel starrt und hinterher rausgeht und keine Ahnung hat, ob in der Kirche schöne Bilder, Kruzifixe, Blumen oder sonst was aufgehangen waren. Er sieht es nicht. Nein, er ist nicht blind, aber blind, wenn es darum geht, zu schauen, wie es um ihn herum ausschaut. Das bekommt er nicht mit. Ihn muss ich mal besonders stark beißen, dass er auch mal anfängt, sich wahrzunehmen. Das Leben läuft doch sonst so sehr an ihm vorbei – er schaut oft genug auf die Uhr und hofft, dass die Zeit dadurch schneller vorbeiläuft. Aber die Uhr ist doch angenagelt, wie kann die Zeit von dieser Uhr an ihm vorbeilaufen? Das merkt er irgendwie nicht richtig. Er muss aber lernen, dass es so wichtig ist, seine Seele wahrzunehmen. Was hat er für Hoffnungen, für Wünsche in seinem Leben? Für Pläne? Er sagt aber nichts davon, als wenn er keine Pläne hätte. Mensch, sag ihm, er soll sie denken, formulieren und sagen. Da ist er seiner Frau nicht ganz unähnlich. Aber sonst haben sie nur die gemeinsam verbrachte Zeit gemeinsam. Sie haben so unterschiedliche Ansätze und Vorstellungen vom Leben wie zwei Bäume aus einem unterschiedlichen Land. So sehr unterschiedlich empfinde ich sie. Aber sie wissen es nicht. Doch – sie ahnen es, reden aber nicht drüber und so kann man auch die Zeit vergehen oder gar totschlagen lassen. Nein, sie sollen sich wie ein jung verliebtes Paar zusammensetzen und darüber reden, was sie alles für Wünsche haben. Dazu gehört aber Nähe und Vertrauen, sie sollten es doch schon längst zusammen erworben haben, sag es ihnen so.

Ich sag es ihnen so weiter. Hast du noch eine Botschaft an die Tochter Margit?

Ja, sie ist oft ein echtes Nervenbündel. So was Nervöses gibt es doch selten in unseren vier Wänden. Sie muss unbedingt ruhiger werden, dazu muss aber auch sie überlegen, was ihr Job ist. Ist es denn notwendig, seine Nerven kaputt zu machen für so einen Job? Alles, was sie anfasst, muss möglichst schnell erledigt werden, so denkt sie immer: „Zeit ist Geld, ich habe aber wenig Zeit, also muss ich alles so schnell wie nur möglich erledigen." Das ist aber schade, denn das Leben zieht an ihr so immer weiter und weiter vorüber und sie denkt immer nur: „Nur den morgigen Tag noch schaffen, wenn ich den geschafft habe, dann wird es besser." Pustekuchen, so läuft das Leben nicht, du musst was in dir ändern, du musst viel langsamer durch die Welt strömen, deshalb beiße ich dich auch besonders gern. Nur deshalb. Bitte kapiere es doch endlich, du musst dich auch mal hinsetzen und schauen, dass du dich mal ausruhst. Du hast es dir doch so verdient und so gewünscht, dass sich mal jemand Zeit nimmt für dich. Aber da muss ich dir sagen, spinnst du? Nimmst du dir denn Zeit für dich? Warum soll sich denn dann jemand anderes Zeit für dich nehmen, wenn du es dir nicht selbst zugestehst? Nein, deine Logik und deine Gedanken sind ganz weit weg von mir. Bitte verzeih mir, ich will dir ja nicht weh tun, aber ich muss etwas tun, dass du endlich aufwachst. Ich dachte schon, vor lauter Schmerz wachst du mal auf, aber nein, du stürzt dich wieder ins Getümmel, anstatt dir mal Ruhe für dein Innerstes zu gönnen, wie ich so gehofft habe. Da bist du deiner Mutter nicht ganz unähnlich. Aber nur da, sonst stammt ihr irgendwie eher wie von zwei verschiedenen Planeten. Ich liebe euch alle so und will euch nicht weh tun.

Anmerkung

... möchte ich Ihnen sagen, die Margit ist nicht unsere eigene Tochter.

Danke dir. Hast du noch eine Botschaft an die Corinna?

Oh ja, mehr Prinzessin kann man ja in diesem Leben nicht sein wollen. Ich empfinde sie als großartig. Sie weiß schon sehr genau, was sie will im Leben und wird weit mehr davon erreichen, als ihre Eltern ahnen, da sie Durchsetzungsvermögen hat. Sie weiß, was sie will und macht auch was draus. Ich liebe sie.

Danke dir. Hast du noch eine Botschaft an die Lilian?

Sie ist für mich die Schüchterne. Aber auch sie macht den Weg ins Leben, doch nie direkt, sondern eher über viele Brücken und verschlungene Wege. Abkürzungen kennt sie nicht dabei. So ist sie. Passt dabei auf und bewahrt das Gefühl von dem Gesagten in ihrem Herzen, so ist sie. Sie plappert davon auch nicht die wichtigsten Dinge aus, die behält sie gerne für sich. Sie ist da so anders als ihre Schwester. Manche meinen nur, sie ist doch zu langsam für diese Welt – sag ihr bitte, sie ist genau richtig. Manche Leute mögen nun mal Brot, das lange im Ofen ist, andere bevorzugen es, wenn es noch ganz hell ist und so ist sie auch. Sie geht ihre eigenen Wege und wird immer Leute um sich herum haben, die ihr wohlgesonnen sind und ihr sehr gut tun.

Anmerkung

Corinna und Lilian sind Zwillinge, 9 Jahre alt. Wir hätten die beiden nicht besser beschreiben können.

Danke dir. Hast du noch eine Botschaft an den Sohn Werner?

Ja, er geht seine Wege. Manchmal ist er dabei aber schon sehr verschlossen und seine Familie meint dann bloß: „Mensch, wenn er endlich mal sagen würde, ob er lieber Fruchtsalat oder lieber Eis zum Nachtisch hätte, ich würde ihm doch aus lauter Liebe immer sein Lieblingsessen kochen", doch er sagt nichts und man könnte meinen, er weiß es selber nicht, so ruhig geht er durchs Leben. Auch leider sehr verschlossen, so spüre ich immer die Gespräche um ihn herum, wenn er gegangen ist. Doch ich spüre, dass er gut ist. Ich liebe ihn und ich weiß, dass sein Herz am rechten Fleck ist, das ist ganz wichtig, weil ich doch ihm so gerne auch zeigen möchte, dass alles stimmt mit ihm. Ihn beiße ich deshalb anders, so eben aus Liebe und aus Spielerei, nicht so wie die anderen, denen ich immer was mitteilen möchte – weiß er es schon?

Das weiß ich nicht, ich sage es aber so weiter, was du mir alles erzählt hast. Hast du noch eine Botschaft an den Ullrich?

Oh ja, er ist ein wilder Racker und am liebsten würde ich mich gerne verkriechen, wenn er kommt. Er schreit und ich weiß gar nicht, was ich da machen soll. Doch es gibt sich sicher auch noch, wenn er älter ist. Doch jetzt mag ich ihn nicht so besonderes, weil ich ihn nicht so richtig einschätzen kann. Ärgert er mich heute wieder oder schreit er aus Scherz? Ich weiß bei ihm nie, woran ich bin, da fällt es mir sehr schwer, etwas über ihn zu sagen. Ich weiß nicht so recht, wo ich hindenken soll in welche Richtung, wenn du seinen Namen sagst.

Danke dir, ich sage alles so weiter, was du mir gesagt hast. Aber ich würde mich auch freuen, wenn du deine Familie nun nicht mehr beißen würdest, weil du ihnen ja nun gesagt hast, was du ihnen mitteilen möchtest.

Meinst du, sie sind mir böse?

Wegen dem Gesagten weiß ich es nicht, aber sie sind dir sicherlich böse, wenn du sie nun weiterbeißen würdest.

Das leuchtet mir ein, ich will versuchen, nun nichts mehr mitzuteilen, habe ich ja gerade schon dir.

Das freut mich sehr, wenn du das so sehen kannst. Kann deine Familie dir noch einen Wunsch erfüllen oder möchtest du was ändern an oder in deiner Familie?

Sollen sich am besten alle zusammensetzen und reden, reden, reden. Das fällt ihnen so schwer. Die Themen sind so langweilig wie instabil, wenn es etwas gibt, über das sie reden und das ist doch so schade, da läuft doch auch das Leben an ihnen so vorbei. Sag ihnen das, sie müssen lernen, Wünsche zu äußern, sie aber auch umzusetzen, das wollte ich ihnen sagen mit meiner Beißerei.

Ich danke dir, dass du mir doch so viel erzählt hast, obwohl du anfangs solche Bedenken hattest. Ich sag es so weiter und ich wünsche dir alles Gute.

Ja, das ist wahr, ich bin eine gute Katze. Sollen bitte mal lernen, das so zu sehen.

Nun, ich glaube, sie wissen es, deshalb bist du ihnen ja auch so wichtig, dass sie nachfragen lassen, was und wie du denkst. Aber du darfst dich nun auch von einer anderen Seite versuchen zu zeigen und ihnen auch zeigen, wie gerne du sie hast, indem du sie nicht mehr beißt.

Ich weiß nun, was du willst, danke dir.

Seelengespräche

Hase Nikki: „wenn jemand einen Schubs braucht"
Aus einem Gespräch mit dem verstorbenen Hasen für Mary.

... Die Mary fragt noch, ob du ihr vielleicht helfen kannst. Sie weiß ihre Aufgaben nicht so richtig in ihrem Leben.

„Sein lassen", das ist ihre höchste und gleichzeitig schwierigste Aufgabe. Sie weiß, was ich damit meine. Weißt du, sie ist wie ein Zebrastreifenhelferengel. Er steht auch an der Kreuzung und soll eigentlich aufpassen, wenn Kinder vorbei kommen, die er mit seinem Schutz fröhlich über die Straße geleitet. Doch er spürt auch, wenn jemand einen Schubs braucht, um zu fallen, eventuell auch angefahren zu werden oder sogar noch etwas Schlimmeres. Aber was soll er machen? Er hat doch klare Anweisungen, die direkt sozusagen „von Oben" kommen und er möchte doch nur allen gerne helfen. Dabei übersieht er, weil er doch so gerne schützen möchte, dass vielleicht der kleine Junge, „das angefahren werden" braucht, genau diese Erfahrung in und für sein Leben so dringend braucht. Endlich hat die Mutter des kleinen Jungen Zeit, sich um ihn zu kümmern, ganz für ihn da zu sein. Seine Mutter und sein Vater hören vielleicht auf zu streiten, weil es wichtiger ist, sich um ihren kleinen Jungen zu kümmern. Die ganzen Erfahrungen würde der Engel dem Jungen und seiner Familie nehmen. Vielleicht kommen alle Kinder aus der Schule, die ihn nie besonders beachtet haben und nun würden alle diese Erfahrungen dem Kind genommen werden und er darf ganz langweilig nach Hause – so wie immer – marschieren und bekommt kein warmes Essen, weil seine Mutter keine Zeit hat oder sie wieder mit dem Vater streiten muss. Und diese Erfahrungen sieht sie schon so lange im voraus. Was soll's? Diese Erfahrungen sind aber nicht dafür da, dass sie unterdrückt werden, sondern gemacht werden. Jeder hat ein Recht auf seine eigenen Erfahrungen, seien sie noch so schlimm und ungerecht. Willst du es beurteilen? Halte dich da ja zurück [klingt aber sehr freundlich], das ist meine Botschaft an dich mit deinen Aufgaben. Sie sind gut, sehr wichtig, sehr in die Ferne blickend, doch so schwer zu erfüllen, wie der Zebrastreifenengel, der schon im voraus sieht, dass es einen Unfall geben wird, aber nicht eingreifen darf, weil er weiß, dass jeder seine Erfahrungen machen muss, seien sie auch noch so grauenhaft für den Moment.

... Danke dir. Kannst du ihr noch sagen, wie sie es leichter haben könnte mit ihren Aufgaben?

Nein, sie hat sie sich erwählt. Aufgeben kann sie sie nicht so schnell, sondern nur erfüllen, das ist wichtig, aber nicht so einfach. Sie wird aber immer Menschen um sich herum finden, die ihr dabei helfen können. Sie muss sie nur darum bitten, das ist alles. ...

Danksagungen

DANKE an alle beteiligten Seelen aus Pflanzen- Tier- und Menschenreich.

Und ein herzliches Dankeschön an alle, die so liebevoll zugestimmt haben, dass ihre persönlichen Texte der Gespräche in dieses Buch dürfen. Ebenfalls ein Dankeschön an die Personen, die es erlaubt haben, dass Bilder ihrer Tiere im Buch als Skizzen abgedruckt werden durften. Meine 15-jährige Tochter Ines zeichnete diese Tiere liebevoll ab. Und zum Schluss ein großes Dankeschön an meine Nichte Ariane, die das herrliche Titelbild entwarf, an meinen Mann und an meinen Bruder für die „technische" Realisation und Hilfe, ohne die das Buch nicht entstanden wäre und alle beratenden Freunde.

„... ich liebe sie wie ..."

Ein paar Gedanken und Beschreibungen von Tieren und Pflanzen, wie sie ihre Menschen sehen, erleben und lieben ...

„... ich liebe sie wie die Sohle eines Schuhes, der einen Abdruck in meiner Welt hinterlässt"

„... ich liebe sie wie frische, duftende Socken im Schrank"

„... ich liebe sie wie den Mondschein in einer sternenlosen Nacht. Man sieht ihn nicht, ich weiß aber, dass er da ist und mich begleitet."

„... ich liebe sie wie einen Strauß Mohnblumen auf dem Frühstückstisch"

„... ich liebe sie wie Zahnpasta, die mir hilft, strahlend weiß und schön durch die Welt zu gehen."

„... ich liebe sie wie Weißkohl und Karotten, sie ist so herrlich bunt und farbenfroh"

„... ich liebe sie wie Kakao am Morgen, so schön saftig und braun"

„... ich liebe sie wie die pralle Morgensonne, die in mein Zimmer scheint und mich morgens streichelt und sanft weckt"

„... ich liebe ihn wie zwei Stückchen Brot, für das mir das Wasser im Munde zusammen läuft“

„... ich liebe sie wie einen Fisch, der im Aquarium gelernt hat, auch mal rückwärts zu schwimmen“

„... ich liebe sie wie einen Glückstee, den ich mir immer wieder einschenken könnte. Er dürfte sogar überlaufen und ich wäre ihn immer noch nicht überdrüssig“

„... ich liebe sie wie einen Klecks Farbe, den ich jeden Tag neu anmischen dürfte“

„... ich liebe sie wie einen Vogel, dem ich beim Singen jeden Tag neu verzaubert zuhören könnte“

„... ich liebe sie wie eine Gazelle und spring' mit ihr ins Glück“

„... ich liebe sie wie einen Fisch, mit dem ich um die Welt schwimmen könnte“

„... ich liebe sie wie eine Glücksmurmel, die ich mit ganzer Kraft auswerfe und die immer neue Muster macht, so schön ist es mir ihr“

„... ich liebe sie wie mein Halsband – es klebt nicht, es engt mich nicht ein und doch gehört es so eng zu mir wie sie zu mir gehört“

„... ich liebe sie wie ein Glücksrad, ich drehe es jeden Tag wieder von neuem an“

„... ich liebe sie wie Tomatenmus. Ich könnte mich sogar darinnen wälzen und sie müsste mich dann rausschälen wie aus einer Dose, das würde mir so sehr gefallen“

„... ich liebe sie wie die Glöckchen an meinem Halsband. Da ist auch so was und es erinnert mich immer daran, dass wir zwei zusammengehören, mit jedem Klingeln weiß ich es“

„... ich liebe sie wie einen Regenschauer und sehe schon das Ende des Regenbogens am Himmel“

„... ich liebe sie wie Pudding. Sie muss auch gar keinen kochen für mich. Ich weiß ja, wie er schmeckt und ich rieche sie jeden Tag und sie erinnert mich so herrlich daran“

„... ich liebe sie wie frisches Wasser, es erfrischt auch meine müde Seele“

„... ich liebe sie wie einen Schluck Wasser, wenn ich morgens aufstehe. Sie ist auch immer für mich da“

„... ich liebe sie wie einen Apfelkuchen. Soll noch viele nette Menschen einladen, um ihn zu genießen“

„... ich liebe sie wie ein Auto. Sie ist schnell, zuverlässig und bringt mich immer dahin, wo es mir gut geht“

„... ich liebe sie wie einen Frosch, der es liebt, auf einem Blatt im Teich zu sitzen und sich den Bauch von der Sonne anwärmen zu lassen.“

„... ich liebe sie wie eine Margerite, die auch so herrlich blüht und ihre volle Blätterpracht bis zur Verschwendung öffnet“

„... ich liebe sie wie Honig – er ist süß, ist für mich nicht pappig und schmeckt wie ein Morgen in der Sonne“

„... ich liebe ihn wie einen Regenbogen und freue mich auf all das Licht, dass er für mich durchscheinen lässt“

... ich bin so glücklich wie eine Orange ... und andere Stichworte

Manchmal hat man von den Gesprächen noch so schöne, einprägsame Worte in Erinnerung, aber – wo ist das gleich wieder gestanden? Hier sind einige Stichworte gesammelt, damit Sie das Gespräch leichter wiederfinden können (Stichwort ——- Seite).

Wie das Märchen begann …

Es war einmal ein Mann, der lebte am Rande einer großen Stadt. Er war ein ganz normaler Mensch, er hatte eine wunderbare Familie mit Kindern und einer guten Frau. Er hatte Arbeit und genügend Einkommen, um sich und die Familie zu ernähren. Wie es so im Leben aber manchmal passiert, kam eine Zeit, in der sich die Dinge wandelten und er sich Sorgen um ihre Zukunft machte. Auch war er in einem Alter, in dem viele anfangen, nach dem Sinn im Leben zu suchen. Ihn machte seine tägliche Arbeit nicht mehr so richtig glücklich und er begann, auf die Suche zu gehen. Er versuchte, mit Yogaübungen und Reikiseminaren etwas zu entdecken, was ihm weiterhelfen könne. Doch die von den Meistern beschriebenen Erfahrungen und Erkenntnisse waren nicht so leicht zu erreichen. Auf einem Seminar fiel ihm ein dickes blaues Buch in die Hände, in dem er anfing, zu blättern. Aber was da stand, war schwer zu verstehen und er legte es wieder zur Seite. Am Ende des Kurses sagte der Meister zu ihm: „Das blaue Buch kann ich dir wirklich empfehlen, es kann dir weiterhelfen." Er konnte des Meisters Bitte nicht abschlagen und begann, die nächsten Tage, Wochen und Monate darin zu lesen. Es handelte von einer ganz anderen, völlig ungewohnten Sichtweise, die Welt und das Leben zu betrachten. Und dann ereignete sich etwas, mit dem keiner gerechnet hatte: Es geschah ein Wunder! Nicht dass er im Lotto gewonnen hätte (er spielte ja gar nicht Lotto) oder dass er übers Wasser gehen konnte (er wollte ja weiterhin im Wasser schwimmen), nein, er bekam einen Text zu lesen, in dem er persönlich kurz erwähnt wurde und er begann spontan zu weinen, da er ihn so berührte. Es stellte sich heraus, dass der Text von einem Menschen geschrieben wurde, den er gar nicht kannte, der aber mit Tieren reden konnte. „Das gibt s doch gar nicht!", dachte er. „Und das soll der Hund von den Bekannten gesagt haben, die ich letztes Mal besucht habe? Der kennt mich doch gar nicht."

Die Frau des Mannes war ebenso fasziniert und beeindruckt und begab sich auf die Suche nach dem Verfasser des Textes. Es stellte sich heraus, dass es jemand war, der sich auf wunderbare Weise mit Tieren verbinden und deren Gedanken verstehen kann. Nun, das sagte man dem Herrn Franz von Assisi auch nach, aber der war ja auch ein Heiliger. Für Normalsterbliche ist das doch nicht vorgesehen, oder? Doch, doch sagte der Tierkommunikator, jeder kann das! Nun, um es kurz zu machen, die Frau nahm Unterricht und siehe da, sie lernte es tatsächlich.

Da die Frau schon immer mit Menschen sehr kommunikativ war, wurde es immer wieder getestet, ob die Informationen, die sie erhielt, auch stimmten. Mit der Zeit wurden es mehr und mehr Gespräche mit den Tieren. Und es blieb nicht bei Hunden, Katzen oder Pferden.

Eigentlich unterhielt sie sich mit der Seele des Tieres und so nannte sie diese Art der Kommunikation „Seelengespräche". Irgendwann versuchte sie es auch mit Pflanzen und siehe da, auch sie antworteten! Und was für Antworten! Die vielen Lebensweisheiten, die darin vorkamen – der Humor, die tiefe Einsicht in das Leben, die Liebe und das Gottvertrauen – veranlassten den Mann und die Frau, daraus ein Buch zu machen, damit viele weitere Menschen einen neuen, vielleicht ungewohnten, aber auf alle Fälle einen spannenden Weg kennenlernen.

Ach ja, dem Mann ist es bis heute noch nicht gelungen, mit den Tieren zu reden. Aber er gibt die Hoffnung auf sein persönliches Wunder nicht auf. Übrigens, der Titel des dicken blauen Buches war: „Ein Kurs in Wundern".

München, Juni 2009

Barbara C. Friedrich

... ist nicht mein richtiger Name, genauso wie alle anderen Namen in diesem Buch geändert worden sind.

Alles andere ist unglaublich, aber wahr!

Ich bin 1964 geboren und lebe mit meiner Familie in München, arbeite als Erzieherin, Hausfrau und Tierkommunikatorin. Seit 2007 führe ich diese Seelengespräche und biete Kurse an, diese universelle Verbindungsform zu erlernen.

Seelengespräche

Da in den Gesprächen immer wieder ähnliche Probleme unseres menschlichen (Zusammen-) Lebens angesprochen und Lösungsvorschläge so anschaulich und liebevoll erklärt werden, kann dieses Buch für viele Menschen eine Hilfe oder Anregung bei ihren eigenen Problemen sein. Für andere, die ‚keine Probleme haben' oder sich so etwas gar nicht erklären können, ist es vielleicht nur ein amüsanter Lesestoff ...